KRIMIANTHOLOGIE

Andreas M. Sturm (Hrsg.)

GIFTMORDE 1

15 TÖDLICHE ANLEITUNGEN

edition krimi

1. Auflage, Mai 2018
Copyright © 2018 by edition krimi, Leipzig
edition krimi
Alle Rechte vorbehalten

***

Lektorat: Kerstin Müller, Andreas Müller
Umschlaggestaltung: ama medien
Umschlagmotiv: 1st8/photocase.de
Fotos: Kerstin Müller
Satz: ama medien
Druck und Bindung: Scandinavianbook, EU

***

ISBN 978-3-946734-26-0

***

www.edition-krimi.de

Anleitungen

Leitfaden

der tödlichen Flora

Die Geschichte des Giftmordes ist mit Sicherheit ebenso alt wie die Leidenschaften, die ihn auslösten. Gier, Hass, Neid und Eifersucht waren schon immer starke Beweggründe mit Giften zu experimentieren. Es ist durchaus vorstellbar, dass ein missgünstiger Höhlenbewohner seinem Jagdkollegen die ständig größer ausfallende Jagdbeute oder das attraktivere Steinzeitweibchen nicht gönnte und ihn durch ein giftiges Gewächs aus dem Weg räumte.

Während der folgenden Jahrhunderte wurde das Töten durch Gift weiter kultiviert. In der Antike starb der Philosoph Sokrates, nachdem er von seinen Mitbürgern 399 v. Chr. zum Trinken des Schierlingsbechers verurteilt worden war. Und der Fakt, dass Kaiser Trajan 117 n. Chr. den Anbau von Eisenhut verbieten ließ, zeigt deutlich, welcher Popularität sich Gifte in dieser Zeit erfreuten.

Im Mittelalter waren es vor allem Frauen, die durch ihre Tätigkeiten, wie häusliche Krankenpflege und die Zubereitung von Mahlzeiten, Kenntnisse über die Wirkungsweise von Pflanzen und Kräutern erlangten. Da es dem weiblichen Teil der Bevölkerung meist untersagt war Waffen zu führen, blieb ihnen, wenn sie einen missliebigen Zeitgenossen unter die Erde bringen wollten, nur der Griff zum geheimen Giftvorrat übrig. Und einige der Giftmischerinnen werden nicht nur aus Gründen der oben aufgeführten Laster im Giftbuch geblättert haben. In vergangenen Tagen soll es Ehegatten gegeben haben, welche die häusliche Tyrannei übertrieben und damit das Verhängnis selbst herausforderten.

Auch in unseren Tagen ist das Thema Giftmord nicht abgeschlossen. Es gibt mehrere Studien darüber, wie viele Morde in Deutschland im Jahr unentdeckt bleiben. Man schätzt die Zahl auf 1200 bis 2000. Dabei kann davon ausgegangen werden, dass bei einem Großteil der Tötungsdelikte Gift im Spiel ist. Im Gegensatz zu vergangenen Jahrhunderten ist es derzeit aber dank der Fortschritte in der Medizin möglich, Gifte im Körper nachzuweisen und so den Täter zu überführen.

Bei den Geschichten in der vorliegenden Anthologie haben sich die Autoren aber nicht ausschließlich vom Ernst der Thematik leiten lassen. Einige der Kurzkrimis sind mit einer großen Prise schwarzen Humors gewürzt. Auch die geänderte Rollenverteilung in der Familie wurde nicht außer Acht gelassen. Immer mehr Männer greifen zum Kochlöffel, zaubern köstliche Mahlzeiten und so rückt in einigen Geschichten der Mann nicht nur als Opfer in den Fokus des Geschehens.

In den fünfzehn Kurzgeschichten konnte die Vielfalt der existierenden Giftpflanzen nur angerissen werden, aber von der sagenumwobenen Alraune über Fingerhut, Eibe und Goldregen bis zur Hortensie – um nur einige zu nennen – werden mithilfe dieser tödlichen Gewächse finstere Mordkomplotte geschmiedet. Und dabei geht es deutlich zur Sache: Probleme im Eheleben, Rache, Geldgier, ein ungeliebter Nachbar und natürlich Eifersucht genügen als Motiv vollkommen, um mal sarkastisch, mal spöttisch oder auch makaber die kleinen Gemeinheiten unserer Gesellschaft zu geißeln.

Ich wünsche allen Krimifreunden ebenso viel Spaß beim Lesen der spannenden Geschichten, wie ihn die mitwirkenden Autorinnen und Autoren beim Schreiben hatten.

Andreas M. Sturm

Connie Roters

IMMERGRÜNES VERGESSEN
Eibe

Er starrt die Tasse an und greift nach dem Schnaps, lauscht den regelmäßigen Atemzügen seiner Mutter und leert das Glas in einem Zug. Seine Kehle brennt, Tränen steigen ihm in die Augen. Er blinzelt sie weg und starrt wieder auf die Tasse mit dem frisch gebrühten Eibentee.

Seine Mutter hustet. Er steht auf, nimmt die Tasse und stellt sich vor ihr Pflegebett. Sie schlägt die Augen auf, blickt ihn überrascht an, dann in den Raum und seufzt.

»Ich habe dir einen Tee gemacht«, teilt er ihr mit bewusst fester Stimme mit, stellt die Tasse auf den Nachttisch und setzt sich auf den Stuhl neben dem Bett.

Sie runzelt die Stirn, dann der Moment des Erkennens. Ihre Gesichtszüge entspannen sich und ein Lächeln breitet sich aus, ein Strahlen, das bis in die wässrig blauen Augen reicht, die sich zu kleinen Schlitzen verengen. Sie hebt die Hand, um seine zu greifen, verfehlt sie aber, weil er sie blitzartig zurückzieht. Er will jetzt nicht, warm und weich, ihre in seiner spüren, will ihre Freude nicht sein Herz berühren lassen, nicht jetzt, nicht kurz vor dem Ende.

Dennoch versucht er ihr zuliebe ein Lächeln, springt dann auf und eilt zurück zum Tisch, wo der Schnaps auf ihn wartet. Gierig leert er das Wasserglas, spürt die Wärme und die Wirkung des Alkohols, der langsam seine Gehirnzellen betäubt. Er fühlt sich fast fröhlich, stellt das Radio an. Reinhard Mai singt von der Freiheit über den Wolken.

»Mama, da bist du auch bald. Über den Wolken«, erzählt er ihr.

»Guter Junge«, sagt sie und klatscht freudig in die Hände.

Er wundert sich über die klaren Worte, nach Wochen desolater Silben und Wortfetzen, deutet es als positives Omen, gießt sich noch ein Glas Schnaps ein und prostet sich zu.

»General Peter, undercover, im geheimen Einsatz ›Eibentee‹«, stellt er sich dem anderen Ich vor und ergänzt: »Auftrag streng vertraulich.«

Dann kneift er die Augen zusammen, um klarer sehen zu können und fixiert die Tasse mit dem Giftgemisch. Hundertfünfzig Gramm Eibennadeln, zehn Minuten aufgekocht und zehn Minuten gezogen. Der Tod tritt durch Atemlähmung und Herzversagen ein. Ein schneller Tod, der nicht länger als dreißig Minuten braucht.

Seine Mutter hatte ihm von diesem Trunk erzählt, damals, als sie noch denken und reden konnte und auf den immergrünen männlichen Eibenbaum im Garten gedeutet. Sie nannte das Taxin seiner Nadeln das Gift des Wahnsinns, erzählte von der Jagdgöttin Artemis, die mit Eibengiftpfeilen die Töchter der Niobe getötet hatte, von den Kelten, die ihre Pfeilspitzen in Eibennadelabsud tauchten, und nach der ersten Flasche Wein beichtete sie ihm, dass ihre Mutter 1945 die Großeltern auf dem Hof damit vergiftet hatte. Die Alten wollten ihr Ostpreußen nicht mehr verlassen und hätten die Flucht wahrscheinlich auch nicht überlebt. Es war ein Familienakt der Gnade gewesen, ein kollektiver Giftmord. Und als die zweite Flasche Wein geleert war, hatte sie seine Hand gegriffen und ihm das Versprechen abgerungen, sie ebenfalls zu erlösen, wenn sie mal alt und krank sei. Erlösen hatte sie gesagt, nicht töten.

Aber genau das war es. Mord. Ein Mord, den er schon vor Monaten hatte begehen wollen.

Missmutig erinnert er sich an die unzähligen Tassen Eibentee auf ihrem Nachttisch. Er kann sie kaum noch zählen. Und auch nicht die durchwachten Nächte und die zähen

Morgengrauen, an denen er den Trunk in den Abguss gegossen hatte, wohl wissend, dass seine Mutter wegen seiner Unfähigkeit weiter leiden musste, dass der Alzheimer unerbittlich Gehirnzelle nach Gehirnzelle eroberte und sie langsam verschwinden ließ.

Aber heute würde er es tun. Heute würde er ein Mann sein und ein guter Sohn.

Er trinkt noch ein Glas und zwingt sich an ihr Bett. Ihre Augen sind geöffnet, fixieren einen Punkt außerhalb seiner Welt. Er fährt das Kopfende des Pflegebettes hoch, versichert ihr, dass alles gut werden wird, streicht ihr sanft über das schüttere Haar und dann über die Wange. Danach greift er entschlossen nach der Tasse und nach dem Handtuch gegen das Kleckern, lächelt sie an, denkt an seinen Auftrag, und dass es bald vorbei ist, und fängt an zu zittern.

Erinnerungen fluten seine Sinne. Gemeinsame Spaziergänge um den Schlachtensee, Kaffee und Kuchen an den Sonntagen, angenehm belanglose Gespräche und eine bedingungslose Liebe, die er nie bei einem anderen Menschen gespürt hatte, nicht bei seiner Schwester, nicht bei seinem Vater.

Er stellt die Tasse wieder ab, legt das Handtuch daneben, wankt zum Tisch und füllt sein Glas. »General Peter braucht eine Pause«, flüstert er. »General Peter ist eine Memme!«

Er trinkt und versucht sich anzuspornen, indem er unliebsame Erinnerungen ins Bewusstsein zwingt, denkt an die vielen vergessenen Worte, die durch Ähs und Dingsdas ersetzt worden waren, denkt an das Herumirren seiner Mutter, ihre ständige Suche nach dem verstorbenen Mann, denkt an den Wasserkocher, in dem sie ihm die Würstchen gekocht hatte.

Danach war er zu ihr gezogen, hatte sich in sein altes Kinderzimmer einquartiert und einen Pflegedienst gesucht. Aber keiner hatte seinen hohen Ansprüchen genügt und seine Schwester verweigerte sich, gestand ihm unter Tränen, dass sie nicht zur Pflegerin tauge. So kümmerte er sich alleine, rund um die Uhr, versah die Steckdosen mit Kindersicherungen, passte auf den Herd auf und verriegelte die Haustür. Das ging gut, bis er den wichtigen Auftrag bekam, auf den er seit Jahren gehofft hatte. Da sah er sich gezwungen, doch fremde Menschen ins Haus zu holen.

Er spürt ihren Blick im Nacken, dreht sich um und lächelt. Sie lächelt zurück, hebt mühsam den rechten Arm, streckt ihn in seine Richtung. Er eilt zum Bett, beugt sich vor und sie streicht ihm unbeholfen über die Wange. »Bist eine gute Eibe.« Dann fallen Hand und Arm zurück auf das weiße Laken und die Augen zu und sie schläft ein.

»Eine gute Eibe«, flüstert er und erinnert sich an den Nachmittag, an dem die selbst gemachte Sahnetorte auf dem Tisch stand und das Kräuter- und Pflanzenbuch daneben lag. Seine Mutter hatte ihn ermuntert, doch einmal hineinzusehen und er überflog die markierten Stellen, las den Teil mit den Eibenbäumen, den Tollkirschen und den richtigen Pilzen und lauschte ihren Erklärungen im freundlichen Plauderton, wie man töten kann, ohne dass es jemand bemerkt.

Er hatte ihre Worte höflich über sich ergehen lassen und gedacht, dass es nie so weit kommen würde, hatte sich ihre Endlichkeit nicht vorstellen können.

Er beschließt, sie erst einmal schlafen zu lassen und sich noch ein wenig Mut anzutrinken, wankt zurück zum Tisch, lässt sich auf den Stuhl plumpsen und greift nach dem Schnaps, wünscht sich, noch zu rauchen. Dann würde er jetzt auf die Terrasse gehen, könnte noch einmal Luft holen und sich endgültig von der Richtigkeit seiner Entscheidung überzeugen. Stattdessen schenkt er sich noch einmal ein, lauscht den regelmäßigen Atemzügen seiner Mutter, legt den Kopf auf den Tisch und schließt die Augen.

Als er erwacht, dämmert es bereits. Der neue Morgen sucht sich seinen Weg durch die nicht geschlossenen Vorhänge, streicht durch das Zimmer und verweilt auf seinem Gesicht. Er wischt das Licht zur Seite, hebt unwillig den schweren Kopf und lauscht in den Raum. Der Klang hat sich verändert, etwas fehlt. Als ihm die Stille bewusst wird, springt er entsetzt auf, sucht Halt an der Tischecke, weil sich alles dreht, und sieht zum Bett. Die Mutter liegt noch genauso da, wie vorhin, auf dem Rücken, die Augen geschlossen, den Mund geöffnet. Aber sie atmete nicht mehr.

Vorsichtig löst er sich vom Tisch, nähert sich ihr, linst in die Tasse und starrt die Tote an, greift nach der kalten Hand und lässt sie entsetzt wieder fallen. Verzweifelt rüttelt er an dem vertrauten Körper, der eben noch geatmet hat, sich jetzt aber, wegen der eingesetzten Totenstarre kaum noch bewegen lässt. Tränen fluten seine Augen, ein Schrei entflieht seinem Mund, der nicht enden will, bis sich zwei Arme um seinen Oberkörper legen und ihn entschlossen vom Bett wegziehen.

»Sch, sch …«, flüstert die vertraute Stimme. »Sch, sch … Alles wird wieder gut.«

Er fühlt sich in der Zeit zurückversetzt, fühlt sich wie der Fünfjährige mit dem aufgeschürften Knie, riecht den nach Zitrone duftenden Atem seiner zehn Jahre älteren Schwester und hört auf zu weinen.

»Sie ist tot«, flüstert er, »und ich habe sie …«

»Geliebt. Ich weiß«, unterbricht ihn Marion und streicht ihm sanft über den Kopf. »Aber sie war sehr krank. Wir wussten, dass sie sterben wird.«

»Aber ich habe sie …« Er löst sich langsam aus der Umarmung und dreht sich zu ihr um. »Ich habe sie …«

»Das weiß ich doch und jetzt ist alles gut.«

Er betrachtet sie irritiert und fragt leise: »Seit wann bist du hier?«

»Ich bin sofort gekommen, nachdem du mich angerufen hast. Du hast gesagt, dass es Mama nicht gut geht und ich kommen soll.« Sie betrachtet ihn fragend. »Erinnerst du dich nicht mehr daran?«

»Doch, doch«, lügt er und schlurft zurück zum Tisch, greift nach der Karaffe mit Wasser und trinkt gierig.

Sie deutet auf die leere Schnapsflasche. »Hast du die ganze Pulle geleert?«

Er schüttelt automatisch den Kopf, erinnert sich noch, die volle Flasche aus dem Kühlschrank geholt zu haben, erinnert sich an das Lächeln der Mutter, bevor sie eingeschlafen ist, an die gefüllte Tasse mit dem Eibentee auf ihrem Nachttisch und dann an nichts mehr. Blackout.

»Ich habe uns Kaffee gekocht. Soll ich dir einen holen?«

»Bitte«, flüstert er und ist froh, dass Marion den Raum verlässt, eilt zum Nachttisch, greift die leere Tasse, spült sie mit Wasser aus und gießt den Sud in den Topf des Philodendron, denkt an die Eibennadeln im Kochtopf und dass er sie entsorgen muss und den Müll runterbringen. Aber dafür muss er in die Küche gelangen, ohne dass seine Schwester es bemerkt.

Marion kommt mit zwei Bechern dampfendem Kaffee zurück und stellt einen davon vor ihm auf den Tisch. Lächelnd legt sie eine Serviette daneben und breitet drei Kekse darauf aus. »Ich habe dir Gebäck mitgebracht. Brot habe ich keines gefunden.«

Er bedankt sich, trinkt einen Schluck, der ihm heiß durch die Kehle rinnt und ihn von innen wärmt, fragt sich, ob die Mutter sich auch gewärmt gefühlt hat, als der Tee in ihren Körper floss. Hatte sie erkannt, dass er sein Versprechen einlöste und ihr Gift gab? Und war sie erleichtert?

»An was denkst du?«, fragt seine Schwester, den Kaffeebecher fest umschlossen, die Gesichtszüge angespannt.

Er zuckt die Schultern und Schuld überflutet ihn. Viel-

15

leicht hatte die Mutter es doch nicht gewollt. Vielleicht hatte sie ihn im Todeskampf angesehen und gebeten ihr zu helfen.

Und was hatte er gemacht? Hatte er sie angelächelt, sie getröstet, ihr gesagt, dass bald alles vorbei sein würde und dann alles gut sei.

»Hallo? Schwester an Bruder. Bist du noch da?«

Er hebt den Kopf und blickt in zwei verweinte Augen.

Marion greift seine Hand. »Es ist alles gut so, wie es ist. Sie hat es so gewollt.«

Ihre Worte entflammen einen Hoffnungsschimmer, surren durch seinen Körper und nisten sich im Kopf ein. Was, wenn nicht er der Mutter den Tee gereicht hatte, sondern seine Schwester, während er schlief? Wieder ein kollektiver Familienmord. Fast schon Tradition. Damit könnte er leben. Aber wie sollte er sie danach fragen?

»Sie sah nicht schön aus, als ich gekommen bin«, sagt Marion. »Sie hatte sich erbrochen und eingemacht.« Sie sieht ihn fragend an. »Hast du ihr irgendetwas zu essen gegeben, was sie nicht vertragen hat?«

»Sie hat seit Wochen kaum noch etwas zu sich genommen«, antwortet er.

»Vielleicht hat die Pflegekraft … Sie war doch bestimmt am Abend da.«

Er schüttelt den Kopf. »Ich habe den Pflegedienst für gestern abbestellt.«

»Wieso denn das?«

Er zuckt mit den Schultern. »Schätze, ich wollte einfach mal einen Abend mit Mama alleine sein. Du weißt doch, dass mich diese Pflegerinnen nerven. Sie wollen immer unterhalten werden.«

Seine Schwester runzelt die Stirn. »Aber du hast sie doch gewollt, hast gesagt, dass dir die Pflege allein zu viel wird.«

»Ja, schon. Aber manchmal halte ich sie einfach nicht aus und schicke sie weg. Besonders diese Dicke. Die redet immer wie ein Wasserfall, aber nur mit mir und gar nicht mit Mama.«

Marion lächelt. »Vielleicht will sie dich anbaggern. Bist doch 'ne gute Partie. Junggeselle im besten Alter. So einen findet man nicht so leicht.«

Er verzieht gequält das Gesicht, verkündet auf die Toilette gehen zu müssen und verlässt den Raum. Im Flur bleibt er kurz stehen, horcht, ob Marion ihm folgt und huscht in die Küche. Der Topf mit den Eibennadeln steht auf dem Herd, so wie er ihn hinterlassen hat. Er trägt ihn zum Mülleimer, schöpft die Nadeln mit der Hand heraus und spült ihn aus. Dann eilt er ins Bad und drückt die Spülung. Er wäscht sich die Hände und schlägt sich kaltes Wasser ins Gesicht, schaut in den Spiegel und betrachtet darin das Gesicht eines Mörders, muss seine ganze Kraft mobilisieren, um sich von seinem Abbild abzuwenden und sich zurück ins Zimmer zu zwingen. Seine Schwester sitzt noch genau dort, wo er sie verlassen hat. Tränen laufen ihr über die Wangen.

»Irgendwie habe ich in den letzten Wochen immer damit gerechnet, dass sie stirbt und jetzt ...«, sie schluchzt laut auf, »trifft es mich doch unerwartet.«

Sie versucht ein Lächeln, steht auf und geht zum Bett. »Aber wenigstens muss sie jetzt nicht mehr leiden. Das ist doch gut so. Sie hätte es bestimmt so gewollt.«

»Woher willst du das wissen?«, fragt er scharf.

Marion blickt zu ihm hin. »Bei unserem letzten Kaffeetrinken, du warst auf der Toilette, da hat sie mir gesagt, dass sie sterben will.«

»Hat sie dir auch gesagt, wie sie sterben will?«

Sie blieb ihm die Antwort schuldig und nestelt nervös an der Zudecke.

Peter erhebt sich und stellt sich hinter sie. »Als du kamst, war sie da wirklich schon tot?«

Seine Schwester hält in der Bewegung inne.

»Wieso fragst du mich das?«

»Gegenfrage gilt nicht.«

»Ich habe versucht, dich zu wecken.«

»Nachdem du ihr ...? Na, du weißt schon.«

»Es war hoffnungslos.« Sie schluchzt auf. »Und Mama war tot und ich habe die Waschschüssel geholt, um ihr das Gesicht und den Mund zu waschen ...«

»Den Mund?«

Sie dreht sich langsam zu ihm um. »Ja, auch den Mund«, zischt sie. »Ich konnte doch nicht das Zeug da drin lassen.«

»Welches Zeug?«, fragt er.

»Die Kotze! Mein Gott, Peter, hörst du nicht zu. Und warum fragst du das? Es war total ekelig und du hast geschlafen wie ein Toter.«

Marion dreht sich von ihm weg und geht zum Tisch. Er sieht ihr hinterher und dann zu der Mutter, überlegt, wann die Totenstarre eingesetzt hat, rechnet zurück.

Geplant hatte er ihren Tod um zehn Uhr. Das war die Zeit, zu der sie früher immer zu Bett gegangen war und er hatte diesen alten Rhythmus gewollt und nicht den neuen der Demenz, der sie bereits um sechs Uhr schlafen ließ. Um neun hatte er die drei Schlaftabletten neben die Tasse gelegt, ein Glas Wasser bereitgestellt und den Tee bereitet. Um halb zehn wollte er ihr die Tabletten geben, um ihr die Wirkung des Giftes zu erleichtern, und hatte das wahrscheinlich auch getan, denn sie lagen nicht mehr dort.

»Als du Mama vorhin gewaschen hast, hast du da irgendetwas vom Nachttisch genommen?«

Marion errötet, zögert, senkt den Blick. Peter betrachtet sie erwartungsvoll, hofft, dass sie ihm jetzt gesteht, der Mutter erst die Tabletten und dann den Tee gegeben zu haben.

»Ich erinnere mich nicht so genau. Was soll ich denn weggenommen haben?«, nuschelt sie.

»Tabletten«, sagt Peter.

»Tabletten«, wiederholt Marion.

Er geht zum Tisch und stellt sich vor ihren Stuhl. Sie vermeidet, ihn anzusehen.

»Und du bist sicher, dass Mama schon gestorben war, als du gekommen bist?«, fragt er.

»Natürlich bin ich das. Und du? Wieso hast du geschlafen? Hast du nichts davon mitbekommen? Man stirbt doch nicht einfach so. Erst recht nicht, wenn man dabei kotzt. Das hättest du doch hören müssen.«

»Ich war betrunken«, murmelt Peter.

Marion hebt den Blick und betrachtet ihn. »So betrunken kann man doch gar nicht sein. Wahrscheinlich hast du sie gehört und nichts gemacht. Du hast doch gewollt, dass sie stirbt.«

»Und du?« Peter sticht mit dem Zeigefinger in ihre Richtung. »Vielleicht hat sie ja doch noch gelebt, als du gekommen bist und du hast ihr beim Sterben zugesehen, hast sie langsam ersticken lassen. Du wolltest doch auch, dass sie geht. Dir konnte es doch nicht schnell genug gehen.«

Marion sackt in sich zusammen. »Ich wollte das nicht, glaube mir.«

Peter zwingt sich, sie nicht an den Schultern zu greifen und ein Geständnis aus ihr herauszuschütteln, das seine Erlösung sein würde. Stattdessen verschränkt er die Hände auf dem Rücken und schweigt. Die Stille des Raumes flutet seine Sinne. Er schwankt leicht.

»Ich habe nur die zwei Tabletten eingesteckt«, flüstert seine Schwester. »Ich wollte einfach mal wieder ein paar Nächte schlafen. Sie war doch schon tot, als ich kam. Sie hat sie nicht mehr gebraucht und da habe ich mir auch noch die anderen aus dem Medikamentenschrank genommen.«

»Nur die zwei Tabletten«, wiederholt er matt.

»Die, die auf dem Nachttisch lagen, neben dem halb leeren Glas Wasser und der leeren Tasse«, erklärt Marion.

Peter lässt sich schwer auf den Stuhl sinken und denkt, dass er wenigstens, wie geplant, der Mutter eine Tablette gegeben hat und erst dann den Tee, damit sie ihren eigenen Tod verschläft. Dieser Gedanke tröstet ihn ein wenig.

»Wir müssen einen Bestatter rufen«, sagt er.

»Vorher noch den Arzt.«

»Wieso einen Arzt?«

»Sie kann nicht abgeholt werden, bevor ein Arzt den Tod bescheinigt und wenn er Zweifel hegt, dass es sich um einen natürlichen Tod handelt, wird sie obduziert. Ich habe mich kundig gemacht, damit wir alles richtig machen, wenn es so weit ist. Ich wusste ja, dass du dich nicht darum kümmern würdest.«

»Ich habe sie gepflegt«, sagt er.

»Das hast du nur getan, weil du die Vollmachten für das Konto haben wolltest. Wer weiß, wie viel du davon schon ausgegeben hast.«

Ziemlich viel, denkt er und freut sich auf einmal.

Er hatte sich und der Mutter einiges gegönnt. Taxis zu Seniorenveranstaltungen, Kleider und Schmuck, Ausflüge ins Umland mit einem Mietwagen der Oberklasse. Sie hatten den Luxus und ihre gemeinsame Zeit genossen, währenddessen seine Schwester nur immer pflichtschuldig an den Sonntagen mit drei Stücken Kuchen vorbeigekommen war und gar nicht mehr als es der Mutter immer schlechter ging, als sie ihre Kinder nicht mehr erkannte, als sie nicht mehr wusste, wer sie selber war.

»Wieso hast du sie nicht mehr besucht?«, fragt Peter.

»Aber das habe ich doch«, widerspricht Marion halbherzig.

»Ja, früher vielleicht.«

»Ich hab's nicht mehr ertragen. Jedes Mal wenn ich gekommen bin, war sie noch weniger.«

»Aber ich, ja? Ich durfte ihren Verfall begleiten.«

»Das hast du doch so entschieden. Ich habe dich nicht dazu gezwungen.«

»Nein, du hast mich nicht gezwungen. Du hättest sie in einem Heim verrotten lassen, in der Hoffnung, dass sie dort schneller stirbt. Selbst das Geld für den Pflegedienst lag dir im Magen. Hast du sie deshalb getötet?«

»Getötet? Ich glaube, du bist immer noch besoffen. Soll ich jetzt den Arzt anrufen?«

Sie steht langsam auf. Er greift ihren Arm und hält sie fest. »Und wenn du sie doch vergiftet hast?«

Marion reißt sich los und verlässt laut schnaubend den Raum. Peter greift nach der Schnapsflasche, erinnert sich, dass sie leer ist, und stellt sie zurück auf den Tisch.

Es klingelt. Er rührt sich nicht. Er erwartet niemanden. Erst als die Haustür aufgeschlossen wird, dreht er den Kopf zum Flur hin, hört ein »Hallo, jemand zu Hause?« und wundert sich. Kurz danach betritt eine Pflegerin den Raum. Es ist die Nette, die, die immer länger bleibt, als es die ambulant verordneten Minuten vorsehen, die, die immer mit der Mutter redet und lacht. Sie begrüßt ihn mit Handschlag und einem Lächeln, das erfriert, als sie sich der Toten zuwendet.

»Wann ist sie gegangen?«, erkundigt sie sich und geht langsam zum Bett.

»Heute Nacht«, antwortet er und beobachtet, wie sie der Mutter sanft über die kalte Wange streicht, leise weint und Worte zum Abschied flüstert. Dann strafft sich ihr Rücken, sie betet laut ein Vaterunser und kommt zurück an den Tisch.

»Obwohl ich schon so lange in dem Beruf arbeite, überrascht es mich immer wieder, wie plötzlich die Menschen sterben. Gestern Nacht war Ihre Mutter noch so gut gestellt.«

Peter hebt den Blick. »Gestern Nacht?«

Die Pflegerin zeigt auf die Schnapsflasche. »Tut mir leid, dass ich Sie am Tisch sitzen gelassen habe. Aber Sie waren so betrunken, dass es mir nicht gelungen ist, Sie ins Bett zu bringen.«

»Wieso waren Sie überhaupt hier?«

Sie betrachtet ihn irritiert. »Ich hatte Dienst.«

»Ich habe der Pflegedienstleitung Bescheid gesagt, dass niemand zu kommen braucht«, erklärt Peter.

»Das ist nicht bei mir angekommen. Aber in Anbetracht Ihres Zustandes war das ja nur gut so.«

»Und meine Mutter? Hat sie noch gelebt, als sie gegangen sind?«

»Aber ja. Wir haben ein bisschen beieinandergesessen, geredet und gelacht und gebetet. Dann habe ich sie gewaschen und gewindelt, ihr die Tablette für die Nacht gegeben und den Tee, den Sie gekocht hatten. Den mochte sie wirklich gerne. Sie hat den ganzen Becher ausgetrunken. Danach bin ich gegangen.«

Peter braucht eine Weile, um das Gehörte zu verstehen. Dann lächelt er selig und flüstert: »Danke.«

Andreas M. Sturm

TÖDLICHES HALLOWEEN
Gefleckter Schierling

»Du jedenfalls knabberst nicht mehr an meinen Kartoffeln«, murmelte ich und starrte mit gemischten Gefühlen auf die kleine Maus hinunter, die zusammengekrümmt auf den Fliesen meines Kellers lag. Auf der einen Seite tat mir der Nager leid, aber überall auf Mäusekot zu stoßen, war nicht erstrebenswert und deshalb gönnte ich mir die kleine Prise Triumph.

Ich holte eine der verblühten, langstieligen Rosen aus dem Biomüll und stupste den Nager misstrauisch damit an. Man kann nie vorsichtig genug sein. Nachher ist die Maus noch nicht tot und will genau in dem Moment, wenn ich sie hochhebe, die Flucht ergreifen. Doch meine Sorge war unbegründet. Das pelzige Etwas war bereits steif. Ich opferte eine Plastiktüte, warf sie über den Kadaver und beförderte ihn mit spitzen Fingern in die Tüte, in der schon die verblühten Blumen lagen. Gegen den Schauer, der mich dabei schüttelte, war ich machtlos.

Das Klingeln an der Haustür verscheuchte das Ekelgefühl. Ich knotete die Mülltüte fest zu und stieg die Treppe hinauf.

Obwohl die kleine Weitwinkellinse die Gesichtszüge jeder Person verzerrt, ließ der sich mir bietende Anblick Ärger in mir aufsteigen. Der Typ vor der Tür sah aus, als wollte er mir ein Zeitungsabonnement oder einen Staubsauger andrehen.

Aber statt einer Illustrierten hielt er mir eine Kennkarte vor die Nase, nachdem ich die Tür geöffnet hatte. Ich schnappte mir das Stück Plastik und hielt es mit ausgestreckten Armen vor mein Gesicht. Bloß gut, dass meine oberen Extremitäten noch lang genug für diese Übung sind. Es gelang mir, ›Polizei‹ und ›Dienstausweis‹ zu entziffern. Vor den kleiner gedruckten Worten mussten meine Augen kapitulieren.

»Frau Bergholz?«, fragte der Mann, nahm mir den Ausweis wieder aus der Hand und versuchte sich an einem Lächeln.

Ich nickte knapp.

»Ich bin Hauptkommissar Decker«, stellte er sich vor. »Ich habe ein paar Fragen an Sie. Darf ich …?« Dabei deutete er mit einer vagen Geste in Richtung Eingang.

Der Kriminalbeamte, der in meinem Sessel Platz nahm, sah aus, als habe er einen harten Tag hinter sich. Da es aber heller Vormittag war, musste das wohl sein übliches Erscheinungsbild sein. Die Haare lagen, als wäre er gerade aus dem Schlaf erwacht, und sein Anzug schrie nach einem Bügeleisen. Obwohl er höchstens vierzig sein konnte, hatten sich tiefe Falten in sein Gesicht gegraben. Er wirkte auf mich wie ein Mann, der vor lauter Sorgen seine Züge viel zu oft zerknittert. Seine blassen Augen und der graue Zweireiher unterstrichen den Eindruck eines verknöcherten und eigenwilligen Junggesellen.

Ich verspürte keine Lust ihm etwas anzubieten, aber mein Anstand siegte. Er schien sich über den Kaffee zu freuen und lockerte seine verkrampfte Haltung.

»Ich bedaure sehr, Sie an einem Sonnabend stören zu müssen …«, sein Lächeln sah aus, als würde er auf einer Zitrone kauen, »aber heute treffe ich nun mal die meisten Leute an.« Er legte eine bedeutungsvolle Pause ein. »In Ihrer Nachbarschaft hat sich ein Todesfall ereignet.«

Der Satz stand schwer im Raum und der Kommissar schaute mich eindringlich an. Sein Blick sagte mir überdeut-

lich, dass seine graue Erscheinung nur Fassade war. Es waren seine Augen, die ihn verrieten. Augen, die offensichtlich zu viel Böses gesehen hatten und sehr wachsam alles registrierten, was in ihr Gesichtsfeld geriet.

Ich ließ mich nicht einschüchtern, lächelte unverbindlich, verkniff mir einen erschrockenen Ausruf und schaute ihn abwartend an.

»Ein naher Nachbar von Ihnen, Herr Dr. Clemens, ist vorletzte Nacht unter noch ungeklärten Umständen verstorben.«

Bei mir wollte sich keine Trauer einstellen. »Tut mir leid. Ich wohne schon zwölf Jahre in dieser Gegend, aber der Name sagt mir nichts.«

»Gleich neben Ihrem Haus, die Straße runter, rechts um die Ecke das hellgelbe Einfamilienhaus, dort wohnte Herr Dr. Clemens mit seiner Familie.« Der Kommissar gab sich keine Mühe, sein Misstrauen zu verbergen.

»Aha, jetzt weiß ich, wen Sie meinen«, entfuhr es mir und ich strahlte. Doch mein Lächeln gefror, weil mir einfiel, dass ich ja eigentlich betroffen sein musste. »Sie müssen entschuldigen, aber mein Namensgedächtnis ist nicht das Beste. Ich habe ihn immer nur von fern gegrüßt. Aber mit Simone, seiner Frau, quatschte ich ab und an. Ach ja, und seine Tochter kenne ich natürlich ebenfalls. Rebecca heißt sie, glaube ich.«

»Ich entnehme Ihren Worten, dass Sie mit der Gattin des Verstorbenen ein gutes Verhältnis pflegten. Hat sie Ihnen gegenüber Dinge angesprochen, die Hinweise auf das plötzliche Ableben von Herrn Dr. Clemens geben könnten? Streit zwischen den Eheleuten oder in der Nachbarschaft?«

»So nah stehen wir uns nicht, als dass Simone mit mir über ihren Ehealltag spricht«, schniefte ich und war nun doch ein wenig traurig. Mir tat Simone leid. Jetzt stand sie allein mit dem Kind da und die Polizei verdächtigte sie obendrein. Ich putzte mir dezent die Nase und fügte hinzu: »Ich sagte es bereits, ich kannte Herrn Clemens nicht näher und deshalb habe ich keine Ahnung, ob er sich mit irgendwem in der Umgebung gezofft hat.«

»Dieses Viertel, in dem Sie wohnen, ist ja doch wie eine kleine Welt für sich. Sind Ihnen Leute aufgefallen, die hier nicht hergehören und sich seltsam aufgeführt haben?«

Ich schüttelte den Kopf und tupfte mit einem Taschentuch meine Augen trocken.

»Kaufen Sie Ihre Lebensmittel im Supermarkt neben dem alten Rathaus ein?«, schoss er seine nächste Frage ab.

Verwundert sah ich ihn an. Wenn der Bulle jetzt davon anfängt, dass ich mich vor einem halben Jahr mit einer Kassiererin gestritten habe, schmeiße ich ihn raus.

Er überging, dass ich ihm die Antwort schuldig blieb, und legte sofort eine neue Frage nach. »Haben Sie zufällig beobachtet, dass Leute, die nicht zum Personal gehören, sich an den Waren zu schaffen gemacht haben?«

Diese Frage verneinte ich ebenfalls mit einem Kopfschütteln, setzte mich aber angespannt aufrecht und fragte nun meinerseits: »Sind etwa vergiftete Nahrungsmittel in Umlauf gekommen?« Und wenn er noch so gestelzt formulierte und um keinen Preis Informationen ausplaudern wollte, war ich doch nicht doof genug, um seine Andeutungen unkommentiert zu lassen.

»Nein, wir ermitteln einfach in jede denkbare Richtung. Sie müssen sich keine Sorgen machen.«

»Genau die mache ich mir jetzt aber. Immerhin ist schon ein Mensch vergiftet worden. Ich verspüre keine Lust, Leiche Nummer zwei zu werden.«

»Von Vergiftung hat niemand gesprochen.«

Ich gestattete mir ein schräges Grinsen und sah ihn direkt an.

Er wich meinem Blick aus und erhob sich.

»Ich will Ihre Zeit nicht über Gebühr beanspruchen. Ein Anliegen hätte ich allerdings noch. Würden Sie mir einen Blick in die Räume Ihres Hauses gestatten?« Zumindest hatte er den Anstand, peinlich berührt auszusehen, nachdem er die Bitte formuliert hatte.

»Was hoffen Sie zu finden? Ein Chemielabor, in dem ich mörderische Cocktails mixe?«

»Natürlich nicht!« Er hob beschwichtigend beide Hände. »Es würde die Untersuchung aber wesentlich erleichtern, wenn ich Sie als Verdächtige ausschließen könnte.«

Ich schluckte eine spitze Bemerkung herunter, machte gute Miene zum bösen Spiel und führte den Beamten durch die einzelnen Zimmer.

Es klingt zwar stolz, sagen zu können, ich bin Besitzerin einer Doppelhaushälfte, die Realität war jedoch ernüchternd: Wohnzimmer, Arbeitszimmer, Schlafzimmer, Gästezimmer, Bad, Küche und ein Keller, mehr war da nicht. Trotzdem bin ich glücklich in meinen eigenen vier Wänden und muss keine Miete zahlen. Und es bringt Vorteile mit sich, wenn der Wohnraum nicht zu groß ist, beispielsweise beim Putzen oder wenn ein neugieriger Polizist seine Nase in alle Winkel steckt.

Der wie ein Bluthund auf der Pirsch witternde Kommissar hatte nach einer knappen Viertelstunde seinen Rundgang abgeschlossen. Irgendwie schien er unzufrieden zu sein. Unschlüssig stand er da, als hielte er nach etwas Ausschau, was da sein sollte, aber eben nicht war.

»Entschuldigen Sie meine Neugier, sind Sie allergisch gegen Grünpflanzen?« Er ließ einen bezeichnenden Blick in die Runde gleiten. »Dass Sie keine Pflanzen haben, fällt mir eigentlich nur auf, weil ich selbst ein großer Blumenfreund bin.«

Um ein Haar hätte ich anerkennend gepfiffen. Der Schnüffler verstand sein Metier. Die Frage nach den Pflanzen war so beiläufig formuliert, als wäre es wirklich sein rein privates Interesse. Doch warum sollte ich sein Spiel nicht mitspielen? Lächelnd schüttelte ich den Kopf, trat an das Wohnzimmerfenster und zog den Store zur Seite.

Kommissar Decker schien wirklich ein Freund der grünen Gewächse zu sein, denn er schrak schaudernd zurück. Dann zuckten seine Mundwinkel. Er zeigte mit dem Finger auf die drei Blumentöpfe, in denen fahlgelbe, leblose Stängel vor sich hin dorrten und sagte: »Ich hätte nicht gedacht, dass es in unseren Breiten zu einer Heuschreckenplage kommen kann.«

Da sage einer, es gäbe keine Wunder. Der graue Mann konnte ja richtig Humor entwickeln. Ich hob die Schultern. »Sieht nicht gerade danach aus, als wäre ich mit einem grünen Daumen gesegnet.«

»Eventuell sollten Sie es mit Kunstpflanzen probieren, die benötigen nicht ganz so viel Pflege.« Er war der Einzige im Raum, der über den Witz kicherte. Mein Gesichtsausdruck ließ ihn schnell nach einer Abschwächung seiner Worte suchen.

»In Ihrem Fall ist es nicht so tragisch, wenn in den Räumen nichts grünt. Sie können ja in der herrlichen Umgebung ausreichend Natur tanken. Nur wenige Schritte und Sie sind umgeben von Floras Kindern.«

»Ich hab's nicht so mit vor die Tür gehen«, entgegnete ich mit dünnem Lächeln. »Ich sitze lieber vor dem Computer und spiele.«

»Oh.« Er machte ein betroffenes Gesicht, als hätte ich ihm eben mitgeteilt, dass ich an einer schweren Krankheit leide.

Inzwischen tat mir der Beamte sogar ein wenig leid. Egal wie er es anstellte, es wollte ihm nicht gelingen, die Situation aufzulockern.

Er schien sich damit abzufinden und wurde wieder dienstlich. »Führt diese Treppe in den Keller?«

Mein Verständnis für den farblosen Beamten und seine Ermittlungen schwand zusehends. »Ja, und dort unten bewahre ich meine Cyanid-Vorräte auf.«

Die wieselflinken Augen erstarrten und studierten mich eine kleine Ewigkeit, als müssten sie überlegen, in welche Schublade sie mich stecken sollten. »Es besteht kein Grund, so feindselig zu sein«, meinte er schließlich. »Ich mache hier nur meinen Job.«

Ich schnaufte kurz, rang mir ein verständnisvolles Lächeln ab und ging ihm voraus. Im Keller fiel mir ein Stein vom Herzen, als mein Blick die Biomülltüte streifte, die seit einer knappen Stunde nun auch ein Mäusesarg war. Nicht auszudenken, wenn die tote Maus noch auf dem Boden gelegen hätte. Ich habe nicht die geringste Ahnung, ob es legal ist, heimtückische Nager mit Giftködern in den Mäusehimmel zu befördern. Aber der bis ins Mark bürokratische Kommissar hätte keine Sekunde gezögert, den Mäusemord an den Tierschutz zu melden, sollte ich gegen eine Verordnung verstoßen haben.

Kritisch schaute sich der Polizist in meinem Keller um. Der angesetzte Rumtopf, Konservendosen und die Tapetenreste schienen mich nicht als Mörderin abzustempeln. Kommissar Decker zog eine spitze Schnute, was sein Gesicht noch zerknautschter aussehen ließ, und kratzte sich am Hinterkopf. »Eine allerletzte Information benötige ich noch, dann sind Sie mich los«, sagte er und stieß seinen Zeigefinger in meine Richtung, als wollte er mich damit an die Wand nageln. »Welcher beruflichen Tätigkeit gehen Sie zurzeit nach?«

Kurz zögerte ich und dachte, dass ihn das eigentlich nichts angeht, aber wenn ich mich bockig verhielt, würde er sich die Auskunft auf andere Weise besorgen und ich machte mich unnötig verdächtig. Also gab ich freundlich Auskunft: »Ich arbeite als 3D-Designerin. Momentan erstelle ich räumliche Bilder für Computerspiele.« Ich schenkte ihm mein schönstes Lächeln. »Daher kommt mein Faible für Online-Games.«

Nachdenklich schaute mich der Kommissar an. Ich konnte förmlich hören, wie sein Ermittlergehirn ratterte. Dann lächelte er und zum ersten Mal war dieses Lächeln frei von Hintergedanken. Das Leuchten hielt an, als er mir die Hand zum Abschied reichte.

Durch den Türspion konnte ich beobachten, wie der Rücken des Polizisten immer kleiner wurde, während er langsam den kurzen Weg von meiner Haustür bis zur Straße lief. An der Bordsteinkante blieb er stehen, holte sein Notizbuch aus der Sakkotasche und ich konnte sehen, dass er mit einer schwungvollen Bewegung etwas durchstrich. Es war nicht erforderlich Sherlock Holmes zu sein, um zu wissen, dass es mein Name war, der gerade von der Liste entfernt wurde.

Mein Herz schlug wie wild und ich ließ meinen Kopf gegen den Türrahmen sinken. Ich brauchte ein paar Minuten, bis ich mein inneres Gleichgewicht wiederfand. Reiß dich zusammen, befahl ich mir. Raff dich auf und tu irgendetwas, was dich auf andere Gedanken bringt.

Doch das war leichter gedacht als umgesetzt, denn auf dem Weg ins Wohnzimmer fiel mein Blick auf das gerahmte Foto meines Bruders. Vor Sehnsucht nach ihm wurde mir die Brust eng. Vier Jahre war es nun her, dass mich Patrick viel zu früh verlassen hatte. Die Zeit heilt alle Wunden, reden die Leute so leicht daher – der Schmerz allerdings, den Patricks Tod mir zugefügt hat, der wird wohl nie vergehen.

Als unsere Eltern bei einem Unfall ums Leben kamen, hatte ich eben mit dem Studium begonnen und mein fünf Jahre jüngerer Bruder besuchte das Gymnasium. Patrick in ein Heim zu geben, brachte ich nicht übers Herz. Also verabschiedete ich mich von der Uni und suchte mir einen Job.

Mein Einkommen reichte geradeso und brachte uns über die Runden. Doch bald lachte mir das Glück. Ich hatte ein gutes Händchen für Spieleentwicklung und mir gelang es, ein paar äußerst einträgliche Ideen für Online-Rollenspiele zu entwickeln. Unser Lebensstandard schnellte in die Höhe und es war mir möglich, Patricks Ausbildung zu finanzieren. Mein Bruder war ein begnadeter Pianist. Sein Talent, gepaart mit Leidenschaft und Fleiß, hatten ihm bereits in früher Jugend Türen geöffnet, die anderen verschlossen blieben. Ich kaufte dieses kleine Haus, damit Patrick ungestört üben konnte und die Nachbarn nicht, wie in der Plattenbauwohnung, ständig vor Frust gegen Wand und Decke hämmerten. Nach seinem Studienabschluss zog Patrick aus. Er war von da an auf den Konzertbühnen der ganzen Welt zu Hause. Doch auch nach der räumlichen Trennung trafen wir uns regelmäßig, sprachen stundenlang über unsere Erlebnisse, und als krönenden Abschluss jedes gemeinsamen Abends gab mein kleiner Bruder eigens für mich eine Privatvorstellung.

Um mich abzulenken, trat ich ans Fenster und schaute hinaus. Ein Blatt, welches sich von der großen Kastanie löste und auf den Boden taumelte, riss mich aus meiner traurigen Zeitreise. Es wurde Zeit, meine Aufgabenliste abzuarbeiten. Ich begann mit der Untersuchung des Teppichbodenbelags am Fenster. Die Eiswürfel hatten gute Arbeit geleistet. Die Abdrücke der Standfüße des schweren Fernrohres waren verschwunden. Durch das langsame Tauen des Eises hatten sich die Fasern wieder aufgerichtet.

Das Teleskop war zum An- und Verkauf gewandert. Ich war extra durch die halbe Stadt gefahren, um das Gerät in dem Laden anzubieten, von dem ich wusste, dass ich dort den Ausweis nicht vorlegen muss. Die Summe, die man mir für das neuwertige Fernrohr ausgezahlt hatte, war lächerlich. Ich benötigte es jedoch nicht mehr, und ehe es in einer

Ecke verstauben und Platz wegnehmen würde, war der Verkauf die beste Lösung. Aber bis vor wenigen Tagen hatte mir das Fernglas gute Dienste geleistet. Man glaubt nicht, was man alles über die lieben Nachbarn erfährt, wenn man sie durch ein Okular ganz nah heranholt. Zum Beispiel erfuhr ich viele und nicht sehr schöne Dinge über den von uns gegangenen Herrn Dr. Clemens.

Die Tränen, die ich während meines Gesprächs mit Kommissar Decker vergossen hatte, waren spontan, aber unüberlegt. Für Simone würde das Leben ohne ihren Mann besser sein und für ihre kleine Tochter ebenfalls. Mein Herz hatte geblutet, als ich durch das komplizierte System der Linsen mit ansehen musste, wie oft der Kerl seine Frau und seine Tochter geschlagen hatte. Simone ist eine kluge und hübsche Frau. Ich habe keinen Zweifel, dass es ihr schnell gelingen wird, einen neuen und vor allem besseren Partner zu finden.

Ein Blick aus dem Fenster zeigte mir, dass Wind aufkam, der sich weiteres Laub von den Ästen der Kastanie stahl. Kurz beobachte ich das Wirbeln der Blätter, dann stieg ich wieder in den Keller hinunter. Immerhin war mein morgendlicher Inspektionsgang wegen der Polizei unterbrochen worden. Und gerade an dieser Stelle durfte meine Aufmerksamkeit nicht nachlassen. Denn durch ein inzwischen repariertes Loch in der Außenwand des Hauses war es einer Mäusefamilie gelungen, in meinem Keller eine Heimstatt zu finden. Ich hatte die Eindringlinge erst bemerkt, als sie sich schon lebhaft vermehrt hatten. Da ich gern in meiner Behausung lebe, hieß es: ich oder die Mäuse. So war ich gegen die Nager in den Krieg gezogen. Als Erstes hatte ich zu mechanischen Fallen gegriffen, doch diese Teile schienen bei den Mäusen nur Erheiterung hervorzurufen. Sie verspeisten mit Appetit die Köder, vermieden es aber geschickt, sich von den Fangeisen erschlagen zu lassen. Manchmal, wenn ich im Bett lag, glaubte ich, sie kichern zu hören. Doch ich war es, die zuletzt lachte. Bei einem Spaziergang hatte ich auf dem verlassenen Gelände einer ehemaligen Autowerkstatt eine Pflanze entdeckt, die mein Mäuseproblem lösen sollte. Ein Blick auf die zwei- bis vierfach gefiederten Blätter und die fein gerillten, am Unterteil dunkelrot gefleckten Stängel hatten mir gesagt, dass die Nager sich bald im Mäuseparadies versammeln würden.

Es belastete mein Gewissen in keiner Weise, dass ich den neugierigen Kommissar in Bezug auf meine Pflanzenkenntnisse im Unklaren gelassen hatte. Wenn der wüsste, dass ich die Ferien immer bei meiner Großmutter Caitlin, die in der Tradition des keltischen Glaubens lebt, verbracht habe, wäre er mit Sicherheit sehr hellhörig geworden. Aber mein Vorrat an Ehrlichkeit gegenüber der Polizei war begrenzt. So hatte ich ihm ebenfalls nicht auf die Nase gebunden, dass meine Grünpflanzen, wie jedes Jahr während der dunklen Jahreszeit, im Wintergarten meiner Freundin weilten.

Hocherfreut über die Entdeckung der giftigen Doldengewächse in dem Werkstatthof war ich nach Hause gestürmt und hatte mir Wegwerfhandschuhe besorgt. Die hatte ich übergezogen, als ich, zurück auf der Brachfläche, die Pflanzen abschnitt. Oh ja, Caitlin hatte mir alles über die Natur und deren Geschöpfe beigebracht. So wusste ich, dass das Gift des gefleckten Schierlings über die Haut in den Organismus gelangen konnte. Und da ich keine Kartoffel anfressende Maus war, konnte ich auf Lähmungserscheinungen sehr gut verzichten.

Auf der Arbeitsplatte in meinem Keller hatte ich die Früchte der Pflanzen in einem Mörser zu Brei gestampft. Dass dies eine angenehme Tätigkeit war, kann ich nicht gerade behaupten. Die Pflanzenteile stanken wie Mäusepisse und von dem Geruch nach Mäusen hatte ich wirklich genug. Da ich immer sehr aufmerksam gewesen war, wenn Caitlin mir etwas erklärte, wusste ich, dass der Geschmack der Pflanze widerwärtig ist und im Mund brennt. Da ich absolut keine Ahnung habe, ob Mäuse Gourmets sind, war ich lieber auf Nummer sicher gegangen. Die zerdrückten Früchte hatte ich deshalb in salzige Speckscheiben gewickelt. Ich hoffte, dass der würzige Speck den beißenden Geschmack des Schierlings überdecken würde. Die kleinen Speckknödel hatte ich im Keller ausgelegt und die Tür geschlossen. Natürlich nicht ohne vorher »Guten Appetit, Mäuse« zu wünschen.

Meine Rechnung war aufgegangen, das verfressene Nagervolk hatte sich über die köstliche Speckmischung hergemacht. Bereits einen Tag, nachdem ich die Giftköder im Keller verteilt hatte, kam ich mit dem Aufsammeln und Entsorgen der verstorbenen Nagetiere kaum noch hinterher.

Voll Dankbarkeit hatte ich einen stillen Gruß nach Irland zu meiner Großmutter Caitlin geschickt. Die Ferientage, die ich bei ihr verbringen durfte, waren für mich mehr als eine Erfahrung, sie prägten mein weiteres Leben. Caitlin erzählte mir von den alten Göttern, zeigte mir, wie man mit der Natur im Einklang lebt und sich deren Kräfte nutzbar macht. Von ihr erfuhr ich von den vier magischen Tagen, die jedes Jahr besitzt. Für Caitlin war Samhain der wichtigste dieser Festtage. Das erste Samhain-Fest, zu dem mich meine Großmutter mitnahm, werde ich nie vergessen, egal wie alt ich werde. Der Zauber dieser heiligen Nacht hat sich unauslöschlich in meine Erinnerungen gebrannt. Die Gesänge, Tänze und Beschwörungen der weisen Frauen woben einen Zauber, der mit nichts aus unserer modernen, technisierten Welt vergleichbar wäre. Heute nennen die Menschen den Tag des Samhain-Festes Halloween.

Und zu Halloween im letzten Jahr war es, als Herr Dr. Clemens an meiner Haustür geklingelt hatte. Mit seiner Tochter an der Hand hatte er vor der Tür gestanden und gemeinsam mit ihr um Süßigkeiten geschnorrt. Ich spüre immer noch die Schwäche in meinen Knien, die mich überkam, als ich den Mann bewusst wahrnahm. Zuvor hatte ich ihn in meiner Wohngegend nicht bemerkt, da er erst kürzlich mit seiner Familie in eins der neu gebauten Häuser gezogen war. Wie im Traum hatte ich dem Kind ein paar Schokoriegel in die Hand gedrückt, danach die Tür geschlossen, um dann kraftlos zu Boden zu sinken. Der Anblick des Mannes hatte mich vollkommen paralysiert, denn dieses Gesicht war mir nur zu gut bekannt. Er jedoch erkannte mich nicht, die Begleitperson eines Patienten hatte er keines Blickes für würdig befunden.

Herr Dr. Clemens war Chirurg und mein Bruder hatte das Pech, nach einem Sturz, bei dem er sich die Hand gebrochen hatte, in die Klauen dieses Pfuschers zu geraten. Der Bruch war an und für sich nicht kompliziert. Dr. Clemens richtete die Bruchstelle und gipste die Hand ein. So weit war alles gut, nur eine Kleinigkeit entging dem Arzt: Obwohl er die Hand am fünften Tag nach dem Eingipsen röntgen ließ, bemerkte der Chirurg nicht, dass die zusammengefügten Knochen verrutscht waren. Zu diesem Zeitpunkt wäre es kein Problem gewesen, die Knochen ein weiteres Mal neu zu justieren. Doch da Dr. Clemens beim Auswerten der Röntgenbilder mehr als nachlässig gearbeitet hatte, wuchsen die Knochen schief zusammen.

Der Chirurg entdeckte das Malheur erst, als der Gips abgenommen wurde und eine verkrüppelte Hand zum Vorschein kam. Mit dem lapidaren Hinweis: »Das richtet die Physiotherapeutin«, entließ er meinen Bruder.

Wir ließen die Sache nicht auf sich beruhen und konsultierten Spezialisten.

Eine erneute Operation brachte Patricks Hand wieder einigermaßen in Form, jedoch ob sie je wieder voll einsatzfähig sein würde, stand in den Sternen.

Nach monatelanger Behandlung stand Patrick mit einer ständig schmerzenden Hand vor den Trümmern seines Daseins. Sein Spiel reichte noch für Wirtshausgeklimper, aber nicht mehr für die oberste Liga der Pianisten. Er fand nicht die Kraft, ohne seine Musik zu leben. An einem lauen Sommerabend stieg er in die Badewanne seiner Wohnung und öffnete seine Adern. An seinem Grab versprach ich ihm, dass der Schuldige nicht straflos davonkommen würde. Ich versuchte eine Klage gegen Dr. Clemens anzustrengen, aber die Beweislage war zu dünn. Ungeachtet der Aussage der anderen Koryphäen, dass bei einer korrekten Behandlung Patricks Hand vollkommen wiederhergestellt worden wäre, reichte es nicht für einen Prozess. Vor allem, da die anderen Chirurgen nicht zu einer Aussage vor Gericht zu bewegen waren.

Ich hatte die Hoffnung auf Vergeltung bereits aufgegeben, bis eben zu jenem Halloween.

Es war nicht schwer, mich mit Simone anzufreunden. Die nette, aufgeschlossene Frau trug ihr Herz auf der Zunge und die Loyalität gegenüber ihrem Ehemann war nicht sehr ausgeprägt. Ich finde, das ist kein Wunder bei einer Frau, die gezwungen ist, auch an dunklen Tagen mit Sonnenbrille herumzulaufen. Ich opferte eine Flasche vom feinsten, irischen Whiskey und die ohnehin lockere Zunge von Simone wurde noch beweglicher. Der Whiskey spülte die ganze Wahrheit aus ihr heraus: Ihr Gatte war ein großer Freund der Hanfpflanze. Interessenlosigkeit an der Familie und seinem Beruf waren die Folgen seines Drogenkonsums.

Mit diesem Wissen wurde es für mich immer schwerer, meine Wut niederzukämpfen, wenn ich diesem schleimigen Kerl auf der Straße begegnete. Jedes Mal, wenn ich seinen Weg kreuzte, saß ich anschließend still in meiner Wohnung, heulte und leckte meine Wunden. Ich konnte es nicht fassen. Mein Bruder liegt in einem Sarg, während Clemens trotz seiner Drogenprobleme ungestraft an weiteren Patienten herumpfuschen darf.

Doch bevor ich an meiner Ohnmacht zerbrach, beschloss ich zu handeln. Ich besorgte mir ein Fernglas, getreu der Devise: Mit Speck fängt man Mäuse und mit Geduld Menschen. Während der vielen Stunden, in denen ich den Chirurgen observierte, erfuhr ich nicht nur von seiner Lust, die eigene Familie zu quälen, ich entdeckte eine weitere heimliche Leidenschaft von ihm. Er aß mit Vorliebe, und wie ich unschwer erkennen konnte, ebenso maßlos, Schokoladentäfelchen mit Minzgeschmack. Dabei trat sein Egoismus deutlich zutage, denn er teilte die Leckerei prinzipiell nie mit Frau oder Tochter. Als ich mir dieser Tatsache absolut sicher war, wusste ich: Selbstsucht kann sehr ungesund sein.

In einem Süßwarenladen kaufte ich ein zuckersüßes, intensiv nach Minze schmeckendes, rosa-weißes Konfekt. Diese Minzbrocken zerkleinerte ich mit dem Mörser, fügte reichlich von den ebenfalls zerdrückten Früchten des Schierlings dazu, formte aus der entstandenen Masse Täfelchen und überzog diese mit einer Kuvertüre aus bitterer Schokolade. Nach Fertigstellung meiner lukullischen Kreation musste ich nur noch auf Halloween warten, wenn Clemens wieder mit seiner Tochter vor der Tür stehen und »Süßes oder Saures« brüllen würde.

Der Kauf von drei billigen Blattpflanzen, die ich absichtlich vertrocknen ließ, schloss meine Vorbereitungen ab.

Der Tag des Samhain-Festes ist der Tag, an dem die Grenzen zur Welt der Toten sehr dünn sind. Ich fand es äußerst passend, dass der schlampige Arzt den Tod zu dieser Stunde finden würde. Da war der Weg, den er zurücklegen musste, nicht so beschwerlich.

Ob es mir gelungen war, den ätzenden Geschmack des Schierlings zu überdecken, wusste ich leider nicht. Da ich keine Selbstmordambitionen hege, fiel ein Eigenversuch aus. Aber als ich durch den Spion sah, wie Clemens ein Schokotäfelchen nach dem anderen in seinem gierigen Mund verschwinden ließ, wurde mir klar, dass die Minzmischung recht lecker sein musste.

Ich bedauerte es sehr, dass ich nicht bei ihm sein konnte, als die ersten Lähmungserscheinungen in den Beinen auftraten. Den Moment, als ihm klar werden musste, dass das Gefühl der Kälte, welches in ihm hochstieg, ein endgültiges war, hätte ich gern miterlebt. Bei einer Vergiftung durch den gefleckten Schierling bleibt das Opfer bis zum Schluss bei vollem Bewusstsein. Im letzten Augenblick, den er bei klarem Verstand erlebte, hätte ich ihm gern einen Gruß von Patrick bestellt.

Angela Temming

FÜR SCHWEINE ZÄHLT NUR PROTEIN
Christrose

An einem Freitagnachmittag im März brach das Unglück über Gitte herein, so unausweichlich wie das tägliche Untergehen der lieben Sonne. Hätte man sie gefragt, ob es vorauszusehen war, hätte sie geantwortet: Auf dem Land, was soll da passieren? Genau darum, wegen des Friedens, hatten sie und Hubert die Großstadt hinter sich gelassen, den alten Hof gekauft und die beiden Schweine. Sie bauten ein wenig Gemüse an, in Ruhe, mit der Kraft ihrer Hände. Doch der Alltag hatte zu rauschen aufgehört. Hubert reparierte immer irgendetwas oder las, und Gitte grub im Garten oder schrieb. Alles gedieh, die Igel kamen, die Bienen dankten. Und die Nachbarn grüßten anfangs.

Aber wie das so ist, drei Jahre schlechtes Wetter und schon hörte man Stimmen, die der Wind über das Kopfsteinpflaster trug, ob wirklich ein jeder für die Landwirtschaft gemacht wäre. Eine Krankenschwester und ein Buchhändler. Das beste Erbe nutzte nichts, wenn es falsch investiert wurde. Die Kartoffeln gerieten mit jedem Jahr kleiner, die Salate wurden von Krähen gerupft, doch man behielt, aus purem Trotz, das Landleben, den Hof und sogar die beiden Schweine.

Die Schweine. Kaum dass Gitte den Riegel des Stalltürchens anhob, quoll ihr das vertraute Gequieke entgegen. »Hier kommt eure alte Gitte, na, na, nicht so wild.« Die beiden Tiere reckten die Nasen über den Verschlag und schlabberten hastig in die Luft. In der Ecke der Futtersack, frisch angebrochen und daher schwer, aber nicht schwerer, als ein durchschnittlicher Patient im St. Marien es gewesen wäre. Eine Hand hier, die andere dort, der gekonnte Griff, mit dem eine Schwester jeden noch so dicken Menschen zu bewegen wusste. Das bleibt im Kopf, das geht nie raus; oben anpacken, unten, und zack! Jeden Tag, wenn sie den Sack hievte, gefiel ihr, wie souverän sie es noch konnte. Das mit den Schweinen funktionierte, das konnte ihr niemand nehmen. Weder die Dörfler, noch der Tierarzt, noch der Staat. Das lief. Das beherrschte sie. Freundliche Tiere, viel pflegeleichter als all die Patienten damals.

Doch ehe Gitte mit dem Sack den Trog erreichte, mischte sich zwischen das Quieken ein tiefes Brummen, und Gitte, deren siebter Sinn immer gut funktioniert hatte, hörte, wie ein Auto über das Pflaster des Hofes rumpelte. Sie stellte den Sack ab, die Schweine protestierten.

Tatsächlich, ein hellblaues Auto. Etwas Flaches, eine Art Oldtimer-Sportwagen, sicher teuer. Freitagnachmittag, und ein Sportwagen fuhr mitten auf den Hof. Der Mann, der ausstieg, grinste. In seiner Hand ein Köfferchen. So einem ging man lieber entgegen, bevor er näher kam.

»Ich geb Ihnen nicht die Hand«, sagte Gitte. »Arbeitshandschuhe.«

»Guten Tag. Ich dachte schon, so kalt ist der März doch gar nicht mehr.«

»Arbeitshandschuhe.«

»Pardon, gestatten, Frank Bäumler. Ich habe die Praxis drüben in Starlow übernommen. Auf dem Land sind die Patienten ruhiger, wissen Sie, in der Stadt liefen mir zu viele Verrückte herum. Ihr Dorf gefällt mir auch, so idyllisch, das Kirchlein, sehr nett. Pardon, dass ich so spät bin. Hausbesuche mache ich erst nach der Sprechstunde. Wo ist der Patient?«

Braungebrannt war er, kein Wunder, Ärzte haben Zeit, in der Sonne zu sitzen. »Wir gehen nie zum Arzt. Muss ein Irr-

tum sein. Fragen Sie drüben bei Frau Schutt, das ist so eine, die geht gern zum Arzt.«

»Ihr Mann hat mich angerufen.«

»Ausgeschlossen.«

»Er hat anhaltende Diarrhoe.«

»Ach das. Deswegen ruft er einen Arzt? Das geht vorbei. Männer! Ich bin ausgebildete Krankenschwester.«

»Wenn ich schon hier bin, Pardon, schaue ich ihn mir kurz an. Wie lange hat er seine Beschwerden schon?«

»Zwei Tage vielleicht.«

»Er hat gesagt vier.«

Welch blaue Augen dieser allwissende Sunnyboy hatte. Es war nur Durchfall, wie man ihn kennt, ein paar Tage Darmreinigung, sonst nichts und in Huberts Alter allemal besser als Verstopfung. »Gehen wir ins Haus«, nickte Gitte, zog ihre Handschuhe ab und packte sie in die Kittelschürze. »Ich hoffe, Sie stecken sich nicht an. So kurz vor dem Wochenende.«

Da sie schon im Hof standen, führte sie ihn hinten herum. Ihr entging nicht, wie er den Kopf zum Kräutergarten drehte, doch er sagte nichts, der Herr Doktor. Überall gab es Kräutergärten. Gleich daneben, windgeschützt ganz dicht an der Mauer, wuchsen Gittes Christrosen, aber auch jene erwarben Millionen Menschen als Zierpflanze ganz ohne Waffenschein. Alles normal.

Gitte ließ ihn auf der Außentreppe vorgehen, um ihn zu betrachten. Seine sauberen, eleganten Schuhe brachten bei jedem Schritt das Metall der Stufen zum Klingen, in einem gleichmäßigen Rhythmus, wichtig, albern, typisch Doktor. Das kannte Gitte aus der Klinik: Schwestern mit Gummisohlen, aber Ärzte mit dem klack, klack im Flur, klack, klack, jetzt komme ich.

Oben überholte sie ihn und schritt zügig durch die Küche, denn sie ahnte, was er sagen würde. Lange genug hatte sie genau diese Sorte Besserwisser ertragen. Und schon bemerkte er: »Sie haben ja viele Bücher über Pflanzenkunde. Ich wende auch immer zuerst die sanfte Medizin an.«

So sah er aus: sanfte Medizin. Statt Hubi am Telefon zu Weißbrot und Fencheltee zu raten, setzte er sich lieber sanft in sein Auto und fuhr sanft direkt in ihr Leben. »Um Pflanzen zu verstehen«, sagte Gitte, »muss man die alten Bücher kennen.« Sie stellte sich so, dass sie das Orakel auf der Anrichte leidlich verdeckte.

»Die alle haben Sie gelesen?«

»Ich habe sogar welche geschrieben.«

»Richtig mit Verlag?«

»Pfft, Verlag. Es sind handschriftliche Bücher und alles ist ordentlich zusammengetragen. Aber Sie wollten Hubi sehen. Hier entlang.«

Als sie den Flur betraten, hörten sie ein Stöhnen aus dem Bad. Gitte deutete auf die Tür gegenüber. »Hier ist sein Schlafzimmer, wenn Sie warten wollen.«

»Und Ihr Zimmer, Pardon, ist dann hier nebenan? Hören Sie ihn, wenn er Hilfe braucht?«

»Das ist nur die Tür zum Keller. Mein Zimmer ist hinter der Küche. Schauen Sie nicht so, er schnarcht eben, mit und ohne Durchfall.« Bevor er nachfragen konnte, ergänzte sie: »Im Notfall würde ich ihn sogar im Hof hören, weil die Küchentür immer offen steht. Das hier ist das Land, wissen Sie. Alles in Ordnung.« Hinter der Badtür rauschte die Spülung. »Herr Doktor, wir sind nie krank. Als Schwester kann ich jederzeit mal eine Wunde verbinden, und mehr ist es nicht.«

»Vorsorge?«

»Ist etwas für Leute, die nicht in ihren Körper hineinhorchen. Wenn bei mir was nicht stimmt, merke ich das. Ich habe die Bücher und ich habe meinen Mann. Wir passen gegenseitig auf uns auf.« Gitte klopfte an die Badtür. »Hubi, brauchst du den Arzt noch? Du läufst ja schon munter herum.«

Die Klinke senkte sich, die Tür knarzte und Hubert schlich hervor, bleich wie jeder normal geratene Buchhändler. Gitte ergriff seinen Arm und führte ihn in sein kleines Zimmer bis ins höhenverstellbare Einzelbett, tätschelte ihm den Kopf und küsste seine Stirn, bevor sie ihm die Decke über die Brust zog, denn Liebe heilt besser als alle Antibiotika. Hubert lächelte. Hinter Gitte erklang: »Pardon, warten Sie bitte draußen?«

»Aber natürlich.« Sie zog sich zurück und schloss die Tür. Vorsichtig legte sie ihr Ohr daran und schob es noch ein wenig in Position.

In Hubis Zimmer wurde geschwiegen oder, ungleich unangenehmer, getuschelt. Das Murren der Schweine drang über den Hof, ebbte jedoch ab, sicherlich, weil die sensiblen Tiere spürten, wie wichtig ihrer Gitte jetzt die totale Ruhe war.

Drinnen: nichts.

Gitte schloss zusätzlich die Tür zur Küche – und nicht zuletzt zum Orakel. Ihr Ohr suchte wieder einen Anschluss. Leises Rascheln, und tatsächlich, da war es, ein Flüstern. Aha. Der Herr Doktor, dynamisch und bestimmt nicht zum Flüstern geboren, fuhr mitten auf ihren Hof, überrumpelte sie mit seinem Besuch, schloss sie aus, obwohl sie die Ehefrau war und sogar vom Fach, und flüsterte nun. Und Hubi war zu schwach, um groß zu reden, sodass er nur hm und hm, hm hervorbrachte. Keine Chance, irgendwelche Diagnosen zu erlauschen.

Natürlich war Hubi gerade wacklig, denn mit Erstverschlechterung beginnt jede Behandlung. Der Körper braucht seine Zeit, um Wirkstoffe in positive Energie umzusetzen. Hätte Hubi nicht über Stechen in der Brust geklagt, und man weiß ja, in dem Alter muss man solchen Symptomen wachsam nachspüren, wäre sie gar nicht auf die Idee gekommen, ihn zu behandeln. Leider weiß man auch sehr gut, dass Ärzte Eigenbehandlung nicht mögen, weil sie nichts daran verdienen.

Gitte holte den in dieser Woche gültigen Putzlappen aus dem Bad. Sollte man sie im Flur überraschen, wischte sie eben Staub am Bilderrahmen. Hach! Das leuchtendste Aquarell, das sie je gemalt hatte: ›Die Töchter des Königs Proitos von Argos, Iphianassa und Lysippe‹, wie sie sich nach ihrer Heilung umarmten. Schon etwas verrückt, dachte Gitte, dass die beiden sich für Kühe gehalten und das Land verwüstet hatten. Und wer hatte ihre Seelen gerettet? Gittes geliebte Christrose! Der Aufguss aus den gemahlenen Wurzeln musste furchtbar bitter geschmeckt haben, doch irgendwie konnte man die Schwestern überreden, ihn zu trinken, obwohl Kühe das normalerweise nicht tun würden. Die beiden schossen durch gewaltiges Niesen das Böse aus ihren Körpern. Wrusch und raus, alles raus! Das Volk war glücklich, nannte die Pflanze jedoch fortan Schwarze Nieswurz. Den Namen mochte Gitte nicht, denn obschon die Wurzeln dunkel waren, wurde er der Schönheit der Pflanze mit ihren unschuldig weißen, riesigen Blüten nicht gerecht. Für Gitte blieb sie auf ewig die Christrose, das Symbol für die Menschwerdung Christi, die Gute, die von Gott Geschenkte. Die Heilende, die Licht brachte in das Dunkel der Seele.

Man musste nur um die passende Dosis wissen, dachte Gitte, während sie das Bild polierte, denn laut einem ihrer etymologischen Wörterbücher setzte sich der botanische Name Helleborus niger aus hellein, gleich ›töten‹, und bora, gleich ›Speise‹ zusammen. Als Zwischenmahlzeit gab die Christrose ihr Bestes, einem Hauptgang wäre jedoch niemals ein Dessert gefolgt.

Endlich, als Gitte sich schon sorgte, mit dem Putzen das Bild zu beschädigen, ging die Tür auf und der Herr Doktor trat in den Flur, die Brauen hochgezogen. Die Tür schloss er leise, als wäre Hubi sterbenskrank. »In der Stadt geht das Norovirus um, aber in den Dörfern eigentlich noch nicht. Ein diffuses Bild. Das Kratzen im Hals passt nicht.«

Für Gitte schon. »Das kommt vom Hygienespray im Bad«, behauptete sie.

»Sehr diffus. Magenschmerzen, Schwindel. Er muss in die Charité, dort kann man testen, welches Virus das ist.«

Gitte schaute hinab und betrachtete ihre Schlappen, drehte den Fuß nach links, drehte den Fuß nach rechts. Dem Doktor mussten die weiten Pupillen und die entzündeten Mundschleimhäute aufgefallen sein, doch er erwähnte sie nicht.

»Frau Stochinsky ...?«, fragte der Mann, brauner Teint, geradlinige Nase, schönes volles Haar, in seinen besten Jahren.

»Ins Krankenhaus? Am Freitagnachmittag? Stundenlang Notaufnahme? Am Wochenende fehlen die Ärzte, das weiß ich aus meinen Klinikjahren. Lassen Sie ihn, den alten Mann. Falls es schlimmer wird, rufe ich die Kollegen.«

Er seufzte, wechselte seinen Koffer in die linke Hand und streckte ihr die Rechte hin, zog sie aber zurück. »Putzen Sie überall, wo Ihr Mann angefasst hat, auch am Telefon. Er muss viel trinken und die Kohletabletten nehmen, die ich ihm hingelegt habe. Morgen schaue ich nach ihm, ob Sie wollen oder nicht.« Er wandte sich zur Haustür, hielt jedoch inne. Er hätte gehen sollen, einfach gehen. Vielleicht wäre es ein normales Wochenende geworden, Samstag und Sonntag auf dem Land, so unspektakulär wie jeder kleine Durchfall. Der wäre abgeklungen, sobald Gitte die Dosierung etwas angepasst hätte. »Mein Kreislauf«, sagte er. »Kann ich bitte ein Glas Wasser haben?«

Sie ging in die Küche zum Hahn und füllte ein Glas. Er folgte ihr, statt im Flur zu warten. Schnell zog sie eine

Schublade auf und schob die dunklen Wurzeln, die sie am Mittag gesammelt hatte, hinein.

»Was haben Sie da?«, fragte er.

»Trinken Sie, Herr Doktor. Nicht dass Sie umfallen, hier bei mir.«

Er nahm das Glas entgegen und dankte. »Aber was haben Sie da? Was sind das für weiße Blüten? Sieht aus wie Anemone, aber die Blüten sind ja viel größer. Schneerose?«, fragte er, mit einem Nicken Richtung Anrichte.

»Ach, Sie meinen das Orakel. Ich nenne sie lieber Christrose. Andere sagen Eisblume, wieder andere Lenzrose, weil sie selten vor Februar blüht. Wieder andere nennen sie –«

»Orakel . . .?«

»Nur eine Spielerei«, antwortete Gitte. »Man legt für jeden Monat eine Blüte in ein Wasserschälchen, und wenn sie aufgeht, wird das Wetter gut. Sagt man. Ich glaube gar nicht dran, es duftet nur so wunderbar. Also dann, ein schönes Wochenende!«

»Gucken Sie, hier: Der März war doch freundlich bis jetzt, aber die Märzblüte ist nicht aufgegangen.«

»Vielleicht wird der März ja noch düster.«

»Sie ist hochgiftig«, sagte er lächelnd.

»Sie reizt ein bisschen die Haut. Zum Schneiden trage ich immer Handschuhe.«

»Pardon, sie reizt nicht nur die Haut, sie kann töten. Helleborin und Hellebrin, ganz starke, kardiotoxische Gifte.«

»Ich weiß. Ich passe ja auf. Früher hatten die Leute weniger Angst, sie steckte sogar im Schnupftabak. Es heißt, sie heilt Krebs, Pest, Demenz, Epilepsie, aber so etwas kam bei mir noch nie vor.«

»Und was kam bei Ihnen schon vor?«

»Nun, sie hilft bei Vergesslichkeit. Man nimmt natürlich nur einen Hauch geriebene Wurzel, oder ganz wenig Samen oder Blätter.«

»Damit sollten Sie nicht experimentieren, gute Frau.«
Bäumler stellte sein Glas ab.

»Natürlich nicht. Mein Bruder ist Arzt in Schwerin. Er hat mir erlaubt, einmal in der Woche einen halben Samen zu nehmen.« Dass er das in ihren Gebeten tat, weil er vor Jahren starb, erwähnte sie nicht. »Bin gleich wieder da, ich hole rasch meinen Lappen aus dem Flur.«

Als sie zurück in die Küche kam, stand er weiterhin am Orakel und kraulte sein Kinn, wie jemand, der nachdachte. Wie er auf die Blüten starrte. Und starrte und starrte. »So, Herr Doktor. Ich wünsche Ihnen ein richtig schönes Wochenende. Ich muss nun wirklich dringend die Schweine füttern.«

»Sie rufen die Rettung, wenn es schlimmer wird? Versprochen?«

»Versprochen.«

Er setzte sich in Bewegung, mit dem Köfferchen in der Hand und dem Klackern seiner Schuhe auf ihrem alten Holzboden, durch die Tür, in den Flur, klack, klack. Gitte fiel sein gerader Rücken auf. Erfolgsmensch, Schulmediziner, Städter. Er fragte, und es sollte wohl ein Scherz sein, wann sich denn die Kellertür geöffnet hätte, das hätte er gar nicht bemerkt. Mit dem Bemerken war es so eine Sache. Kurzer Anlauf, ein wuchtiger Stoß mit beiden Fäusten mitten ins Kreuz, und der Doktorkörper fiel in das tiefe schwarze Loch die Steintreppe hinab, polternd und krachend, aber ohne Schreie, warum auch immer; Gitte mochte jetzt nicht an den Kopf des Doktors denken und nicht daran, welcher pathologische Befund zugrunde lag, dass der Doktor nicht mehr schrie. Nur fünfzehn Stufen. Es tat ihm also höchstens fünfzehn Mal weh.

So.

Gitte zog die Türe zu und schloss ab. Dann öffnete sie ˉˉˑ᠆mertür und steckte den Kopf durch, und Hubi schaute fragend. »Kartoffelsack!«, sagte sie lächelnd. Denn so machte sie es immer, seit der eigene Kartoffelacker brachlag: Sie ließ die gekauften Kartoffelsäcke in den Keller rumpeln. Unten musste sie den Sack jedes Mal nur noch in die Ecke räumen. »Ich geh schnell runter und räum ihn in die Ecke.«

»Ist der Doktor schon weg?«

»So gut wie.«

Gitte schloss Hubis Tür, lehnte sich an die Wand, atmete tief. Unten alles still. Sie musste, so schwer es fallen würde dem Verunfallten zu begegnen, runter in den Keller, denn es gab die rückwärtige Kellertür und der Schlüssel steckte von innen. Den musste sie abziehen. Das war nun wichtig. Zuallererst den Ausgang zum Hof sichern. Ganz wichtig.

Zitternd schloss sie auf, knipste das Licht an und schaute hinunter zu der Stelle, wo die Kellertreppe eine Biegung machte. Vom Doktor sah man nur die Schuhe. Sie bewegten sich nicht. So schöne Halbschuhe, vielleicht Hubis Größe. Nachhaltigkeit schadete ja nicht. Vorsichtig stieg Gitte die Stufen hinab, ohne den Blick von den Schuhen zu lassen. Eine Stufe und noch eine und noch eine. Die Hose war zerrissen, ein Knie blutig, ein Bein verdreht, also gebrochen. Noch ein paar Stufen. Der Oberkörper lag auf dem Steinboden, leicht verkrümmt, der Koffer daneben. Die Augen geschlossen. Etwas Blut im Haar.

Rasch stieg Gitte über den Arm des Doktors, hechtete zur hinteren Tür, zog den Schlüssel ab und eilte nach oben.

Licht aus, Tür zu.

Der Doktor hatte nicht gut ausgesehen, und sie wollte bestimmt nicht noch einmal in den Keller gehen.

Die Schweine – ja schon, aber zuerst musste man den Sportwagen verbergen. Über die Außentreppe schlüpfte Gitte in den Hof, eilte am Auto vorbei und schloss das hohe Tor zur

Straße, bevor die Schutt von gegenüber nach Hause kam und sich hinter ihre Gardine setzte. So klein war der Wagen auch wieder nicht. Und später, im Dunkeln, wenn nicht zu erkennen war, wer am Steuer saß, konnte man ihn vom Hof fahren. Es gab zwar einen uralten Brauch, wonach das Pulver aus der Wurzel der Christrose, auf den Boden gestreut, unsichtbar machte, doch mit einem modernen Gegenstand wie einem Auto hätte das wohl kaum funktioniert, denn Autos hatte es im Mittelalter ja noch nicht gegeben.

Bis zur Dämmerung musste Gitte leider eine Stunde warten. Andererseits blieb nun Zeit, um Hubi zum Schlafen zu bringen. Also nahm sie ein Buch und ein Glas Wasser aus der Küche und lugte in sein Zimmer. Er schaute ausdruckslos, bleicher als Mehl. Sein Bauchgrummeln drang bis zu ihr. »Ach Hubi«, sagte sie, setzte sich an sein Bett und strich ihm über die Wange, »hier, nimm einen Schluck Wasser und Kohletabletten. Ich lese dir ein wenig vor.«

»Habe ... Doktor ... nicht wegfahren hören.«

Sie blickte vom Buch auf. »Ich habe ihm erlaubt, noch eine Weile zu parken. Er ist ... spazieren, weißt du, spazieren, drüben im Wald, damit er an so einem lauen Freitag mal einen geruhsamen Feierabend haben kann.«

Sie drückte drei Tabletten aus der Packung, steckte sie in seinen Mund, half ihm beim Trinken, schlug mit einem Seufzen Ganghofers Roman ›Der Klosterjäger‹ auf und las, wie der Jäger Haymo das Mädchen Gittli traf, das dem Kreuze ein paar Christrosen ansteckte und warnte: »Zwei Tröpflen machen rot, zehn Tropfen machen tot!« So war es ja mit vielen Essenzen.

Hubi schloss die Augen. Der Arme. Gitte behandelte ihn vor allem für seine Zukunft und nur am Rande für ihre eigene, denn das Helfen lag ihr im Blut wie jeder guten Krankenschwester. Es brauchte nur ein wenig Geduld. In einem wunderbaren alten Buch hatte Gitte das Rezept gefunden:

›Man trockne die im Juni geschnittenen Blätter im Schatten, pulverisiere sie und mische sie eins zu eins mit feinem Zucker. Ab dem sechzigsten Lebensjahr täglich etwa eine Messerspitze einnehmen! Ewige Jugend ist gewiss.‹ Vielleicht war Hubi zu schmächtig für das Rezept und brauchte weniger Pulver. Jeden Abend aß er dankbar seinen Haferschleim, unwissend, welche Lebenskraft darin steckte. Bald passte alles, bestimmt. Nichts war wichtiger, als dass Hubi lange, lange lebte, länger als Gitte jedenfalls. Nicht auszudenken, wenn er sie alleine gelassen hätte, auf dem Hof, in diesem Dorf, mit diesen grässlich dummen Nachbarn.

»Gute Nacht«, flüsterte Gitte und schlich aus dem Zimmer. Das Auto. Um es nachher vom Hof zu fahren, brauchte sie den Zündschlüssel. Der war im Keller, natürlich. Also horchte sie an der Türe: alles ruhig. Himmel, es half alles nichts. Zum zweiten Mal an diesem Märztag stieg sie hinunter; es blieb ja nichts anderes übrig.

Er lag unverändert verdreht im Staub. Sein blasses Handgelenk schien zerbrechlich wie Porzellan. Ganz schwacher Puls. Ein Zurück kam längst nicht mehr infrage. Tapfer musste man in seinem Jackett den Schlüssel suchen. Ein Handy, na klar. Koksofen auf, hinein damit, Koksofen zu.

Der Mann lag auf seiner anderen Jackentasche, wo der Autoschlüssel sein musste. Gitte zog und zerrte. Nur ein paar Zentimeter konnte sie ihn anheben. In der Kittelschürze schwitzte man wie eine Wurst, wegen der Synthetik. Schließlich besann sich Gitte auf ihre Futtersäcke und packte den doch recht schweren Körper mit den gewohnten Griffen unter Stöhnen um.

Seine Augen; sie öffneten sich und guckten. Verständnislos. Dann wütend. Zwar matt, aber wütend. »Sie sind wütend«, sagte Gitte, »das sehe ich. Warum sind Sie nicht gegangen? Warum das Glas Wasser? Dass Sie überhaupt gekommen sind! Hubi und ich passen auf uns auf. Wir brauchen keinen Arzt. Schauen Sie nicht so wütend, Sie haben kein Recht, wütend zu sein, Sie haben sich eingemischt. Was soll ich denn machen? Ich gebe Ihnen etwas gegen die Schmerzen, wenn Sie wollen.«

»Hilfe«, flehte er.

»Schon gut. Zu Ihrem Glück bin ich ja Krankenschwester.«

Sein Kopf kippte nach vorne und verharrte auf der Brust.

Sie musste einsehen: Er wog doch einige Kilos. Ihn auf die Schubkarre zu zerren und sogar ins Auto zu hieven, um ihn in den Wald zu werfen wie eine tote Katze, ganz unvorstellbar, wirklich. Nein, sie würde das Auto am Waldrand abstellen, ohne ihn. Man dächte, er wäre nach seinem Hausbesuch noch spazieren gewesen, genau so, wie sie es Hubi spontan erklärt hatte. Niemand hätte sagen können, wo der Doktor geblieben war. Einer dieser mysteriösen Kriminalfälle ohne Leiche. Und nun gab es auf dem Hof genau zwei Lebewesen, die Gitte unterstützen konnten. Zwei hungrige.

Nachdem sie einen Plan hatte, wollte sie ihn auch kompromisslos umsetzen. Aus ihrer Kitteltasche nahm sie die Gartenhandschuhe, streifte sie über und tastete tief in der Tasche umher, bis sie die eiförmigen Samen der Christrose zusammengeklaubt hatte. Mehr als drei hatte sie leider nicht dabei. Ab damit in seinen Mund unter die Zunge. So schwach wie er war, konnte das schon reichen, und in einer Stunde wäre alles vorbei. »In hoher Konzentration«, sprach sie zu dem Bewusstlosen, »tötet das Hellebrin einzelne Muskeln Schicht für Schicht ab. Das wissen Sie ja. Sie wissen auch, Sie hätten wegen eines kleinen Durchfalls nicht herkommen müssen. Sie hätten auch nicht davon anfangen müssen, Hubi ins Krankenhaus zu zerren. Bluttests. Polizei. Man hätte mir Hubi weggenommen. Nur weil Sie nichts verstehen.« In der anderen Jacketttasche war der Autoschlüssel auch nicht. Gitte rieb ihren Rücken, verschob das Suchen auf später, wenn er nicht mehr aufwachen konnte, ergriff den Doktorkoffer und nahm ihn mit. Oben lehnte sie sich kurz an die Tür. Wie er sie angeschaut hatte. Nein, sie wollte erst wieder in den Keller gehen, wenn er endgültig nicht mehr so wütend gucken konnte.

Ein Blick in Hubis Zimmer. Er schlief, schnarchte jedoch unregelmäßig. Wenn er noch einmal zum Klo ging, durfte er nicht den Koffer sehen. Er musste weg. Ein kurzer Blick konnte indes nicht schaden, also legte sie ihn auf den Küchentisch, drückte die Schnappverschlüsse und klappte den Deckel hoch. Herrje! So viele Antibiotika! Nein, bei allem Mitgefühl, sie hatte ganz nebenbei die Patienten dieses Mannes vor all diesen Produkten der Pharmaindustrie bewahrt.

Sie klappte den Deckel zu und ging zu ihrer Küchenschublade. Drei Samen taten nun ihre Arbeit in des Doktors Bauch. Aber entsprachen drei Samen den zehn erlösenden Tropfen bei Ganghofer? Eher nicht. Es würde reichen für Schwindel, Ohrensausen und Magenschmerzen, sicher auch für Erbrechen, hier und da Gefäßkrämpfe, und na gut, Erregungszustände, durch das zentrale Nervensystem ausgelöst. Er würde seinen Körper nicht mehr beherrschen können. Ob er es bis zur Atemnot schaffte, konnte sie fachlich nicht hundertprozentig beurteilen, also beschloss sie, noch ein paar Samen einzustecken, um ihm notfalls später mit einer weiteren Portion Helleborus niger unter die Arme zu greifen und den Stillstand des Doktorherzens in eine für alle Beteiligten zufriedenstellende Nähe zu rücken.

Sie nahm den Koffer vom Tisch und trug ihn über die Außentreppe in den Hof, um ihn, fern von Hubi, am Auto abzustellen. Die Schweine quiekten. Bald würden sie ihren Hunger stillen können; für sie existierte keine Moral, sondern nur Protein. Gitte musste den schweren Doktor dazu nicht bewegen oder ein Manöver mit der Schubkarre riskieren, das die Schutt hätte bemerken können. Wenn der Prophet nicht zum Schwein kommt, kommt das Schwein eben zum Propheten.

Am Auto angekommen, sah Gitte durch die Scheibe: Der Schlüssel steckte! Nicht einmal abgeschlossen war, sodass sie den Koffer auf den Beifahrersitz legen konnte. Eigentlich naheliegend, das offenstehende Auto: Hier gab es ja keine Kriminellen.

Drüben bei der Schutt bewegte sich die Gardine. Es war nicht klar, ob sie das Dach des flachen Wagens noch sehen konnte oder nicht. Egal, war der Arzt eben eine Weile bei ihnen geblieben, weil sie ins Gespräch über Heilpflanzen und Karma gekommen waren, und Gitte hatte seinen Koffer zum Auto gestellt, damit er ihn nicht vergaß. Gitte räumte ständig anderen Menschen ihre Sachen hinterher, wegen ihrer Hilfsbereitschaft.

Vom Fensterbrett holte sie die Gartenschere, ging hinüber zu ihren Christrosen und schnitt sechs Stück ab. Damit machte sie sich auf zum Stall, und schon quiekte es laut. »Ja, meine Lieben, ja fein! Ja fein! Essen wartet schon. Es ist aber noch nicht ganz fertig.« Sie steckte dem ersten Schwein drei Blüten hinters Ohr, wie man das im Mittelalter gegen die Schweinepest gemacht hatte. Denn man wusste nicht, ob die Tiere den Arzt gut vertragen würden, nicht dass er krank war, schließlich hatte er mit Infizierten zu tun. Wie mochte das Immunsystem der Schweine sein? Sanft steckte Gitte auch dem anderen Tier drei Blüten an. Wie lieb die beiden aussahen.

Zurück am Haus, an der hinteren Kellertür, horchte Gitte kurz: Jemand keuchte. Weitere Samen waren also tatsächlich angeraten. – EIN POLTERN! Aus der Küche! Gott, diese steile Außentreppe voller Stufen, unglaublich vieler Stufen. Jetzt war es Gitte, die keuchte.

Hubi. Er stand in der Küche, weniger blass, und hielt sich

an einem Stuhl fest. »Ich glaube, im Keller sind Ratten. Aber es ist abgeschlossen.«

»Ich schau gleich nach«, nickte Gitte und schaltete das Transistorradio an. »Komm, ich helf dir zum Klo.«

»Ich muss nicht.«

»Hast du deine Hände desinfiziert?«

Er schaute zu Boden. Rasch griff sie ihm unter die Arme und führte ihn ins Bad, schloss die Badtüre und horchte gegenüber, ob das Keuchen näher kam oder sich sonst etwas rührte im Keller, hörte jedoch nichts.

Hubi kam aus dem Bad. »Ich mag das Bett nicht mehr sehen. Mir geht es auch schon besser, dank der Kohletabletten.«

»Ab morgen kannst du aufstehen, sage ich dir rein beruflich.« Sanft schob Gitte ihn zurück ins Bett. »Ich mache dir deinen Haferschleim, mein Lieber.«

»Der Doktor hat gesagt, ich muss keinen Hafer essen, wenn ich nicht mag.«

»Gut. Aber du sollst viel trinken, hat er auch gesagt. Gleich kommt ein Tee für dich.«

Wie hilfreich es doch gerade im Moment war, dass man von der Christrose nicht nur die Samen und die Blätter nutzen konnte. Gitte rieb ein wenig Wurzel zu feinem Pulver, gab eine Messerspitze in den Kamillentee, tröpfelte noch Baldriantinktur hinzu und zog endlich ihre Handschuhe aus, bevor sie Hubi seine Lieblingstasse überreichte. »Bald kannst du wieder kerngesund den Zaun fertig streichen.«

Brav nahm Hubi einen Schluck und stellte die Tasse auf den Nachttisch.

»Trink aus.«

»Noch zu heiß.«

»Dann später, versprochen?«

Hubi nickte und rutschte zurück in die Kissen.

Sie wartete im Flur, bis Hubi gleichmäßig ruhig atmete,

bevor sie sich um das Keuchen kümmerte. Zum dritten Mal musste sie die Steintreppe hinabsteigen. Aha. Neben dem Doktor, und das war dann wohl Hubis Ratte, lag die Schippe auf dem Boden. Gitte stellte sie wieder an die Wand und fühlte den Puls des Pechvogels. Weiter verlangsamt. Er hatte sich übergeben, was natürlich nicht schön für ihn war. Er bewegte seine Augen, riss sie auf und kniff sie wieder zusammen. Diagnose: Sehstörungen. Über sein Kinn lief ein dünner Speichelfaden.

»Durst«, flüsterte er. Sein Arm zuckte, sein Kopf wackelte. Er lachte, er kicherte und gluckste, gar nicht mehr wütend, und dann flüsterte er, wie sehr er Gitte lieben würde.

»Das ist die erotisierende Wirkung meiner Rose. Im Spätmittelalter tat man sie deswegen in den Wein. Sie war nie schlecht, wissen Sie, sie half, wo sie konnte. Eigentlich sind wir uns sehr ähnlich, meine Christrose und ich. Ja, da lachen Sie.« Gitte streifte ihre Handschuhe über, hielt den Kopf des Doktors fest und presste ihm noch einen Samen in den Mundwinkel. »Sie machen mir meine Heilkunst nicht kaputt.«

»Niemals tät ich«, raunte er.

Und noch einen Samen hinterher. »Der Geschmack ist erst intensiv bitter, dann scharf und brennend. Können Sie das bestätigen?«

Er hechelte.

Sie kontrollierte seinen Mundraum, ob die Samen weg waren.

Zeit, zu gehen.

Später, in den Vorabendnachrichten aus dem alten Küchenradio, erzählten sie wieder von Trump und der Weltlage, als gäbe es nichts Wichtigeres. Klack, aus damit! Wie still es nun war. Von Hubi hörte man keinen Ton, dank des Baldrians. Aus dem Keller drang kein Keuchen mehr. Kein Poltern, kein Rumpeln. Nur drüben im Stall grunzten die Schweine leise und hoffend in die Dunkelheit. Wenn erst einmal das Auto und der Doktor fort waren, konnte Gitte diese Episode aus ihrem Leben streichen, denn die gehörte dort einfach nicht hinein. In ihrer Kittelschürze fühlte sie den Schlüssel zur äußeren Kellertür. Hubi schlief, der Doktor war mindestens sehr schwach und die Schweine gierig vor Hunger.

So!

Auf dem Weg zum Stall schaute Gitte zum Haus gegenüber. Die Schutt hockte am Fenster, nickte und zeigte ihre Zähne, und Gitte nickte zurück. Es war nicht ungewöhnlich, den Schweinen abends noch einmal etwas Auslauf zu gönnen, damit sie besser schliefen. Das konnte man erklären, viel besser, als irgendwelche Transporte mit der Schubkarre. Das mit dem Auto hatte noch Zeit. Das Hauptproblem lag im Keller.

»Abendessen, meine Lieben.« Gitte öffnete den Verschlag und lockte die wild grunzenden Tiere mit einer Handvoll Kraftfutter über den Hof bis zur Außentür des Kellers, steckte den Schlüssel ins Schloss, drehte ihn, zog die Tür auf und warf das Futter hinein. Hastig drängelten die Schweine hinterher. Der zweiten Sau klapste Gitte auf den Hintern, bevor sie die Türe zuwarf. Danach eilte sie sofort wieder nach oben in die Küche. Zum Lesen fehlte ihr nun die Muße. Früher hatte sie sehr gerne ›Der Doktor und das liebe Vieh‹ geschaut. Aber sie besaßen keinen Fernseher mehr.

Sie musste sich setzen. Sie musste die Ohren zuhalten, ganz fest, und vor sich hin singen, um nur Gutes zu hören:

Es ist ein Ros entsprungen
Aus einer Wurzel zart.
Wie es die Alten sungen,
aus Jesse kam die Art.

Sie hielt weiter ihre Ohren zu und sang, was ihr in den Sinn kam, alles vom letzten Gottesdienst. Eine gute halbe

Stunde lang. Bis die Wanduhr auf kurz vor sieben zeigte. Dunkel genug war es, um das Auto wegzufahren, die Schutt schlief aber nie vor acht. Na gut. Um acht wäre auch Hubi im Tiefschlaf, und dann würde ihn nichts mehr wecken. Hubi, der Ruhepol mit seiner bedächtigen, langsamen Art. Der Buchhändler, der Leser, der jedes Buch aufsaugen und in ganz eigener Weise in seine Gesichtszüge zaubern konnte. Kein anderer Mensch dieser Erde tat Gitte so gut wie Hubert Waldemar Stochinsky. Sie liebte ihn mehr als sich selbst. Hoffentlich hatte er die Erstverschlimmerung bald überwunden. Sie wollte nach ihm sehen und erhob sich langsam.

Die Haustür – sie stand offen. Hubis Tür – sie stand offen. Die Badtür und die Kellertür – offen. Ein Wind zog durch den Flur, ein Wind so kalt wie der Tod.

Hubi lag nicht in seinem Bett. Hubi saß auch nicht im Bad, hatte aber die Toilettenbrille nach oben geklappt. Er musste im Bad gewesen sein. Dann Geräusche im Keller gehört haben. »Hubi!«, schrie Gitte fast, irgendwohin in diese Leere. Im Keller brannte Licht. Am Fuße der Treppe sah Gitte noch immer den Schuh des Doktors, aber nun bewegte er sich, ohne dass sie die Schweine gehört hätte, nichts, kein Gegrunze oder Geschmatze oder irgendein Gezerre, nichts. Der Mann bewegte sein Bein alleine. Er lebte noch. Hubi war weg. Die Schweine auch.

Gitte rannte auf die Straße.

Gegenüber hinterm Zaun stand die Schutt im Schein der Laterne. »Frau Stochinsky«, rief sie, »das glaubt mir ja keiner. Die Schweine sind aus Ihrem Haus gelaufen! Und Ihr Mann hinterher! Er hat sie richtig durchs Dorf getrieben, irgendwie ist er ganz komisch eirig gelaufen, also, so was hab ich ja noch nie gesehen, Schweine im Haus. Was sind denn Sie für welche? Ich hab's ja immer gesagt.«

Gisela Witte

Des Teufels Rezept

Schwarzes Bilsenkraut

Die Tür zur Apotheke war angelehnt. Das Glöckchen bimmelte, als Clara sich mit dem großen Korb voller frischer Kräuter durch die Ladentür zwängte. Sie stellte den Korb vor dem Verkaufstresen ab. Im gleichen Moment drang ein Schrei aus dem Nachbarraum. Sie zuckte zusammen.

»Frau von Hohenstein?«, rief sie besorgt und näherte sich vorsichtig der Türöffnung zu dem halbdunklen Nebenraum.

Plötzlich spürte sie einen heftigen Stoß. Eine Gestalt in einem schwarzen Umhang rannte an ihr vorbei. Auf dem Weg zur Ladentür stolperte die Person über den Korb am Boden, fluchte und schlug lang hin. Ein Geldbeutel flog durch die Luft und landete auf dem Steinfußboden. War das nicht der Geldbeutel der Apothekerin? Clara bückte sich schnell und hob ihn auf. Die vermummte Gestalt kam hoch, raffte den Umhang, rannte mit einem Sack über der Schulter blitzschnell zur Tür hinaus auf die Gasse.

Clara folgte dem Stöhnen im Nachbarraum. Allmählich gewöhnten sich ihre Augen an das Halbdunkel. Dorothea von Hohenstein lag auf dem Steinboden, die Hand an die Stirn gepresst. Clara hockte sich neben sie.

»Mein Gott! Was ist Euch widerfahren? Seid Ihr verletzt?«

Clara lief hurtig durch die offene Hintertür in den Garten, tauchte einige Tücher in das Brunnenwasser und ging zu Dorothea zurück.

»Wollt Ihr Euch damit die Stirn kühlen?«, fragte sie.

Dorothea presste den feuchten Verband gegen die Stirn. »Dieser Mann«, stieß sie erregt aus. Er stürmte herein, als ich gerade dabei war, Kräuter zum Trocknen aufzuhängen. Er hat mich niedergeschlagen und mir den Geldbeutel vom Gürtel gerissen.«

»Wie dreist, am helllichten Tag! Den Geldbeutel hat der Dieb verloren, als er gestolpert ist. Wisst Ihr denn, wer es war?«

»Nicht genau, seine Stimme kam mir bekannt vor.«

Dorothea sah erleichtert aus, als Clara ihr den Beutel in die Hand gab, sie richtete sich stöhnend auf und erhob sich mit Claras Hilfe. Im Verkaufsraum wanderte ihr Blick über die Regale.

»Der Dieb hat auch einige Kräuter und Mixturen mitgehen lassen. Aber, wie ich sehe nicht wahllos. Er muss sich ausgekannt haben.«

Sie geleitete Clara zur Tür.

»Ich danke dir, jetzt will ich etwas ruhen und mich von dem Schreck erholen. Geh nur, sonst bekommst du noch Ärger mit deinem Vater.«

Hinter Clara wurde die Ladentür verriegelt.

Vor der Bäckerei gegenüber stand Mechthild, die Tochter des Bäckers, mit vor der Brust verschränkten Armen. Eine fleckige Schürze bedeckte die fülligen Hüften und reichte ihr bis auf die Füße. Sie sah Clara mürrisch mit ihren kleinen Augen an.

Clara sprach sie an: »Stell dir nur vor, die Apothekerin ist gerade überfallen worden. Hast du jemanden durch die Gasse flüchten sehen?«

»Meinst du, ich habe den ganzen Tag Zeit, die Leute auf der Straße zu beobachten?«, antwortete Mechthild schnippisch. »Und du, hast du dir wieder bei der Apothekerin deine Flugsalbe besorgt?«

»Unsinn«, erwiderte Clara ärgerlich. »Du meinst sicher eine Salbe, die Bilsenkraut, Alraune und Tollkirsche enthält. Wenn man sich damit einreibt, bildet man sich nur ein, man könnte fliegen, hat die Apothekerin gesagt. Aber man kann es nicht wirklich. Das ist Aberglaube.« Ihre Hand kreiste vor Mechthilds Gesicht. »Hui, hui, gleich wird's gefährlich. Des Teufels Rezept.«

Mechthild stolperte einen Schritt rückwärts. »Lass das, du machst mir Angst.«

»So nennt sich doch die Salbe.« Clara lachte.

»Das weiß ich alles selbst. Auch ich bin häufiger in der Apotheke und Frau von Hohenstein erklärt mir vieles.«

Die offene Tür gab den Blick in die Backstube frei. Mechthilds Vater war dabei, den Backofen zu beschicken und präsentierte in gebückter Haltung sein mächtiges Hinterteil. Er schloss die Ofentür. Dann trat er auf die Straße, blinzelte in das Tageslicht und streifte sich das Mehl von den Händen ab.

»Na, kommt ihr Müllersleut an Mariä Himmelfahrt auch zum Fischerfest am Fluss?« Gewöhnlich sah er genauso griesgrämig in die Welt, wie seine Tochter. Im Moment zeigte er erstaunlicherweise die Andeutung eines Lächelns.

»Vater hat nichts davon gesagt«, antwortete Clara knapp.

Sie warf ihren blonden Zopf über die Schulter und wandte sich um.

Auf dem Rückweg zum Marktplatz passierte sie die engen Gassen mit den einstöckigen Lehmfachwerkhäusern. Hier musste man genau schauen, wo man hintrat. Geübt wich sie den Pfützen und Unrat aus. In der Nähe der Marktstände saß eine Gruppe von Bettlern in Lumpen gehüllt. Sie hatten Holzschalen aufgestellt und murmelten mit gesenktem Kopf Segenswünsche. Gewöhnlich gab Clara ihnen immer ein Almosen, aber der Überfall auf die Apothekerin beschäftigte sie derartig, dass sie ihre Umgebung kaum wahrnahm. Wer mochte der Dieb sein? Wer war so brutal, Dorothea niederzuschlagen? Und was wollte er mit den Arzneimitteln?

Normalerweise liebte es Clara, mit den Händlern zu reden. Sie erfuhr erstaunliche und wundersame Geschichten von wahren und erfundenen Begebenheiten aus fremden Ländern, die ihnen auf Handelsreisen widerfahren waren. Heute erwiderte sie die Grüße, Scherze und Komplimente der Händler nur mit einem matten Lächeln. Was sollte sie noch für den Vater besorgen? Beim besten Willen fiel ihr es nicht mehr ein. So kaufte sie an einem Stand nur einen Tontopf mit Sonnenblumenöl.

Unter der Kastanie, ganz am Ende des Platzes, wartete ihr braunes Pferd Liese, das sie mit einem Schnauben und freudigen blubbernden Geräuschen begrüßte. Clara tätschelte Liese den Hals und nahm den leergefressenen Hafersack vom Hals des Pferdes. Dann löste sie die Zügel vom Pflock, schwang sich auf den Sattel und lenkte Liese durch das Stadttor. Einige Zeit später, nachdem sie sich von der Stadt entfernt hatte, begann ein dicht bewachsenes Waldstück. Eine gefährliche Gegend. Clara fasste die Lederpeitsche fester. Hier waren Reisende schon häufiger überfallen worden.

Bald lichtete sich der Wald und Clara war froh, dass sie ihn hinter sich gelassen hatte. Sie ließ den Blick über die Weizenfelder wandern. Die Ernte war in vollem Gange. Die Bauern nutzten das sonnige trockene Wetter, zumal es zuvor wochenlang geregnet hatte. Frauen schnitten das Korn mit Sicheln. Die Garben wurden von Männern gebündelt und zum Trocknen aufgestellt.

Jemand winkte ihr aus einiger Entfernung heftig zu. Bei genauem Hinsehen erkannte sie ihn: Anselmo, der Sohn des Großbauern! Sie spürte, wie sich ihr Puls beschleunigte und winkte zurück. Kurz vor der nächsten Weggabelung schaute sie sich noch einmal um. Anselmo hatte sich nicht vom Fleck bewegt. Er winkte ihr hinterher, bis er aus ihrem Blickfeld entschwunden war.

Nach einer Weile tauchte die Mühle vor ihr auf und sie ritt am Weiher vorbei. Mehrere Bauern warteten mit ihren Ochsenkarren, die mit Säcken beladen waren, darauf, dass sie an die Reihe kamen. Zu dieser Jahreszeit drehte sich das Mühlrad mit seinen Schaufelrädern ohne Pause. Heute würden der Vater und sein Geselle Neidhard bis weit nach Sonnenuntergang beschäftigt sein und erst spät zum Essen kommen.

Nachdem Liese abgeschirrt war, führte Clara sie auf eine umzäunte Koppel. Vor Einbruch der Dunkelheit gab es noch eine Menge zu tun. Sie wässerte die Gemüse- und Kräuterbeete, fütterte die Hühner und die Ziege, holte Wasser aus dem Brunnen hinter dem Haus und kochte für die Männer.

Gerade war das Essen im Kessel fertig, als das Stampfen der Mühle aufhörte und das Mühlrad auslief. Clara beeilte sich, die Talglichter zu entzünden und den dampfenden Topf auf den Tisch zu stellen. Im nächsten Moment polterten der Vater und der Geselle in die Stube und ließen sich auf die Stühle fallen. Clara servierte ihnen einen Rübeneintopf mit Schweinefleisch und einen Tonkrug Bier.

Schmatzend tauchten sie die Holzlöffel in die Schüssel und schlangen das Essen hinunter. Die Suppe lief Neidhard übers Kinn und er wischte sie mit dem Ärmel ab.

Clara hatte es eilig, ihre Neuigkeit loszuwerden und sie erzählte von dem Überfall in der Apotheke.

»Das ist schlimm«, antwortete der Vater mit vollem Mund. »Und wo sind die Nägel, die du vom Schmied mitbringen solltest?«

»Oh mein Gott!«, rief Clara aus. »Das habe ich in der Aufregung vergessen.

Heinrich schlug mit der Faust auf den Tisch, dass die Tontöpfe tanzten und sprang auf. Blitze schienen sich aus seinen Augen zu entladen.

»Du faule Dirne, du Nichtsnutz! Unsereins schuftet sich von der Früh bis zum späten Abend zu Tode und du verstehst es nicht einmal einzukaufen!«

Er holte aus, um ihr ins Gesicht zu schlagen, aber sie duckte sich und er traf sie an der Schulter. Clara fiel mit dem Rücken gegen einen kantigen Balken. Der Schmerz durchfuhr sie wie ein Messerstich. Der Geselle lachte laut auf. Heinrich ließ von ihr ab. Er drehte sich um und schrie Neidhard an: »Willst du auch eins aufs Maul haben?«

Clara flüchtete in ihr Kämmerchen und schloss die Tür ab. Sie trug eine Moorsalbe auf, nahm Leinenstreifen aus der Truhe, befeuchtete sie mit dem Wasser aus dem Krug und kühlte den schmerzenden Rücken.

Vor Jahren hatte sie der Vater schon einmal heftig geschlagen. Der Hund hatte eine Wurst stibitzt und Heinrich hatte ihn bestrafen wollen. Als Heinrich mit dem Ochsenziemer auf das Tier losging, stellte sich Clara dazwischen. Dadurch geriet ihr Vater noch mehr in Rage. Er duldete es nicht, dass sich ihm jemand im Haus widersetzte. In besinnungsloser Wut schlug er auf sie ein, bis sie am Boden lag. Ihr ganzer Körper war mit blutigen Striemen übersät. Am nächsten Tag packte ihn die Reue. Er ließ Dorothea rufen, um Clara zu verarzten und schenkte ihr das Pferd Liese. Immerhin hatte sie auf diese Weise die kluge Dorothea kennengelernt, die sie in die Kräuterkunde einführte. Und Liese verhalf ihr zu größerer Bewegungsfreiheit.

Diese Nacht lag Clara lange wach. Der schmerzende Rücken und auch die Schnarchlaute aus dem Nachbarzimmer, in dem ihr Vater schlief, raubten ihr den Schlaf. Später hörte sie das Heulen von Wölfen. Hieß es nicht, dass Wölfe heulten, wenn ein Mensch gestorben war? Clara zog sich die

Wolldecke über den Kopf. Irgendwann musste sie doch eingeschlafen sein, denn sie erwachte vom Krähen des Hahnes. Benommen stand sie auf, um ihrer täglichen Arbeit nachzugehen.

Als sie den Eimer aus dem Brunnen zog, tauchte ihr Vater auf einmal neben ihr auf.

»Lass mich das machen«, sagte er ungewohnt freundlich. Er legte die Hand auf ihren Arm und sah sie mit seinen leuchtend blauen Augen an. »Bei all der vielen Arbeit sollten wir auch mal Spaß haben. Heute ist Mariä Himmelfahrt. Wir fahren zum Fischerfest am Fluss.«

Das war seine Art, sich zu entschuldigen.

Für die Männer war der Sonntag ein arbeitsfreier Tag. Für sie hingegen gab es immer Aufgaben zu erledigen. Die Tiere brauchten ihr Futter, der Garten Bewässerung und sie musste das Essen vorbereiten. Clara sah Neidhard auf der Bank im Hof sitzen und einen Holzlöffel schnitzen.

»Tut mir leid wegen gestern Abend«, sagte er mit einem unsicheren Lächeln, als sie an ihm vorbei ging.

Was war nur in die Männer gefahren, warum waren sie so freundlich zu ihr?

Am frühen Nachmittag spannte Neidhard die Ochsen an den Karren. Die Männer waren in ihre besten Kutten gekleidet, die in der Mitte mit einem Ledergürtel zusammengehalten wurden. Clara trug ihr kurzärmeliges Sonntagskleid aus blauem Leinen. Sie hatte sich eine weiße Margerite am Zopf befestigt und etwas Rosenöl hinter die Ohren getupft.

Der Himmel war von einem strahlenden Blau, die Sonne brannte – ein wahres Festwetter. Während der Karren, von den Ochsen gezogen, vor sich hin rumpelte, musterte sie die beiden Männer: zwei blonde Hünen mit breiten Schultern und muskulösen Armen. Die kinnlangen Haare ihres Vaters waren mit grauen Strähnen durchzogen. Mit seinen etwa vierzig Lenzen hatte er ein gutes Alter erreicht und das bei bester Gesundheit.

Ein großer Teil der Felder war bereits abgeerntet und die Garben trockneten in der Sonne. Heute am Sonntag arbeitete niemand. Als sie dicht an einem Stoppelfeld vorbeifuhren, flog ein Schwarm Krähen hoch und ließ sich mit boshaftem Krächzen in einiger Entfernung nieder. Unglücksvögel. Das war kein gutes Omen. Heute würde noch etwas Schlimmes geschehen.

Sie näherten sich der Stadt und immer häufiger sahen sie auf ihrem Weg windschiefe Holzhütten. Barfüßige, halb nackte Kinder spielten im Schmutz und ein Schwein schnüffelte den Boden ab, auf der Suche nach Nahrung.

Bald tauchte die Stadtmauer von Pirna auf. Gruppen von Bewohnern strömten aus dem Tor, auf dem Weg zum Fischerfest.

Schließlich hatten sie das Ufer der Elbe erreicht. Schiffe mit eindrucksvollen Segeln zogen auf dem Wasser vorbei und die Burg, die auf dem Felsplateau leuchtete, schien für alle Zeiten gebaut. Heinrich ließ die beiden Ochsen anhalten und die Männer sprangen vom Kutschbock.

»Bin schon fast verdurstet«, beklagte sich Neidhard.

Heinrich hob seine Tochter aus dem Karren. Der durchdringende Klang eines Dudelsacks dröhnte ihnen entgegen. Drei Musiker in rot-gelb gestreiften Pluderhosen mühten sich, die Anwesenden auf den Tanzboden zu locken. Der Dudelsackspieler dämpfte von Zeit zu Zeit seine Läutstärke, damit die Instrumente der anderen, eine Fidel und eine Pfeife zu ihrem Recht kamen. Auch einige der Frauen, die Clara nur im schwangeren Zustand kannte, beteiligten sich am Reihentanz. Fast alle Handwerker und Händler der Stadt waren, in ihren Sonntagsstaat gekleidet, mit ihren Familien gekommen.

»Wir haben was nachzuholen, nich Meister? Die anderen haben schon einen Vorsprung«, sagte Neidhard und besorgte für alle Bier. Er hob seinen Becher und prostete Heinrich zu.

Der Geruch von frischem gebratenem Fisch stieg Clara in die Nase.

»Köstlich, der Fisch. Dem kann ich nicht widerstehen«, sagte sie zu den beiden Männern, die sich auf einer Holzbank niedergelassen hatten. »Auf dem Markt ist er immer schon ein bisschen angegangen.« Sie stellte sich an das Ende der Warteschlange. Eine leichte Berührung an der Schulter ließ Clara zusammenfahren.

Anselmo strahlte sie aus warmen braunen Augen an, die dunklen Locken standen wild von seinem Kopf ab. Clara spürte, wie sie errötete. Sie war sich seiner Nähe so bewusst, dass sie glaubte, seine Körperwärme an ihrem nackten Arm zu spüren.

»Schön dich zu sehen, du siehst ganz liebreizend aus«, sagte er mit sichtlicher Freude. Schlagartig verdüsterte sich sein Gesicht. »Hüte dich vor Mechthild«, fuhr er mit gedämpfter Stimme fort. »Ich habe vorhin, als sie mit ihrem Vater sprach, aufgeschnappt, dass sie etwas gegen dich plant. Halte dich fern von ihr. Sie ist nicht nur bösartig, sie ist auch eifersüchtig.«

»Wieso eifersüchtig?«

»Na, weil ich mich nicht die Bohne für sie interessiere, sondern nur für dich.« Er sah verlegen zur Seite, drehte sich um und entfernte sich. Als Clara mit ihrem Fischspieß in der Hand zu Heinrich und Neidhard zurückkehren wollte, begegnete ihr Mechthild.

»Geh mir aus dem Weg, Dirne«, zischte sie und stieß Clara beiseite.

»Verschwinde du. Du verdirbst mir die Aussicht«, entgegnete Clara heftig.

Neidhard hatte sich in der Zwischenzeit Mut angetrunken und strahlte in Festtagslaune.

»Wollen wir tanzen, Clara?«

Noch nie hatte sie Neidhard tanzen sehen. Trotz seines kräftigen Körperbaus bewegte er sich auf eine geschmeidige Art beim Springtanz und zog bewundernde Blicke auf sich.

»Jetzt werden die Frauen hinter mir her sein, nachdem ein so schönes Mädchen mit mir getanzt hat.« Er grinste sie an.

»Sie werden vor allen Dingen deine Tanzkünste bewundern.«

Aus den Augenwinkeln sah sie ihren Vater neben des Schneiders Witwe, Mathilda, sitzen. Mathilda himmelte Heinrich an, was er sichtlich genoss. In einem Moment, in dem er sich unbeobachtet glaubte, drückte er ihr einen Kuss auf den Mund. Kurze Zeit später waren sie verschwunden.

Dann geschah etwas Unerwartetes. Die tiefe Stimme des Bäckers dröhnte über den Platz. Unter dem Einfluss einiger Biere hatte sie einen verwaschenen Klang.

»Leute, bei einem Fest zu Ehren unserer Muttergottes will ich mich nicht lumpen lassen. Hab euch schönes Brot mitgebracht, ganz umsonst.« Er wies auf die drei Körbe, in denen sich dunkle Fladenbrote stapelten.

»Nur zu«, sagte er mit einer einladenden Handbewegung.

Die Umstehenden sahen betreten abwechselnd den Bäcker und die Körbe mit dem Brot an.

»Was?«, rief der Bäcker. »Will keiner zulangen?«

Heinrich tauchte mit zerzaustem Haar in Begleitung von Mathilda auf. Er sprach aus, was vermutlich alle dachten: »Weshalb sind denn Eure Brote so schwarz?«

»Ja, weshalb denn wohl?«, schrie der Bäcker mit hochrotem Kopf. »Weil sie gut durchgebacken sind. Passt Ihr lieber auf, dass Ihr beim Mahlen nicht zu viel Mehl von Euren Kunden zurückbehaltet.«

»Wollt Ihr behaupten, ich betrüge meine Kunden? Nur

raus mit der Sprache, es würde mir Spaß machen, Euch auf der Stelle eins aufs Maul zu hauen.« Heinrich baute sich drohend vor dem Bäcker auf. Er sah aus seiner Höhe auf ihn herab, krempelte die Ärmel hoch und zeigte seine muskulösen Oberarme.

Anselmo ging dazwischen.

»Hütet Eure Zunge, Bäcker und wiegt lieber Eure Brote richtig ab. Oder hat Euch die Bäckertaufe im letzten Jahr gefallen? Wir tunken Euch gern wieder in die Elbe. Der Müller ist ein geachteter Mann, der nur die übliche Metze nimmt. Ihr dürft ihn nicht beleidigen.«

Allmählich beruhigten sich alle. Heinrich zog sich mit Mathilda zurück und der Bäcker musste klein beigeben. Die Musik setzte wieder ein, die Leute tanzten und tranken wie vorher.

Clara sah aus der Ferne, wie der Bäcker an einem Stand Bier bestellte. Er sah sich nach allen Seiten um. Als er sich unbeobachtet glaubte, streute er etwas in einen Becher. Sie konnte nicht erkennen, was es war. Anschließend gesellte er sich zu ihr.

»Hier«, sagte er und hielt ihr den Becher hin. »Lasst uns den Streit begraben und erlabt Euch. Heute wollen wir richtig feiern.«

»Sehr freundlich«, murmelte Clara, »aber ich habe jetzt wirklich genug.«

»Du Zimperliese«, rief Mechthild, die gerade vorbeikam. Sie entriss Clara den Becher. Der Bäcker wollte eingreifen und ihn seiner Tochter fortnehmen, aber sie leerte ihn in einem Zug.

Unvermittelt stellte sich Mechthild auf die Tanzfläche und lallte, in dem sie auf Clara deutete: »Hört her Leute. Sie ist eine Hexe, sie macht sich täglich Flugsalbe. Ich hab's selbst gesehen, wie sie um die Mühle geflogen ist. So wahr ich hier stehe.«

Alle Gespräche erstarben und auch der Dudelsack beendete die Melodie mit einem Misston.

»Erzähl doch nicht so einen Mist«, hörte Clara die Stimme von Anselmo im Hintergrund.

Sie trat auf Mechthild zu und schlug ihr mit der flachen Hand ins Gesicht.

»Du bist so dumm, dumm wie euer angebranntes Brot.«

Ihr Vater stand plötzlich neben ihr und zog sie mit sich. »Lass uns gehen. Es stinkt hier nach Niedertracht und Dummheit.«

Auf der Rückfahrt schwiegen alle und hingen ihren Gedanken nach.

»Hätte meine Freude gehabt, dem Bäcker eine anständige Tracht Prügel zu verpassen, diesem elenden Wurm. Aber ist er nicht mit dieser schändlichen Tochter genug bestraft?«, sagte Heinrich in die Stille hinein.

»Ich hätte mich besser beherrschen sollen. Ich fürchte, für die Ohrfeige werde ich noch bitter zahlen müssen«, entgegnete Clara düster.

Clara fand keinen Schlaf. Die Ereignisse der letzten Tage kreisten in ihrem Kopf. Sie spürte eine nahende Gefahr. Noch bevor es hell wurde, trieb es sie aus dem Bett. Während sie sich wusch, hörte sie vor der Mühle Pferdegetrappel und erregte Stimmen, dann Schritte auf der Treppe. Es klopfte an der Tür, Heinrich steckte seinen Kopf herein und sagte: »Dorothea lässt dir ausrichten, dass du sofort aufbrechen sollst. Sie erwartet dich am Stadttor.«

Ohne weiteren Kommentar schloss er die Tür. Wieder Schritte auf der Treppe, sie blickte aus dem Fenster: Ihr Vater saß auf einem Pferd, begleitet von zwei unbekannten Männern. In diesem Moment sah er zu ihr herauf und winkte ihr zu. Dann ritten sie im Galopp davon.

Was war da nur im Gange?

Warum sagte ihr niemand, was los war?

Clara kleidete sich hastig an und stürzte die Treppe hinunter.

Liese schnaubte, als Clara ihr den Sattel auflegte und das Zaumzeug befestigte. Sie legte Liese die Zügel über den Hals, zog den Gurt des Sattels nach und stieg mit den Zügeln in der Hand auf.

Im Galopp ritt sie in Richtung Stadt und erreichte in kürzester Zeit ihr Ziel. Dorothea wartete bereits an der Stadtmauer. Tiefe Besorgnis stand in ihrem Gesicht.

»Es ist eine Zeit des Unglücks. Heute Nacht bin ich durch Schreie aufgewacht, kurze Zeit später hämmerte es gegen meine Tür. Es war die Bäckersfrau halb angezogen und mit wirrem Haar. Sie murmelte etwas Unverständliches und ich folgte ihr.«

Dorothea holte Luft und fuhr fort: »Mechthild lag mit zitternden Gliedern in ihrer Kammer und fantasierte wilde Geschichten. Sie war hochrot im Gesicht und atmete schwer. Ich habe rasch gemerkt, dass ich nichts mehr für sie tun konnte.« Dorothea schluckte.

»Sie muss Bilsenkrautsamen zu sich genommen haben, sie zeigte die typischen Erscheinungen. In der Apotheke habe ich gestern Mehlspuren gefunden. Ich bin sicher, dass es der Bäcker war, der mich überfallen und den Bilsenkrautsamen gestohlen hat.«

»Das galt mir. Mein Gott, vom eigenen Vater vergiftet. Auf dem Fischerfest habe ich gesehen, wie er etwas in einen Trinkbecher getan hat«, sagte Clara aufgeregt. »Er wollte es mir anbieten, aber Mechthild, die schon angetrunken war, hat es ihm aus der Hand gerissen.«

»Jetzt wird mir einiges klar.« Dorothea legte ihre Hand auf Claras Arm. »Mechthild hat dich als Hexe angeschwärzt, um dich aus dem Weg zu schaffen und Anselmo für sich zu gewinnen. Ihr Vater, der Anselmo schon als zukünftigen

Schwiegersohn sah, hat sie dabei auf seine Weise unterstützt. Dir Bilsenkrautsamen in das Bier zu tun, war ziemlich schlau. Wie wir wissen, wird das Bier beim Brauen mit Bilsenkraut versetzt. Außerdem hat jeder auf dem Fischerfest den Streit zwischen deinem Vater und dem Bäcker mitbekommen. Deshalb wird Heinrich verdächtigt, Mechthild vergiftet zu haben. Ich habe ihm geraten, zu fliehen. Er ist unterwegs zu einem Versteck bei Freunden, eine Tagesreise von hier entfernt, genau wie euer Geselle. Dort halten sie sich versteckt, bis der wahre Täter, der Bäcker, überführt ist.

Clara überkam ein Frösteln. »Und was wird aus mir?«

»Auch du bist in großer Gefahr. Man wird dir Schadenszauber anhängen. Wenn du bleibst, sperren sie dich in den Turm und dort wirst du unter der Folter alles gestehen, was sie von dir hören wollen und noch mehr. Der Bürgermeister ist mir noch einen Gefallen schuldig. Ich werde ihn bitten, mit seinen Bütteln das Haus des Bäckers zu durchsuchen. Vermutlich werden sie dort noch einen Teil des gestohlenen Bilsenkrautsamens finden. Aber jetzt musst du fort, bis die Gemüter sich beruhigt haben.«

Dorothea drückte Clara einen Lageplan in die Hand.

»Zunächst reitest du mit Liese durch den Wald. Der Weg zu dem Haus, wo du Unterschlupf findest, ist auf dem Plan eingezeichnet. Merke dir genau den Lageplan und vernichte ihn anschließend. Auf keinen Fall darf er in falsche Hände geraten. Spute dich, ehe die Häscher dir auf die Spur kommen.«

Dorothea zog einen kleinen Leinenbeutel mit einer Lederschnur aus der Tasche ihres Umhangs und band ihn Clara um den Hals. Clara sah sie fragend an.

»Der Beutel enthält einen Wermutzweig, dessen Duft das Unglück von dir fernhalten wird. Nun viel Glück und lege den Umhang an, den ich dir mitgebracht habe, sonst wird dich jeder an deinem Haar erkennen.« Sie umarmte Clara – es war das erste Mal, seit sie sich kannten.

»Ach noch etwas«, sagte Dorothea und heftete eine Metallbrosche mit einem Spiralenmuster an den Umhang, den Clara inzwischen übergestreift hatte.

»Wenn du am Beginenhof angekommen bist, zeige diese Brosche, sonst wirst du nicht eingelassen.«

Clara betrachtete das Spiralenmuster.

»Wofür steht dieses Zeichen?«, fragte sie, aber Dorothea war verschwunden, wie fortgezaubert.

Clara zog den Lageplan hervor, auf dem ihre Reiseroute aufgezeichnet war. Nachdem sie sich den Weg genau eingeprägt hatte, zerriss sie ihn in viele kleine Teile. Sie schwang sich auf den Rücken von Liese, gab ihr einen leichten Klaps und ließ die Stadt im Galopp hinter sich. Die Route führte Clara durch dichte Wälder. Stellenweise musste sie sich den Weg durch das Dickicht bahnen. Zweige peitschten ihr ins Gesicht und Insekten umschwirrten sie, doch Clara spürte nichts, hatte nur das Ziel vor Augen. Bald sah sie eine moosbewachsene Felsgruppe, so wie auf dem Plan aufgezeichnet. Sie war auf dem richtigen Weg und hatte bereits die Hälfte der Strecke zurückgelegt.

Eine leichte Brise kam auf, die Sonne verschwand hinter einer schwarzen gezackten Wolkenschicht. Der Himmel verdunkelte sich, der Wind blies stärker, dicke Regentropfen fielen herab. Claras ganze Aufmerksamkeit richtete sich darauf, den Weg nicht zu verfehlen. Auch rechnete sie damit, dass sie verfolgt wurde. Die Sinne geschärft, hielt sie immer wieder an und horchte. Kein verdächtiges Geräusch, nur das Rascheln von Laub und das Knacken von toten Ästen unter Lieses Hufen. Schon bald erreichte sie eine Gegend, die ihr fremd war. Durch das Blätterwerk der Bäume schimmerte ein See, der ebenfalls auf der Karte vermerkt war. Das wäre eine gute Gelegenheit Liese eine kurze Pause zu gönnen und sie saufen zu lassen.

Da hörte sie Männerstimmen. Clara zuckte zusammen,

ließ Liese anhalten, stieg ab und führte sie tiefer in den Wald hinein. Die Stimmen näherten sich und ihr Herz klopfte bis zum Hals. Jetzt konnte sie durch das Gebüsch den schattenhaften Umriss von zwei Reitern sehen. Liese warf den Kopf in die Höhe und Clara tätschelte ihr beruhigend die Flanken.

»Lass uns im Gebüsch nachsehen.«

Nein, bitte nicht.

»Ach was, sie scheint eine andere Richtung genommen zu haben. Lass uns zurückreiten.«

Der Wind kam jetzt in Böen und trieb Blätter durch die Luft.

»Wir müssen achtgeben, wenn wir sie gefangen nehmen. Wir sollten sie töten, ehe sie uns verzaubern kann. Still, ich höre was«, sagte der Mann mit der tiefen Stimme.

Clara hielt den Atem an und auch Liese schien die Gefahr zu spüren, denn sie rührte sich nicht.

»Da ist nichts, das waren gewiss Wildschweine oder der Wind. Lass uns anderswo suchen. Das Kopfgeld kann ich gut gebrauchen.«

»Nicht weit von hier ist eine Hütte, in der wir uns unterstellen und den Regen abwarten können.«

Clara atmete erleichtert auf. Noch lange wartete sie in ihrem Versteck, die Hand auf Lieses Hals gelegt. Die Feuchtigkeit kroch ihr in die Glieder und sie zitterte, bis ihre Zähne klapperten. Als sie sicher war, dass ihre Verfolger sich entfernt hatten, setzte sie ihre Flucht fort.

Der Regen ließ nach, die Sonne schoss durch einen Spalt in den schwarzen Wolken und tauchte den Wald in ein goldenes Licht. Clara gelangte auf eine Lichtung.

In einiger Entfernung dehnte sich ein hoher, massiver Holzzaun aus. Im Galopp steuerte sie ihr Ziel an, umrundete den Zaun, blieb vor dem großen Tor stehen und stieg vom Pferd.

Sie bewegte den Türklopfer, eine eiserne Hand an einem Ring. Nach kurzer Zeit öffnete sich ein Fensterchen. Clara zeigte die Brosche mit dem Spiralenmuster. Das Fensterchen wurde zugeschlagen, das Tor schwang nach innen.

Eine große dünne Frau, mit einem kantigen Gesicht, in einen grauen Leinenkittel gekleidet, stand vor ihr. Sie trug, wie Clara, eine Brosche mit einem spiralenförmigen Muster.

»Dorothea schickt mich. Ich bin Clara.«

Die Frau nickte und machte eine einladende Handbewegung. »Willkommen im Beginenhof. Ich bin Irene.«

Sie lächelte und entblößte eine Zahnlücke.

Clara betrat den Hof, mit Liese am Zügel. Das Tor wurde hinter ihr mit einem Balken verschlossen.

»Sicherheit. Bin in Sicherheit«, hörte sie sich sagen. Ihre Augen füllten sich mit Tränen. Die Anspannung ließ nach, ihre Knie wurden weich. Sie ließ sich schwer auf den Rasen fallen und streckte die Beine von sich.

In den sechs Wochen im Beginenhof war jeder Tag ein Abenteuer gewesen. Was sie nicht hatte alles lernen dürfen! Pflanzenkunde, Geburtshilfe, Astrologie, besser Schreiben und Lesen, genauso wie Zahlen. Sie lebten im Jahr 1330, hatte sie die Begine Irene gelehrt.

Clara nahm beide Zügel in eine Hand und malte die Zahlen mit dem Zeigefinger in der Luft nach. Und sie hatte die Beginen dafür bewundert, wie selbstständig sie lebten.

Aber jetzt musste Clara zur Mühle zurück. Sie hatte es nicht eilig, nach Hause zu kommen. Langsam trabte sie mit Liese durch den Wald.

Erst gestern war Dorothea in den Beginenhof gekommen und hatte ihr eröffnet, dass ihre Unschuld und die ihres Vaters bewiesen seien. Der Bäcker hatte gestanden, dass er den Bilsensamen aus der Apotheke gestohlen hatte, um Clara zu vergiften. Halb wahnsinnig vor Kummer über den von ihm verschuldeten Tod seiner Tochter war er in den Turm geworfen worden.

Als sie Dorothea gebeten hatte, bei den Beginen bleiben zu dürfen, hatte Dorothea ihr geantwortet: »Das ist nicht der Weg, der dir vorbestimmt ist. Du solltest dich in der Heilkunde weiterbilden und einen Mann und Kinder haben.«

Aber welchen Mann? Anselmo war ohnehin für sie verloren. Hatte nicht die Begine Gertrud erzählt, dass er die Tochter eines Großbauern aus einem Nachbardorf heiraten würde? Clara freute sich, ihren Vater wiederzusehen, fürchtete aber gleichzeitig seinen Jähzorn und den täglichen Trott auf der Mühle.

Niedergeschlagen erreichte sie den Weiher. Als sie an der Mühle ankam, wollte sie ihren Augen nicht trauen: Auf der Bank im Hof saß Anselmo und sah ihr strahlend entgegen. Wie in Trance stieg Clara vom Pferd ab. Er sprang auf, ging auf sie zu, nahm sie in den Arm und drückte sie fest an sich.

Von der Tür ertönte ein Räuspern. »Clara.« Heinrich trat in den Hof.

Clara schreckte zusammen und löste sich aus der Umarmung. Heinrich trat ihnen mit zorngerötetem Gesicht entgegen. Anselmo stellte sich schützend vor Clara. »Haltet ein, Meister«, sagte er beschwichtigend. »In vier Monaten wird ohnehin geheiratet – wie vereinbart.«

Franjo Terhart

MONSIEUR TRUFFLE

Prachtlilie

»Aber Mammmaaa«, plappert aufgeregt der kleine Junge, nachdem sie ihm vom Rotkäppchen und dem bösen Wolf erzählt hatte, »der Wald ist doch riesengroß. Warum ist denn Rotkäppchen nicht woanders hingelaufen? Dann hätte sie den bösen Wolf niemals getroffen.«

»Genau das geht eben nicht«, antwortet seine Mama lächelnd. »Rotkäppchen muss den bösen Wolf treffen. Keiner kann ohne den anderen sein. Denn es gibt sie nur im Doppelpack.«

Über diese simple Wahrheit musste Mike noch oft im Leben nachdenken.

Als Romeo seine Julia zum ersten Mal erblickte, da machte sein einsames Herz einen Sprung ins honiggoldene Licht der ersten großen Liebe hinein, die für immer im Leben einzigartig bleiben wird. Genauso erging es Mike: Es traf ihn wie ein Schlag in den Magen.

Die ›schönste Frau der Welt‹ stand wie seinerzeit Julia auf dem Balkon ihres Elternhauses und redete mit ihrer besten Freundin Sonja unten auf der Straße. Mike verstand nicht viel von dem, was die beiden Mädels zu bequatschen hatten. Seine Augen sahen nur noch das blond gelockte Wesen, das einem lieblichen Engel glich. Allerdings bekam Mike doch mit, dass sich die beiden Freundinnen über eine Fete am Abend unterhielten. Mehrere Male fiel dabei der Name Johannes, genauer Johannes Duda. Den allerdings gab's nur einmal in der Stadt, in der Mike lebte. Es dämmerte dem Hingerissenen, dass mit Johannes sein bester Freund gemeint sein musste und dass auch er selbst zu dessen Geburtstagsfete eingeladen war. *Was für ein toller Zufall!* Er würde die Schöne dort wiedersehen. Wahnsinn!

Sie kam spät dorthin. Viel zu spät. Dann stand sie im Raum und erschien Mike wie ein Lichtstrahl, der durch den Spalt zweier Vorhänge ins Zimmer fällt. Er, der immer Mühe gehabt hatte Mädchen anzusprechen, wurde auf einmal mutiger als ein Löwenjunges, das sich mit einem Rudel Hyänen anlegt. Mike fühlte sich dazu vom Schicksal geradezu ermutigt: *Heute Morgen gefunden, treffe ich am Abend erneut auf sie. Das muss Fügung sein, was sonst?*

Entschlossen schritt er auf den Engel zu und fragte mit belegter Stimme, ob sie mit ihm tanzen würde. Die Schöne stutzte zunächst, nickte dann aber, wobei ein liebliches Lächeln ihre Lippen umspielte. Beim hautengen Tanz hauchte ihre Stimme an seinem Ohr: »Habe ich dich nicht schon mal gesehen?« Sein Herz tat erneut einen Sprung. *Oh, mein Gott. Sie hat mich bemerkt. Sie hat mich von ihrem Balkon aus gesehen. Das ist ein weiteres Zeichen. Und reine Himmelsmagie, nicht wahr?*

Mike hätte schreien können vor Glück, doch er ließ sich nichts anmerken. Sie fand ihn cool in seiner engen Jeans, in seiner stillen Art. Ein Typ, der dennoch wusste, was er wollte. *Das ist schon mal ein Anfang.* Mike konnte es kaum fassen. Sie mochte ihn. Beide tanzten sie eng umschlungen, wollten scheinbar nicht voneinander lassen. Er nahm ihren Duft auf. Und war ihr nun gänzlich verfallen.

Ihr Vorname war Cordelia. Was für ein Mädchen! Was für ein Name! Ein Name, der verzaubert. Mike erfuhr, dass er ebenfalls mit Shakespeare zu tun hat. Cordelia, Julia, Shakespeare. Das konnte kein Zufall sein. *Ich habe meine große Liebe gefunden,* gestand er sich verzaubert ein.

Nach der Fete in der schmucken Villa von Johannes'

Eltern trafen sie sich gleich mehrere Male. Es kam zum ersten Kuss. Beim nächsten Date schenkte er ihr einen für seine Verhältnisse teuren Ring. Dafür hatte er einen Monat lang Zeitungen austragen müssen. Frühmorgens vor der Arbeit. Cordelia betrachtete den Ring eingehend und legte ihn dann scheinbar achtlos in ihr sogenanntes Schatzkästchen. Das wiederum war aufwendig mit Perlen, Gold und Edelsteinen verziert – ein besonderes Geschenk ihrer reichen Tante Maria zu ihrem sechzehnten Geburtstag. Mike war irritiert. »Willst du ihn denn nicht anstecken?«

Seine große Liebe schüttelte energisch den Kopf: »Nein. Der gehört nun mal in mein Schatzkästchen. Wie alles, was ich mag. Nur darin wird dein Geschenk so wertvoll, als gehörte er beispielsweise Victoria Beckham. Die ist nicht nur reich, sondern hat durch die richtige Gattenwahl voll ins Schwarze getroffen.«

Mike konnte ihr Verhalten nicht begreifen. Wovon redete sie bloß? Warum sollte der Ring noch wertvoller werden? Egal. Immerhin hatte sie ihn akzeptiert.

»Jetzt weiß jeder, dass wir zwei miteinander gehen«, erklärte er nicht ohne Stolz seinem besten Freund.

Wohl eher nicht, dachte Johannes und schwieg.

Cordelia war so schön, so verführerisch, dass er alles für sie getan hätte. Mike fühlte sich schwerer verliebt als Romeo in seine Julia.

»Würdest du für sie sterben?«, wollte Johannes von ihm wissen.

»Jederzeit, wenn sie es von mir verlangt. Jederzeit! Gar keine Frage!«

Cordelia hatte ein ungewöhnlich großes Faible für Schmuck, überhaupt für alles, was glitzerte oder golden und teuer war. Davon war sie geradezu besessen. Dabei besaß sie selbst kaum Wertvolles, kam sie doch aus einem eher bescheidenen Elternhaus – ihr Vater war Finanzbeamter mit einer niedrigen Besoldungsgruppe. Doch seine Tochter zog es unnachgiebig zum Reichen und Schönen hin. Cordelia träumte von einem Mann, der sie mit seinem Geld, seinem Reichtum, seinem Ansehen verwöhnte. Ihr einziger ›Reichtum‹ war ihr Schatzkästchen – etwa so groß wie zwei Zigarrenkisten der Marke Havanna. Vom Wert ihres Kästchens war das Mädchen zutiefst überzeugt, weil Tante Maria einfach nichts Billiges kaufte. Cordelia bewahrte alle Dinge, die sie selbst für edel und wertvoll hielt, mit geradezu kindlicher Gläubigkeit in ihrem reich verzierten Schatzkästchen auf. Mit der Zeit entwickelte sich daraus ein wahrer Spleen. Cordelia glaubte fest daran, dass ihr Schatzkästchen genauso funktionierte wie der sagenhafte ›Stein der Weisen‹. Den wollten einst die Alchemisten des Mittelalters besessen haben, weil er angeblich Blei in Gold verwandelte. Kein Wunder also, dass sie Mikes Ring in ihren persönlichen ›Alchemistenofen‹ gesteckt hatte. Der Ring war sicherlich nicht schlecht, aber er konnte darin noch besser werden.

Weil er schnell feststellen musste, dass sie auf Schmuck stand, wie manche Männer auf schnelle Autos, und er sich einiges von Cordelia versprach, schenkte er ihr wenig später noch ein feines Goldkettchen mit bunten Glitzersteinen fürs schmale Handgelenk. Geld dafür besaß Mike allerdings nicht, aber er hatte das Goldkettchen durch Zufall im Schmuckkästchen seiner Mutter entdeckt. Die schien es aus Gründen, die Mike verborgen blieben, niemals zu tragen. *Demnach wird sie es auch nicht vermissen*, mutmaßte er. Cordelias Blick wurde ganz verschwommen vor lauter Seligkeit, als er es ihr überreichte. Doch wie gewohnt verschwand es ebenfalls in ihrem alchemistischen Schatzkästchen – wobei Cordelia danach etwas mehr an körperlicher Nähe zuließ, was Mike genoss.

Bei seiner erfolgreich bestandenen Prüfung zum Konditormeister fertigte Mike köstliche Truffles. Nachdem sie einen Tag und eine Nacht in ihrem Schatzkästchen verbracht hatten, naschte Cordelia davon eine nach der anderen. Dabei schnurrte sie so wohlig wie ein Kätzchen, dem man stundenlang das Köpfchen krault. »Wie ist dir diese wunderbare Kreation bloß gelungen?«, säuselte sie. »Ich könnte sterben dafür.«

»Mit Hingabe, mein Schatz, nur mit Hingabe an meinen Beruf«, antwortete Mike hoch erfreut über ihr Lob. »Der Rest ist gelernt, gepaart mit Begabung. Man gießt etwas Schokolade in die Trüffelform, sodass man eine halbe, hohle Kugel erhält. Die muss erst erkalten. Danach kommt eine aus Nugat, etwas Marzipan und Schokolade bestehende Masse ...«

»Köstlich«, unterbrach sie ihn. »Einfach nur köstlich. Sollte ich dich jemals verlassen«, sie gab ihm einen Schmatzer, »werde ich deine Truffles unendlich vermissen, mein Lieber.«

Das mit dem ›Verlassen‹ verdrängte er sogleich.

Was den Sex betraf, blieb sie hartnäckig abweisend. Jedenfalls kam es nicht zum Äußersten. Sie wolle es sich für die Hochzeitsnacht aufsparen: Ihr kleines Schatzkästlein blieb ihm also fest verschlossen. *Noch*, dachte Mike, *noch*, denn für ihn stand längst fest, wem er sein Jawort geben und von wem er das Jawort hören würde.

»Sie wird mich heiraten, so viel ist klar«, sagte er zu Johannes.

Dass dieser rein gar nichts darauf erwiderte, nicht einmal eine kleine spitze Bemerkung machte, bestätigte Mike umso mehr in der Ernsthaftigkeit seines zukünftigen Glückes. Es sahen ja alle, wie toll sie beide zusammenpassten. Da ging nichts drüber. Das Schicksal hatte sie füreinander bestimmt.

An jenem Abend, als er von Johannes kam und ohne Umwege zu seiner großen Liebe eilte, war er beseelt von dem Gedanken, sie eines Tages mit Haut und Haaren zu besitzen. Cordelia, so kam es ihm vor, schloss ihn an diesem Abend viel zärtlicher in ihre Arme als sonst.

»Was bin ich verliebt«, gestand er ihr.

Sie lächelte still in sich hinein.

»Gibst du mir heute einen ganz besonderen Kuss?«

Sie zögerte nicht.

Das muss der Himmel sein, durchfuhr es ihn selig.

Keine zwei Wochen später hatte Johannes das Rennen gemacht. Für Mike brach eine Welt zusammen. »Ich wusste nicht, dass es ein Rennen gab«, stammelte er.

»Bei einer Frau wie mir, gibt es immer ein Rennen«, entgegnete Cordelia. »Schließlich will man für sich nur das Beste.«

Mike war am Boden zerstört. Er verstand nichts mehr. »Aber was wird denn nun aus uns? Wo ist unsere Liebe geblieben?«

»Für mich belohnt sich die Liebe nur dann, wenn sie mit dem Erreichten voll und ganz zufrieden sein kann«, erwiderte Cordelia. Es klang wie auswendig gelernt.

»Aber um Himmels willen, was redest du denn da?«, brach es heulend aus Mike heraus.

»Du wirst darüber hinwegkommen, mein Guter. Es bedeutet ja nicht, dass ich dich nicht trotzdem ein bisschen lieb habe. Aber es reicht halt nicht für mehr.«

Das war das Letzte, was sie zu ihm sagte. Danach flog sie in die weit geöffneten Arme seines einstmals besten Freundes. Mike blieb fassungslos zurück und verfiel in Düsternis und Depression. Anfangs glaubte er noch, zu träumen. *Das ist nicht wahr*, hoffte er. *Niemals kann das stimmen. Cordelia ist nicht so eine. Und Johannes erst recht nicht.* Aber er wachte aus diesem Albtraum einfach nicht auf. Es war real! Cordelia und Johannes waren jetzt das Paar, das er sich für sich selbst immer erträumt hatte. Es war zum Heulen und nicht auszuhalten.

Sogenannte beste Kumpels teilten ihm später mit, dass Cordelia Johannes sofort rangelassen hätte. In Cordelias spleenigem Glauben war Johannes kostbar. Der benötigte keine Alchemie. Somit kam es nicht infrage, dass sie ihn lange warten ließ. Sie dachte an Victoria und ihren erfolgreichen Fang. Alles war gut. Die Dinge, so wie sie sie sich wünschte, kamen voran.

Mike litt wie ein geprügelter Hund. Tiere leiden stumm und verkriechen sich in ihrem Schmerz an irgendeinen dunklen, eher heimlichen Ort. Mike redete mit niemandem über seine Qual. Er vergrub sich in sein tiefes Unglück und nährte in sich mehr und mehr die unglückselige Vorstellung, dass seine große Liebe nichts weiter als ein Teufel in Menschengestalt war. Warum nur hatte er das nicht früher erkannt? Fragen, die man im Nachhinein, niemals beantworten kann. Blindheit, Blödheit trafen es nicht. Mike fühlte sich tief verletzt. Er wusste: Niemals mehr würde er einer Frau sein Herz so arglos schenken können, wie er es bei Cordelia getan hatte. Seinen Glauben an eine unschuldige Liebe hatte er für alle Zeiten verloren. Zwar verließ er seine Wohnung in seiner freien Zeit so gut wie gar nicht mehr, aber trotzdem musste er hin und wieder hinausgehen und sei es nur, um einzukaufen. Einmal sah er dabei von Ferne, wie Cordelia eng umschlungen mit Johannes ging. Es traf ihn wie ein Dolchstoß ins Herz. Er rannte nach Hause und ließ anschließend alle Rollläden runter, um das Böse auszusperren. Aber ist das möglich? In seinen Gedanken keimte ihre böse Tat mit Macht wieder auf und ließ ihn noch trübsinniger werden als zuvor. *Ich muss hier weg!*, dachte er. *Je früher, desto besser! Ich will hier nicht länger bleiben. Sonst bringe ich mich um oder ...*

Eine Stellenanzeige im Netz gab den Ausschlag. Eine alteingesessene Konditorei suchte baldmöglichst eine kreative Verstärkung. Mike bewarb sich und wurde eingestellt. Dass die Konditorei fast dreihundert Kilometer entfernt von seiner Heimatstadt lag, betrachtete er eher als Glücksfall. Und so fuhr Mike eines Nachmittags im Spätherbst, als der Wind die welken Blätter über die gepflasterten Straßen wehte, in die hübsche Stadt, aus roten Backsteinen erbaut, ein. Während er an alten herrschaftlichen Häusern mit Barockgiebeln, reich verzierten Türen und wunderschönen Sprossenfenstern vorbeikam, huschte ein Lächeln über seine Wangen. *Hier werde ich bleiben und alles hinter mir lassen können. Ganz bestimmt!*

So war es auch! Mike hatte letztlich einen Sechser im Lotto bekommen, wenn man es genau sah. Nicht nur, dass er sich rasch in die norddeutsche Stadt einlebte, nicht nur, dass ihm seine Fähigkeiten als Konditor großes Lob und Anerkennung einbrachten, nicht nur, dass er schon bald als geschätzter und angesehener Mitbürger galt, nein, Mike überzeugte seinen Chef, den alten Ivar C. Hammerbeck so sehr, dass er ihn nach einem Jahr zum Teilhaber machte und Mike nach weiteren drei Jahren das gut gehende Geschäft als neuer Besitzer übernehmen konnte. Seiner frisch erworbenen Konditorei gab er einen Namen, den er sich selbst ausgedacht hatte: ›Monsieur Truffle‹. Und es dauerte nicht lang, da war ›Monsieur Truffle‹ in aller Munde. Die Menschen in der Stadt, aber auch darüber hinaus, kauften begeistert seine köstlichen Süßigkeiten. ›Monsieur Truffle‹ wurde Kult. Mike dachte sich immer wieder neue verführerische Kreationen aus, nach denen die Kunden geradezu verrückt

waren. Sogar in Reiseführern, die seine Stadt als Ausflugsziel anpriesen, wurde ›Monsieur Truffle‹ als ›Wellnessoase
des verwöhnten süßen Gaumens‹ und ›als Geheimtipp für
Naschkatzen und Pralinenjunkies‹ erwähnt.

Frauen? Es gab nicht wenige, die flirteten heftig mit ihm –
meist biedere Hausfrauen, die sich vermutlich Preisnachläs-
se davon versprachen. Einmal stieß er auf eine Singlefrau,
die ihm zwar äußerlich gefiel, aber vermutlich war sie nur
auf den allerhöchsten Preisnachlass aus: sein Geld. Davon
hatte er in den Jahren einiges ansammeln können. Aber für
kein Geld der Welt würde er das mit einem Weib teilen wollen. *Einmal verarscht, für alle verdorben*, lautete sein Motto.
Nee! Eine Frau kam ihm nicht ins Haus, geschweige denn
ins Leben.

Dann sah er sie zum Henker noch mal wieder: wie ein hef-
tiger Nackenschlag ohne Vorwarnung – nach unendlich
langer Zeit, wie ihm schien. Cordelia war mit einem Mann
unterwegs, der nach viel Geld und einem Oberklasseauto
aussah. Der Typ war älter als sie und gab sich weltgewandt.
Irgendwas zwischen Banker, Manager oder Sohn aus reicher
Familie wie Johannes seinerzeit. Mike war geschockt, so mir
nichts dir nichts in seinem Fluchtort auf Cordelia zu stoßen.
Was hat sie hier zu suchen? Aber ihm fiel ein, dass die Stadt, in
der er wohnte, als gern gesehenes Ausflugsziel galt, wenn
man nach Hamburg, Bremen oder Lübeck wollte. Cordelia
und ihr Lover verschwanden so schnell wie sie gekommen
waren wieder aus seinem Blickfeld. Cordelia hatte Mike
zum Glück nicht bemerkt. Mike war durcheinander wie nie
zuvor im Leben. Zudem träumte er Beunruhigendes: Da
war eine junge Frau, die er immer nur von hinten sah. Was
er auch machte, wie er sich ihr auch näherte, er blickte immer wieder nur auf ihren Rücken. Sein Blickwinkel änderte

sich nicht, und erst als er sie packen wollte, festhalten, gewaltsam umzudrehen versuchte, wachte er auf. *Wieso ist dieses Miststück in meinem Leben nicht totzukriegen?* Er fand keine Antwort darauf.

Einmal wurde Mike in einem Brief an eine sehr hartnäckige Verehrerin recht deutlich: *Ich werde niemals heiraten und Kinder haben wollen. Ich will überhaupt nicht, dass eine Frau zu mir sagt, ich sei ihr Ehemann oder ihr Geliebter oder ihr Freund. Ich will das alles nicht. Genau genommen will ich nicht, dass jemand Weibliches mit mir Konversation betreibt. Aus diesen Gründen suche ich niemals die Nähe zum anderen Geschlecht. Ich weiß, ich bin nicht hässlich, aber ich will nicht mit Weibern gesellig sein. Galle und Herz liegen beim Menschen immer eng beieinander. Nichts davon kann ich gebrauchen. Mein Solo-Dasein ist mir lieber als jede Ehe.*
PS. Ich freue mich, wenn Sie auch weiterhin bei mir Truffles kaufen kommen.

Dass Cordelia quasi jederzeit in sein neues Leben platzen konnte, selbst wenn sie vielleicht nichts von seiner Anwesenheit in dieser Stadt wusste, machte ihn äußerst nervös. Mehr noch: Diese Vorstellung entsetzte ihn. *Was wenn sie wiederkommt? Was wenn ich ahnungslos um eine Hausecke gehe und ihr begegne? Was wenn sie das alles für ein nettes Spielchen hält? Mal gucken, wann er durchdreht?* Das bereitete ihm Magenkrämpfe. Sollte er alles hinschmeißen und weiterziehen? *Dann werde ich mein Leben lang auf der Flucht sein. Und sie wird sich daran weiden.* Cordelia würde ihren Spaß haben, ihn leiden zu sehen. *Ein kleines bisschen mag ich dich doch auch, du Loser! Vor allem wegen deiner Super-Truffles.*
Es musste dringend was passieren! Aber was? In seiner Fantasie spielte er tausend Tode durch, die sie treffen sollten. Aber er war kein Mörder. *Ich weiß gar nicht, wie ich das an-*

stellen soll? Sie erstechen? Sie erwürgen? Sie mit einem Knüppel erschlagen? Eine Briefbombe? Ein herabstürzender Stein von einem Patrizierhaus, der sie auf ihrem Spaziergang trifft? Ein bestellter Killer aus Osteuropa? Er kam sich lächerlich vor. *Dann probiere es doch mit Gift,* flüsterte eine Stimme in ihm. *Gift? Na klar. Ich kaufe Rattengift und keiner merkt´s. Danach lasse ich eine Alte an ihrer Tür tolle Äpfel aus dem Alten Land verkaufen. Blöder geht`s nimmer!*

Mike schalt sich einen Idioten. Niemals würde er es auf die Reihe bekommen, sie zu töten. Das kann keiner so eben mal. Er war kein Mörder. Er war Konditor und Pralinenhersteller – einer der begabtesten in der Branche. Er schuf süße Verlockungen – mehr nicht. Außerdem wird ja ohnehin jeder Mordfall aufgeklärt. Das sah man doch fast täglich im Fernsehen. Kluge Kommissare, saudoofe Verbrecher. Mike maßte sich nicht an, schlauer als alle anderen zu sein.

Die Tage vergingen. Aus ihnen wurden Wochen. Mike saß fast jeden Abend, wenn es das Wetter zuließ, auf seiner Terrasse. Den hübschen Garten hatte er von einem Fachmann anlegen lassen. Auf seiner mit teuren Schifferplanken gestalteten Terrasse hatte der talentierte Gartenlandschaftsbauer in verschiedenen großen Kübeln Pflanzen gesetzt, die sich teilweise an seiner Hauswand hochrankten. Darunter befanden sich Kletterrosen, eine Kletterhortensie und auch die sogenannte Ruhmeskrone, die sich mit ihren eingerollten Blattenden so wunderschön am Regenrohr emporrankte. *Ruhmeskrone,* wunderte sich Mike nach wie vor über den Namen. *Hätte ich Cordelia geheiratet, wäre sie meine Ruhmeskrone geworden.*

Er musste über diesen Vergleich schmunzeln. Es klang, als hätte er sich dann eine Trophäe aufsetzen können. *Ruhmeskrone.* Sie war wirklich hübsch anzusehen, diese Pflanze aus einem Gartencenter vor den Toren der Stadt.

Dort hatte er die längliche Knolle zusammen mit seinem talentierten Gärtner vor Monaten gekauft, weil ihm das blühende Ergebnis auf dem Foto so gut gefiel: die grünen Blätter, die kräftig roten Blüten. Sie sah wunderschön aus und klettert im Laufe der Zeit an seiner Hauswand sicherlich zwei Meter hoch. ›Gloriosa‹ aus dem Geschlecht der ›Zeitlosen‹ durfte man sie auch nennen. Ja, sie passte gut zu der arroganten, verdammten Tusse, in die er sich leider Gottes so unsterblich verguckt hatte. Ein Miststück war sie trotz aller Pracht und Glorie. Ein elendes dazu, dessen sanftem Gift er bis zur Hirnerweichung erlegen war. Gift? Auch die Ruhmeskrone barg Gift in sich: Colchizin. Für Kinder und Tiere war es gefährlich. Bei zarten, eher geschwächten Wesen führte es rasch zu Atemlähmung, Kreislaufversagen, grauer Gesichtsfarbe, Krämpfen, Schweißausbrüchen, Herzrasen, raschem Abfall der Körpertemperatur ... und schließlich zum Tod. Aber auch blutige Durchfälle und massives Erbrechen gingen auf das Konto der Ruhmeskrone. Was für eine nette Pflanze! *Mit dir kann man ja Pferde stehlen!* Und unliebsamen Zeitgenossen einen gehörigen Schrecken einjagen, wenn nicht gar mehr. »Ich will dein Gift haben«, sprach Mike laut zu sich. »Ich will es sehen. Du falsche Herbstzeitlose. Ich will es vor mir in Händen halten. Aber wie?«

Durchs Internet erhielt er die richtigen Antworten. Die Knolle birgt das Gift der Ruhmeskrone. Doch der höchste Anteil steckt in der Blüte. Am besten löst man es durch Alkohol aus seinem pflanzlichen Gefängnis, erfuhr Mike. Mit etwas Geschick gelang es Monsieur Truffle. Zuletzt konnte er es in einem kleinen Fläschchen sammeln. Mike roch daran, aber der Alkohol war stärker als das eigentliche Knollengift Colchizin. Weil er selbst dabei mehrere Gläschen Hochprozentigen zu sich nahm, würdigte er sein Produkt am Ende kichernd, lallend und völlig außer sich vor Begeisterung. »Ich bin ein Alchemist«, rief er freudestrahlend. »Ich ziehe allen verdammten Ruhmeskronen den Giftzahn. Anschließend stelle ich ihn in meinem Horrorkabinett aus.« Mike war betrunken, aber auch irgendwie befriedigt. Er hatte seiner großen Liebe symbolisch den Giftstachel gezogen. Was für ein Erfolg!

Jahre gingen ins Land. Mike verkaufte seine erlesenen Pralinen besser denn je. Er wurde immer bekannter, sodass sich häufiger Zeitungen und Illustrierte bei ihm für Interviews meldeten. Doch sobald es um ein Foto von ihm ging, wehrte er heftig ab: »Nein, das will ich nicht von mir in der Presse haben. Nehmen Sie dafür bitte meine Produkte und wenn schon unbedingt ein menschliches Wesen dabei sein soll: Bernadette ist meine beste und schönste Verkäuferin.«

Die Journalisten murrten zwar, aber sie konnten Mike auch nicht umstimmen.

Eines Tages Anfang August musste Mike seine einstige große Liebe erneut ungewollt wiedersehen. Zum Glück erblickte er die beiden früh genug. Mike atmete tief durch und heftete sich an ihre Spuren. Zu seinem Schrecken erkannte er, dass sie in Richtung seines Geschäfts schlenderten, zuletzt davor stehen blieben, und ungläubig staunend die auf Etageren ausgestellten Köstlichkeiten betrachteten. Cordelia zeigte verzückt auf verschiedene herrlich gestaltete Truffles.

Betroffen lasen sie beide das Schild ›Mittagspause‹. *Pech gehabt*, freute sich Mike, der gebannt das Paar von Ferne beobachtete. Der Mann schaute auf seine Armbanduhr und schüttelte den Kopf. Cordelia machte ein Gesicht wie ein Baby, dem man den süßen Brei wegnimmt. Er musste sie sogar wegziehen. *Sie hat sich nicht geändert*, erkannte Mike. *Immer noch die Frau, die das Beste für sich und ausschließlich nur für sich haben will.*

Als Mike dem Paar beim Weggehen nachsah, wobei Cordelia enttäuscht davonschlurfte, bemerkte er, wie ihr Kerl noch einmal einen letzten Blick auf das Schildchen mit den Öffnungszeiten warf.

Nicht wahr, durchfuhr es ihn, du wirst sie nicht enttäuschen, denk ich mir, du magst zwar Millionär sein, aber du weißt, was du deiner anspruchsvollen Frau schuldig bist, stimmt`s?

Und es kam ihm eine Idee. Eine ganz ungeheure Idee. Eine, die auf diese Weise noch keinem Meister der Truffles und Pralinés eingefallen war. Mike stellte sich vor sein Schaufenster und betrachtete sorgfältig seine erlesenen Nugat-Schokoladen-Marzipan-Kreationen. Drei davon wählte er in Gedanken aus. *Nein, ich vertue mich ganz bestimmt nicht,* prophezeite er sich selbst im Stillen. Je zwei der verschiedenen Trüffel präparierte er mithilfe einer Spritze und seinem besonderen Destillat, das er lange Zeit vorher aus der Ruhmeskrone gewonnen hatte. *Es soll dir mal so richtig kotzübel werden, meine Gute. So wie mir damals speiübel war, als ich aus heiterem Himmel erfuhr, was mit uns zwei wirklich los war.*

Das giftige Werk war schnell vollbracht. Mike legte die sechs Pralinen, jeweils zu zweit, ganz oben auf den kunstvoll aufgerichteten Stapel in die Auslage. Jetzt hieß es abzuwarten und genauestens zu beobachten. Bernadette würde die Kunden am Nachmittag bedienen und er würde dabei im Verborgenen bleiben und genau Obacht geben, dass die präparierten Süßigkeiten auch von dem Richtigen gekauft würden. Mike hatte sich nicht verschätzt. Alles lief ab wie am Schnürchen. Pünktlich zur nachmittäglichen Ladenöffnung tauchte der Ehemann auf, lobte die exzellenten Süßigkeiten über den Klee und schwafelte von seiner bevorstehenden, geilen Kreuzfahrt auf der ›Stella Costa‹. Er wolle sein anspruchsvolles Weib doch so gerne mit beidem verwöhnen. Und er kaufte genau jene Truffles, die Mike speziell für Cordelia ausgesucht und präpariert hatte: allerdings von jeder Sorte sechs Stück.

»Soll ich sie für Ihre Frau ganz exklusiv einpacken? Wir haben dafür eine spezielle ...«

Der Kunde fiel Bernadette ins Wort. »Danke nein, das ist unnötig, meine Frau hat da etwas viel Besseres zur Hand. Dort hinein kommt alles Wertvolle und manchmal auch Leckere. Danke für Ihr Angebot. Im Glauben meiner Frau kann es keine schönere Verpackung geben als ihre eigene.«

Mike hätte vor Lachen am liebsten laut losgebrüllt. Aber er konnte sich beherrschen. Cordelia besaß also ihr Schatzkästchen immer noch. Und pflegte nach wie vor den irren Kult darum.

In Hamburg lag die exklusive ›Stella Costa‹ vor Anker, mit der Cordelia und Tom ihre lang ersehnte Nordlandreise antreten wollten. Zu den touristischen Highlights der kommenden Wochen zählten die norwegische Küste, die Lofoten, das Nordkap, und danach Island mit seinen diversen Naturschönheiten. Ganz gewiss eine Kreuzfahrt, auf die man sich freuen konnte! Cordelia, die sich unbedingt noch die Haare machen lassen wollte, bevor sie aufs Schiff ging, gab Tom mit dieser Unterbrechung die Möglichkeit, ihr noch die begehrten Süßigkeiten bei ›Monsieur Truffle‹ zu besorgen.

Nachdem sie zwei Tage auf See waren, konnte Cordelia den bevorstehenden Gaumenfreuden nicht länger widerstehen. Sie verzehrte eine der Pistazien-Truffles und wurde an eine Zeit erinnert, in der sie noch auf der Suche nach Mr. Right gewesen war. *Tja, mein guter Konditormeister aus alten Tagen, ich schätze so einen Trüffel wie diesen hättest du vielleicht auch hinbekommen?* Cordelia nahm sich vor, jeden Abend vorm Zubettgehen einen davon zu naschen. Sie mundeten ihr vorzüglich. Weitere drei Tage später hatte sich Tom den Magen an schlechtem Fisch vertan. Viel zu häufig musste er dafür die Toilette aufsuchen, war übel gelaunt und konnte seiner Frau nicht mehr das bieten, was sie sich von einer harmonischen Seereise versprochen hatte: viel Kuscheln, Sex und tolle Stimmung. Cordelia fing an sich mit den restlichen Trüffel selbst zu verwöhnen. Während sich Tom auf dem stillen Örtchen abquälte, leerte seine Frau eine halbe Flasche Wein und stopfte sich dabei eine MarzipanTrüffel nach der anderen in den Mund. Das Schiff stampfte schwer durch den bewegten Nordatlantik, der sich an diesem späten Abend viel rauer als sonst zeigte. Von ihrem Kabinenbalkon aus konnte man gut erkennen, dass die meterhohen Wellen Schaumkronen trugen. Und der Wind frischte von Minute zu Minute kräftiger auf. Cordelia bedauerte, dass ihr Tom nicht so richtig zur Verfügung stand, und schwelgte in Selbstmitleid. Der Alkohol und die besondere Füllung der Trüffel taten ihre Wirkung. Zuerst fiel ihr das Atmen schwer. Ihr Gaumen fühlte sich so pelzig an. Ihr wurde speiübel und sie rang heftig nach Luft. *Ich muss sofort raus auf den Balkon,* dachte sie in Panik. *Die frische Luft wird mir guttun.* Aber genau das Gegenteil war der Fall. Cordelia meinte, sich übergeben zu müssen. Sie hielt sich bibbernd am Geländer fest, zitterte am ganzen Leib und starrte verwirrt hinunter auf die dunkle See. *Warum schaukelt das Schiff bloß so sehr?* In ihrem Kopf hämmerte es wie wild. Sie konnte ihre Umgebung nicht mehr richtig erkennen. Ihr Magen stand jetzt kurz davor, zu rebellieren. Cordelia reckte sich weit am Geländer des Balkons empor. Sie glaubte, das verschaffe ihr die nötige Atemluft. Dabei beugte sie sich sehr weit vornüber. Die Gefahr, das Gleichgewicht zu verlieren, erkannte sie überhaupt nicht. In ihrem Kopf hämmerte ein elendiger Schmerz. Ihr war so schlecht wie nie zuvor im Leben. Zudem war ihr furchtbar schwindelig. Alles drehte sich um sie. *Was ist denn nur los ...?*

Als Tom eine halbe Stunde später geschwächt von seinem Toilettengang ins Zimmer trat, fand er seine Frau dort nicht vor. Er schaute zunächst auf dem Flur des Decks nach, rief laut nach ihr, und kehrte irritiert in die Kabine zurück. Dann sah er die Balkontür weit offenstehend und den seidenen, weißen Schal am Geländer flattern. Da dämmerte es ihm, dass Cordelia auf dem Balkon gewesen sein könnte ...

Tage später erfuhr Mike durchs Fernsehen, dass es auf der ›Stella Costa‹ einen Unfall gegeben hatte. Offenbar war eine Passagierin von ihrem Balkon hinunter ins Meer gestürzt – ob absichtlich oder tragisch blieb ungeklärt. *Dann muss ihr aber ganz schön zum Kotzen gewesen sein*, amüsierte sich Mike. Er nahm die Todesmeldung eher nüchtern auf. Niemand würde auf die Idee kommen, dass er irgendetwas damit zu tun haben könnte. Mike steckte sich nachdenklich einen seiner weißen Truffles oder Trüffel in den Mund. Es war sein vorläufig letztes Meisterstück. *Schau nur, Cordelia,* dachte er befriedigt, und genoss die Süßigkeit, als gäbe es sie nur einmal auf der Welt, *ich kann etwas Unedles in etwas Totes verwandeln. Ich bin mächtig wie ein Alchemist, nur eben auf meine Weise ...*

Mario Schubert

DÄMONENAUGEN
Tollkirsche

Mittwoch, 13:07 Uhr

Schon als er um die Hausecke in seine Straße bog, sah er es. Sie hatten es wieder getan. Hatten seinen Vorgarten vermüllt. Leere Saftkartons und zerknüllte Verpackungen von Keksen und Kartoffelchips lagen verstreut auf dem Rasen vor seinem Haus. Zwischen den Latten des erst letzte Woche gestrichenen Zaunes klemmte ein fettfleckiger Pizzakarton. Finster blickte er auf das Gebäude, das seinem Haus gegenüberlag. Tagein, tagaus musste er den Müll der Schüler wegräumen, die ihre Mittagspause nutzten, um die Überreste ihrer Mahlzeiten über den Zaun zu werfen. Ihre Zeit nutzten, ihn absichtlich auf die Palme zu treiben, da war er sich sicher.

Dabei sollten sie doch gefälligst die Pause für das Essen der Schülerspeisung nutzen. Mit dem Essen aus der Großküche, in der er seit Jahr und Tag arbeitete. Nein, nicht einfach nur arbeitete – schuftete. Sie hatten ja keine Ahnung, wie anstrengend dieser Job bei Toni Maccaroni Lebensmittelverarbeitung GmbH war. Mitten in der Nacht aufstehen, nach dem morgendlichen Kaffee bis in den Nachbarort laufen, fünf Kilometer, bei Wind und Wetter durch die stockfinstere Nacht. Schließlich fuhr um diese Zeit noch kein Bus und ein Fahrrad oder gar ein Auto besaß er nicht. Nach dem Fußmarsch musste er acht Stunden in einer hektischen, dampfenden Großküche bei der Zubereitung der Schülerspeisung helfen, die Thermoporte befüllen, auf Paletten stapeln. Sortiert nach Touren zu den umliegenden Schulen und Kindergärten. Logistisch eigentlich kein Problem, dafür gab es Stellplatzübersichten, die akribisch vorgaben, welche Schule wie viele Thermoporte erhielt und wo diese auf den Paletten zu platzieren waren. Schlimm aber war das Stapeln der Wärmebehälter. Die großen, gelben Plastikcontainer waren zu einem Drittel mit heißem Wasser befüllt. Dieses hielt die Einsätze aus Edelstahl warm, in denen sich die zubereiteten Gerichte befanden. Ein mit Speisen voll befüllter Thermobehälter brachte es so locker auf 25 Kilogramm. Diese mussten zum Teil auf Schulterhöhe gestemmt werden, um ihren Platz auf den Transportstapeln einzunehmen. Eine körperlich bis an die Grenzen belastende Drecksarbeit für einen Mann in den Endfünfzigern wie ihn, der selbst kaum mehr als 55 Kilogramm auf die Waage brachte.

Kein Wunder, dass er nach einem solch anstrengenden Tag einfach nur heim und in sein Bett wollte, um sich von der kräftezehrenden Plagerei auszuruhen. Aber die Schüler der Parkschule taten ihm den Gefallen nicht. Nicht nur, dass sie alles schmutzig machten. Nein, sie verließen auch lärmend, schreiend und sogar lachend in Scharen das Schulgebäude, kaum dass er sich auf seinem in die Jahre gekommenen Bett langmachte. Schlaf suchte er oft genug vergebens. Mit anderen Worten: Er hasste sie. Hasste sie, weil sie schuld waren an seiner Unzufriedenheit, an dem Mangel an Lebensqualität. Aber bald würde sich alles zum Guten wenden.

Er hatte einen Plan gefasst, gestern, als er frustriert sein Bett verlassen hatte, weil ihn der Geräuschpegel der Schüler wieder einmal zur Weißglut trieb. So war er in den nahegelegenen Wald gegangen, um wenigstens dort für ein paar Stunden Ruhe zu finden. Vergebens, denn wie sich herausstellte, hatten mehrere Klassen Wandertag und belagerten picknickend seinen Lieblingsplatz, die Lichtung am Waldes-

rand, von der man bei gutem Wetter gen Süden schauend bis zum Keilberg, auf der tschechischen Seite des Erzgebirges, blicken konnte. Dafür fiel sein Blick auf etwas anderes.

Unscheinbar am Rand der Freifläche stehend, kauerten mehrere krautige Büsche, knapp brusthoch. An kräftigen und ausladend verzweigten Stängeln befanden sich lanzettförmige, flaumig behaarte Blätter. An den Spitzen der Zweige blickten ihm, in grünen Blütenkelchen lauernd, glänzend schwarze Beeren entgegen, Dämonenaugen gleich. Schlagartig hatte sich seine trübe Stimmung aufgehellt. Er wusste, kaum dass er die beinah kirschgroßen Früchte erblickte, er würde später am Tag wiederkommen. Mit einem Eimerchen. Das Sprichwort sagt, wer Wind sät, wird Sturm ernten. Sollen diese Schüler nur Wind sähen, der ihren Krach zu seiner Wohnung tragen würde. Er würde bald die Ernte einfahren. Doch nicht Sturm, sondern Stille. Endgültige Stille.

Donnerstag, 02:30 Uhr

Der Wecker klingelte viel zu früh. Wie immer eigentlich. Träge tastete seine Hand auf dem kleinen Nachttisch nach der unbarmherzig schellenden Uhr. Seine Finger suchten am Rand des Weckers nach dem Knopf, der den mit Sicherheit verhasstesten Gegenstand in seinem Haushalt zum Schweigen bringen würde. Einen verschlafenen Blick auf das Zifferblatt sparte er sich. Wie spät, oder eigentlich wie früh es war, wusste er auch so. Er musste sich nicht vergewissern, dass die viel zu kurze Nacht für ihn schon vorüber war.

Dann fielen ihm die beiden Gläser ein, die auf dem Küchentisch standen. Die Gläser mit der gestern nach seinem Waldbesuch eingekochten Fruchtmasse. Seine Laune besserte sich umgehend. Erst recht, als er sich besann, dass ihm der Küchenchef mit seinem Wochenspeiseplan quasi eine Steilvorlage gab. Essen Nummer eins war heute Möhreneintopf, dazu ein Apfel. Nicht wahrscheinlich, dass viele Schüler dieses Gericht wählten. Essen Nummer zwei hingegen würde für zahlreiche Abnehmer sorgen: Chicken Nuggets, Salzkartoffeln und Mischgemüse. Und als Nachtisch rote Grütze mit Vanillesoße. Er sprang aus dem Bett. Heute würde es sogar dunkelrote Grütze geben. Mit einer ganz besonderen Fruchtnote. Genüsslich nippte er wenig später an seinem heißen und starken Kaffee, tiefschwarz. So schwarz wie die Beeren, aus denen er das Fruchtmus hergestellt hatte.

Dass es leicht nieselte, als er sich auf den Weg hinaus aus der Stadt, und der Landstraße folgend, ins Gewerbegebiet des Nachbarortes machte, in dem sich die Großküche der Schülerspeisung befand, machte ihm heute nichts aus. Beschwingt, eines der beiden gut gefüllten Gläser in seinem Rucksack, schritt er zügigen Schrittes durch die nächtlichen Straßen. Durch die unbeleuchteten Häuserschluchten, in denen all die Kinder noch in friedlichem Schlummer lagen und bald für immer still sein würden.

Donnerstag, 11:57 Uhr

Arnold und Justin bahnten sich ihren Weg durch die Menge der Fünftklässler. Die beiden bulligen Jungen, seit Beginn des Schuljahres in der neunten Klasse, aber eigentlich aufgrund zweier Ehrenrunden inzwischen sechs Jahre älter und zwei Köpfe größer als die Neulinge an der Schule, schoben die verschüchterten Jungen und Mädchen, die brav an der Essensausgabe standen, grob beiseite und drängten an die Spitze der Schülerreihe.

»Eure Marken?«, fragte Frau Schuricht, die Dame von der Essensausgabe.

»Haben wir vergessen«, grinste Arnold sie dreist an. »Bringen wir morgen mit.«

Elke Schurichts Blick verfinsterte sich. »Na hoffentlich«, entgegnete die Frau in der Küchenschürze missmutig.

»Nur fünf Nuggets? Davon wird doch keiner satt! Na los, zwei mehr werden doch wohl drin sein«, tönte nun Justins tiefe Stimme. Er war beinahe ebenso bullig wie Arnold, dessen Eltern wohl schon bei der Geburt ihres Nachwuchses eine Ahnung hatten, dass aus ihrem Sohn einmal ein zweiter Schwarzenegger werden würde.

Missmutig, und weil sie nicht wollte, dass der Lack ihres alten VW Polo erneut zerkratzt werden würde, wie letzten Monat, als sie sich weigerte, ein zusätzliches, zweites Schnitzel auf die Teller der beiden gefürchtetsten Schüler der Schule zu packen, griff sie mit der Zange noch einmal in den Thermoport mit den panierten Hühnerfleischteilen. »Na bitte, geht doch«, lachte Justin.

Er und sein Kumpel Arnold verließen die Ausgabe und gingen zielstrebig zum Tisch in der hintersten Ecke des Speisesaals. Sie bauten sich vor den zusammengekauert auf den Bänken sitzenden jüngeren Schülern auf und beide schwellten ihre Brust. »Verschwindet! Das ist unser Platz!« Rasch sprangen die Kleinen auf und drängten an den Halbstarken vorbei. »Moment noch«, hörten sie Arnold hinter sich sagen. »Die bleiben hier!« Damit langten er und Justin auf die Tabletts der eingeschüchterten Fünftklässler. Vier Schüsseln mit Nachtisch wanderten zurück auf den Tisch, an dem nun Arnold und sein Begleiter Platz nahmen. Mit hängenden Köpfen suchten sich die Knirpse einen anderen Tisch, so weit weg von den beiden wie möglich.

Donnerstag, 12:07 Uhr

Bettina Lehmann liebte ihren Beruf. Eigentlich. Eine Ausnahme bildeten die Unterrichtsstunden in der 9a. Hier aber hatte es jeder Lehrer schwer, sich durchzusetzen. Die 9a, im Kollegium schlicht die ›Klasse des Grauens‹ genannt, war an sich schon schwer zu ertragen – unruhig, undiszipliniert, unmotiviert. An einem Donnerstag nach dem Mittagessen jedoch ganz besonders. Heute würde es besonders schlimm werden. Das spürte die 53-jährige kleine Frau mit dem Pagenschnitt bereits beim Betreten des Klassenraums. Sie vermied es in der Regel, sich lange vor Unterrichtsbeginn in dem Zimmer aufhalten zu müssen. Sie konnte es nicht ertragen, wie sich die Schüler lautstark gegenseitig mit Schimpfwörtern aus der untersten Schublade titulierten. Längst jedoch hatte sie aufgegeben, dagegen vorzugehen. Bei Arnold, Justin und den anderen Jugendlichen waren Hopfen und Malz lange schon verloren. Prekariats-Nachwuchs vom Feinsten.

Sie schlich so still wie möglich an der Wand mit den Geografiekarten nach vorn zum Pult, den Blick geradeaus gerichtet, um nicht einschreiten zu müssen, als zwei Jungs sich gegenseitig in den Schwitzkasten nahmen und die halbe Klasse johlend die Streithähne anfeuerte. Nur 45 Minuten, dachte sie bei sich. Um eins bist du hier wieder raus. Es sollte anders kommen.

Die Schulglocke schellte zur Stunde. Es gelang Bettina Lehmann in keinster Weise, Ruhe in die 9a zu bringen. Mehrere Schüler, die sonst in der Klasse zu den stillsten und damit erträglichsten der Heranwachsenden zählten, redeten ohne Punkt und Komma weiter, als hätte es kein Stundensignal gegeben. Nach kurzem Zögern ergriff sie ein Stück Kreide und wandte sich der Tafel zu. Mit leicht zittriger

Hand schrieb sie zwei Worte auf die dunkelgrüne Fläche: Tropischer Monsun. »Was wisst ihr noch von letzter Stunde?«, fragte Lehmann. Ihr Blick kreuzte den Arnolds. Ein Fehler, wie ihr kurz darauf schmerzhaft bewusst wurde. Statt eine Antwort zu geben, fing Arnold an, seine Lehrerin wüst zu beschimpfen. Mehrere Schüler kicherten unterdessen, während ein Mädchen in der letzten Reihe zu weinen begann. Mein Gott, dachte Bettina, irgendetwas läuft hier falsch.

Plötzlich stand Justin auf, kletterte auf seinen Tisch und zeigte mit ausgestreckter Hand nach oben. »Seht mal!«, rief er. »Es schneit!«

Irritiert huschte Frau Lehmanns Blick zur Decke, dorthin wo Justins Finger hinwies, anschließend durch die gesamte Klasse. Scheinbar drehten heute alle durch. Oder fast alle. Einige der Schüler schienen ebenso irritiert und verstört zu sein wie sie selbst. Das war doch nicht normal. Sie musste etwas unternehmen. Das Stück Kreide auf den Lehrertisch fallen lassend, wandte sie sich der Tür des Raumes zu. Sie schritt am Platz von Arnold vorbei, der nach wie vor Schimpftiraden von sich gab, ohne Vorwarnung nach ihr schlug und sie nur um Haaresbreite verfehlte. Schon fürchtete sie, er würde ihr nachsetzen. Stattdessen ergriff er den Zopf einer Klassenkameradin und zog aus Leibeskräften daran. Das Mädchen jaulte vor Schmerzen. Sie hastete an Justin vorbei, der mittlerweile auf dem Tisch hüpfte und imaginäre Schneeflocken mit herausgestreckter Zunge zu fangen versuchte.

Gerade als sie die Klinke der Klassenzimmertür nach unten drücken wollte, hörte sie hinter sich die entsetzte Stimme eines Mädchens: »Frau Lehmann! Sehen Sie!« Die Lehrerin drehte sich um und sah gerade noch, wie Justin vom Tisch stürzte und ohnmächtig liegen blieb. Fast gleichzeitig hörte Arnold auf, um sich zu schlagen. Er ließ das Haar der

Schülerin los und erbrach einen violetten Schwall halb verdauten Essens. Ihre Blicke kreuzten sich, in seinen dunklen, weit aufgerissenen Augen glitzerte ein dämonisches Funkeln. Dann brach auch er zusammen.

Donnerstag, 13:24 Uhr

»Also, was haben wir an Fakten?« Kriminaloberkommissarin Luisa Bendler legte den Hörer ihres Dienstapparates auf und blickte in das blasse Gesicht ihres Kollegen.

Daniel Pintar warf einen Blick auf seine handschriftlichen Notizen: »23 Schüler, die außergewöhnliches Verhalten an den Tag legen, aggressiv sind, fiebrig, zum Teil offensichtlich halluzinieren. Der Chef des Speise-Lieferunternehmens beharrt darauf, dass eine Lebensmittelvergiftung auszuschließen sei. Sein Unternehmen wurde erst letzte Woche kontrolliert, ohne Beanstandungen. All seine Mitarbeiter halten sich stets an die Qualitäts- und Hygienemanagement-Richtlinien. DIN EN 9001 habe oberste Priorität in seiner Branche, meinte er.«

Pintar kratzte sich am Kinn. »Nichtsdestotrotz sind sechs Schüler im Krankenhaus zur Beobachtung. Zwei davon befinden sich in kritischem Zustand. Beide aus der neunten Klasse. Ich habe nachgeforscht: Alle Schüler mit Auffälligkeiten nahmen an der Schülerspeisung teil. Betroffen sind nur Kinder, die ein und dasselbe Gericht zu sich genommen haben. Allerdings zeigen nicht alle die gleichen Symptome. Und einige gar keine. Überraschenderweise gerade die Kleinen aus der fünften Klasse. Man müsste doch meinen, dass es eher umgekehrt ist, dass Widerstandskraft gegen was auch immer bei großen, kräftigen Kerlen wahrscheinlicher ist.«

Bendler zog die Unterlagen ihres Kollegen zu sich herüber, überflog sie selbst noch einmal kurz. »Gibt es schon Infos aus dem Labor?«

Pintar schüttelte den Kopf. »Die sind dran, dauert aber noch. Die Kollegen haben von allen Speiseresten Proben mitgenommen, von dem Erbrochenen des einen Schülers auch. Diesem Arnold Spink scheint es besonders schlecht zu gehen.«

Die Kommissarin deutete mit dem Zeigefinger auf die Liste der Schülernamen. »Wir müssen von einem gezielten Fall von Körperverletzung ausgehen. Fakt ist, wir brauchen die Namen von allen, die Zugriff auf die Thermokübel mit der Schülerspeisung hatten. Köche, Fahrer, Essensausgabe.«

»Und das Motiv?«, fragte Pintar stirnrunzelnd.

»Was weiß ich, vielleicht haben sich die Eltern ein-, zweimal zu oft über zu schlechtes Essen beschwert. Und da wollte jemand beweisen, dass es noch schlechter sein könne. Keine Ahnung«, entgegnete Bendler.

Lakonisch kommentierte Pintar ihre Vermutung. »Tja, und ich dachte, Schülerspeisung sei per se schon ein Synonym für vorsätzliche Körperverletzung.«

Donnerstag, 14:02 Uhr

Als er nach der Arbeit zurückkehrte, hatte er beste Laune. Bereits im Bus, der ihn vom Gewerbegebiet zum Marktplatz zurückbrachte, von welchem es nur noch drei Straßen bis nach Hause waren, hörte er beim Einsteigen den Nachrichtensprecher des Autoradios von einem tragischen Zwischenfall berichten, der sich an einer Schule zugetragen hatte. Er hatte den Anfang der Nachrichten verpasst. Jedoch konnte es sich nur um die Parkschule handeln.

Doch als er seine Straße erreichte, bemerkte er keinen Unterschied zu sonst. Zahlreiche Schüler lümmelten auf dem Fußweg gegenüber der Schule vor seinem Haus. Sie unterhielten sich lautstark über das gestrige Champions-League-Spiel, einige rauchten. Auf dem Boden lagen bereits zahlreiche Zigarettenkippen. Ein ganzes Rudel Siebt- oder Achtklässler schienen das Fußballspiel mit einem zerbeulten Tetrapak nachzuspielen. Ungläubig versuchte er, die Nachricht aus dem Radio mit der soeben erlangten Erkenntnis in Einklang zu bringen. Offenbar waren es nicht die von ihm verhassten Schüler seiner Schule, die im Krankenhaus lagen. Gerade als er die drei Stufen zu seinem Haus erreichte, zielte einer der Halbwüchsigen auf die Haustür. Das Kirschsaftpäckchen prallte mit voller Wucht gegen die Tür, zerplatzte durch den jähen Aufprall. Sein Inhalt verteilte sich rot spritzend auf Tür und Stufen. Er blickte an sich hinab. Seine beigefarbene Cordhose war übersät mit roten Sprenklern und Spritzern. Wutentbrannt drehte er sich um. Er kochte innerlich. Noch bevor er überhaupt mit einer Schimpftirade beginnen konnte, hatten die Jungs ihre Rucksäcke geschnappt, das Weite gesucht und waren um die Ecke verschwunden. Diese elenden Rotzlöffel! Was machten die überhaupt hier? Sollten die nicht längst im Krankenhaus liegen, statt ihm das Leben zur Hölle zu machen? Der Radiosprecher hatte doch berichtet, dass sein Tollkirschenzusatz in der Grütze seine Wirkung getan hatte.

Als er seine saftklebrige Tür durchschritt, wusste er, er würde morgen noch einmal eine Portion untermischen. Diesmal eine doppelte. Sollten sie ruhig spüren, dass er sich dieses Benehmen nicht würde bieten lassen. Körperliche Schmerzen für seine seelischen Qualen! Dass es offensichtlich beim ersten Versuch, aus welchem Grund auch immer, Kinder einer anderen Schule getroffen hatte, machte nichts. Schüler sind Schüler. Sicher hatten auch diese den einen oder anderen Mitmenschen gestört. Irgendwo in einer anderen Stadt. Immerhin wusste er, dass diese hübsch glänzenden Beeren tadellos ihre Wirkung taten. Gleich, nachdem er sich umgezogen hatte, würde er noch einmal zur Waldlichtung gehen und ein weiteres Mal die tiefschwarzen schimmernden Beeren sammeln, die ihm doch heute schon die erhoffte Ruhe hätten bringen sollen. Dann eben morgen!

Donnerstag, 15:04 Uhr

Pintar kam mit zwei dampfenden Kaffeebechern ins Büro zurück. »Glaubst du ihm?«, fragte er.

Luisa Bendler blickte durch die Glasscheibe in den benachbarten Raum, in dem ein ziemlich aufgeregter junger Mann in Bermudashorts und einem schwarzen Muskelshirt saß. »Diesem Studenten? Weiß noch nicht. Immerhin hat er sich aus freien Stücken bei uns gemeldet, als er die Nachricht aus dem Radio erfuhr.« Sie ergriff einen der Becher mit Kaffee, ließ ein Stück Würfelzucker darin versinken und rührte um. Die Polizistin blickte nachdenklich in ihren Kaffeepott. Sie beobachtete eine einzelne Blase, die sich im Uhrzeigersinn in der Tasse drehte, an den Rand glitt und kurz daran haften blieb. Dann platzte sie und hörte auf zu existieren.

Noch einmal ließ sie das eben unterbrochene Gespräch Revue passieren. Dieser Richard Limbach jobbte als Student in den Semesterferien bei ›Toni Maccaroni‹. Der Firma, die im ganzen Landkreis Schulen, Horte und andere Einrichtungen mit Mittagsgerichten versorgte. Seine Aufgabe war es, die auf Paletten vorsortierten Thermobehälter in die jeweiligen Einrichtungen zu fahren. Er erzählte von einem konkreten Routenplan. Und auf dieser Route lag auch die Schule, in der es am Morgen zu dem Zwischenfall gekommen war.

Noch immer ärgerte sich Kriminaloberkommissarin Bendler darüber, dass die Nachricht an die Öffentlichkeit gelangt war. Dass die Mutter einer Schülerin dieses Gymnasiums beim lokalen Radiosender arbeitete, war schlicht Pech. Bendler und Pintar hatten keinerlei Verständnis gezeigt, wie man als beinahe Betroffene – die Tochter der Reporterin nahm selbst nicht an der Schülerspeisung teil – sofort Gewinn aus der schrecklichen Situation schlagen konnte. Und somit die Ermittlungsarbeiten behinderte.

Limbach jedenfalls behauptete, dass ihm an diesem Tag ein verhängnisvolles Malheur passiert war. Beim Einschichten der Thermoporte in den Transporter sei ihm ein Behälter zu Boden gestürzt, habe sich geöffnet und die darin befindliche rote Grütze hatte sich auf der Ladefläche im Hof des Unternehmens verteilt. Da er jedoch eh schon spät dran war, habe Limbach kurzerhand, als keiner der Angestellten schaute, einen Thermoport einer anderen Palette, die sein Kollege auszufahren hatte, geholt und auf die betroffene Schule umdeklariert. An welche Schule der Nachtisch eigentlich geliefert werden sollte, wusste er jedoch nicht mehr. Pintar würde wohl oder übel noch einmal zu ›Toni Maccaroni‹ fahren müssen, um sich den Transportplan zeigen zu lassen. Fakt war, sollte Limbach die Wahrheit gesagt haben, wäre das Unglück nicht an dieser Schule passiert, sondern irgendwo anders im Landkreis. Sie mussten herausfinden, wo.

Das Klingeln des Dienstapparates ihres Kollegen holte sie in die Gegenwart zurück. Daniel Pintar nickte zwei-, dreimal, obwohl der Gesprächspartner am anderen Ende der Leitung dies nicht wahrnehmen würde. Dann bedankte er sich und legte auf. Ihre Blicke trafen sich und sie erkannte, dass die Nachricht, die er entgegengenommen hatte, keine gute gewesen sein konnte.

»Was ist los, Daniel?«, erkundigte sie sich besorgt.

Der junge Polizist fuhr sich mit der Hand übers Gesicht. »Das war das Krankenhaus. Dieser eine Schüler, Arnold ...«

Luisa Bendler hob fragend die Brauen. »Was ist mit ihm?«

Ihr Kollege holte hörbar Luft. Seine graublauen Augen suchten den Blickkontakt zu den ihren. »Er ist tot!«

Donnerstag, 17:33 Uhr

Der einst als Joghurteimer verwendete Behälter in seiner Linken war bis zum Rand gefüllt. Während er die drei Stufen zu seiner Haustür hinaufstieg, an der noch immer eingetrocknete Spuren des Kirschgetränks zu sehen waren, tastete er mit seiner Rechten in der Tasche seiner zerschlissenen Sportjacke. Gerade als er den Schlüssel ins Schloss der Tür steckte, hörte er hinter sich das Zuschlagen von Autotüren.

»Herr Georg Scheppmann?«, sprach ihn von hinten eine Frauenstimme an.

Einen winzigen Moment hielt er inne, dann drehte er den Schlüssel mit einer geübten Bewegung nach rechts, schwang die Tür auf und zog dabei gleichzeitig den Schlüssel wieder aus dem Schloss. Dann schleuderte er kurzerhand den kleinen, mit den Früchten gefüllten Eimer gegen die herannahenden Personen. Er zwang sie so, dem Wurfgeschoss auszuweichen und nutzte deren kurze Verwirrung. Flinker, als man es von einem Mann seines Alters vermuten würde, huschte er durch die Tür. Ehe die beiden Polizisten die wenigen Meter vom Dienstwagen zur Eingangstür von Parkstraße 44b überbrücken konnten, schlug die Tür bereits ins Schloss.

»Verdammt!«, fluchte Pintar. Er klingelte Sturm. »Machen Sie auf, Herr Scheppmann, wir müssen mit Ihnen reden.«

Seine wenige Jahre ältere Vorgesetzte deutete auf eine

Mülltonne, die linkerhand an der Wand stand, direkt unter einem mit Geranien verzierten Fenster. Die Tonne, in die Scheppmann tagtäglich den gesamten Schülermüll, der in seinem Vorgarten und auf der Straße vor seinem Haus landete, verschwinden ließ. Pintar schwang sich auf die Tonne mit dem gelben Deckel. Sein Blick fiel in eine ordentlich aufgeräumte Küche. Darin die Person, die ihnen vor wenigen Minuten der Chef der Schülerspeisung als den Kommissionär der Thermoporte benannt hatte, die vom Studenten Limbach an die Schule im Nachbarort ausgeliefert wurden. Scheppmann hatte ihm den Rücken zugewandt, hantierte an der Arbeitsfläche der Küchenzeile.

Pintar hörte die stets etwas heißere Stimme seiner Kollegin: »Ich habe Verstärkung angefordert. Die Kollegen werden jeden Moment eintreffen.« Kurz drehte der Kommissar sein Gesicht in ihre Richtung. »Ich fürchte, so lange können wir nicht warten!«

Mit einem kurzen Hieb seines rechten Ellenbogens zertrümmerte Pintar die Scheibe über dem Blumenkasten mit den rot blühenden Zierpflanzen. Seine Hand glitt durch das entstandene Loch in der Scheibe zum Fensterwirbel. Während er versuchte, das Fenster zu öffnen und gleichzeitig von der Tonne auf den Blumenkasten trat, drehte Scheppmann sich in der Küche um. Etwas silbern Glänzendes blitzte für einen kurzen Moment in der Hand des Mannes auf, der dringend verdächtig war, zahlreiche Schüler vergiftet zu haben. Noch während der junge Polizist im Fenster Halt suchte, schrie er verzweifelt: »Waffe fallen lassen!«

Sein Gegenüber lachte kurz auf, dann öffneten sich die Finger seiner rechten Hand und der silberne Gegenstand fiel klirrend zu Boden. Wie in Zeitlupe folgte der Blick von Daniel Pintar dem Sturzflug des Besteckteils, das er für einen Augenblick für ein Küchenmesser gehalten hatte. Als es schließlich direkt vor den Füßen Scheppmanns auf dem grauen Küchenboden aufschlug, erkannte er, dass es keineswegs ein Messer war. Es war ein Löffel. Pintar riss seinen Blick von dem auf dem Boden liegenden Gegenstand und schaute nach oben. In den Mundwinkeln von Georg Scheppmann erkannte der Polizist Spuren einer dunkelroten Substanz. Jetzt huschte ein Lächeln über die dünnen Lippen des Tatverdächtigen. »Zu spät!«, hörte der Kommissar die überraschend sanfte Stimme seines Gegenübers. Der schmächtige, ausgemergelt wirkende Mann hob seinen linken Arm, streckte die Hand, die ein halb leeres Marmeladenglas umfasst hielt, dem Polizisten entgegen, der noch immer auf dem Fenstersims hockte und ungläubig die Augen aufriss. Draußen waren Polizeisirenen zu hören.

Noch während Pintar sich aus seiner kurzen Starre löste, nach vorn stürmte und Scheppmann das Glas aus der Hand schlug, wurde die Eingangstür mit Gewalt geöffnet. Sekunden später stürmten zwei uniformierte Beamte und seine Kollegin Bendler in die Küche. Sofort hatte sie die Lage erfasst. Als die Kollegen Georg Scheppmann überwältigten, griff sie bereits zum Handy. »Einen Notarzt in die Parkstraße 44b, Verdacht auf Vergiftung. Wir vermuten Tollkirsche!«

Freitag, 09:25 Uhr

Elke Schuricht stellte ihren roten Polo auf dem Schulparkplatz ab, stieg aus ihrem Auto und verschloss es sorgfältig. Mit einem Seufzer glitten ihre Finger den langen Kratzer im Lack entlang. Fünf Minuten später würde ihre Kollegin in der Essensausgabe ihr berichtet haben, dass derjenige, der dies getan hatte, sich nie wieder in der Essensschlange vordrängen würde.

Mandy Kämpf

KLEINE NACHBARSCHAFTSMORDE

Herbstzeitlose

Lächelnd betrachtet Menzel sein Beet. Petersilie reiht sich an Schnittlauch, Thymian an Rosmarin. Abteil für Abteil, so wie er es mag. Ordentlich. Gepflegt. Sauber. Kein noch so winziger Halm Unkraut verschandelt sein gärtnerisches Kunstwerk. Ein schwarzbrauner Käfer klettert ungelenk über den aufgelockerten Boden, erreicht ein grünes Blütenblatt und kämpft sich an dessen Oberfläche empor. Ein gekörnter Laufkäfer, weiß Menzel, ein natürlicher Schädlingsbekämpfer. Hinter sich hört er leise trabende Schritte, wie von einem Jogger. Blinzelnd schaut er zum Gartenzaun, über den sich gerade die Morgensonne wölbt. Ein schwarzer Schatten federt vorbei. Lukas. Oder auch Lukas, der Läufer genannt. Ein junger Bursche von Anfang zwanzig, wummernde Musik in die Ohren gestöpselt. Seit seinem Mopedunfall vor vier Jahren und einer daraus resultierenden, schlimmen Kopfverletzung tickt der Junge nicht mehr richtig. Immer morgens, immer zur gleichen Zeit, schreitet er im Eiltempo die Straße auf und ab, im Karree der quadratisch errichteten Wohnhaussiedlung. Ecke um Ecke. *Schade um ihn*, denkt Menzel und wendet sich wieder seinen Beeten zu. Der Käfer ist weg. Sein Blick tastet die aufgewühlte Erde ab. Verstümmelte Pflanzenreste bedecken den Boden und Löcher klaffen dort, wo gestern Abend noch die Herbstlilie in ihrer ganzen Pracht das Erdreich bedeckte. Der Pflanzendieb hatte wieder zugeschlagen. Das Grinsen in Menzels Gesicht wurde breiter.

Kurt Klein, Frührentner und ehemaliger Abschnittsbevollmächtigter der siebten und achten Dekade Nordwest, betrachtet das Schreiben in seinen Händen. Polizeidirektion Leipzig. Vorladung zur Aussage aufgrund einer Anzeige wegen Sachbeschädigung. Missmutig legt er den Brief auf den losen Blätterstapel neben dem Telefon. Was parkte dieser Idiot sein Auto auch auf der Straße zu seinem Grundstück? In der heutigen Zeit, wo Justitia doch immer auf der Seite der Verbrecher steht, muss man sich selbst zu helfen wissen und Recht da walten lassen, wo es angebracht ist. Und sein verdammtes Recht ist es, sein Grundstück zu schützen und unzulässig davor parkende Autos unter Zuhilfenahme seines fahrbaren Benzinrasenmähers zur Seite zu schieben. Hätte dieser Idiot woanders geparkt, hätte er heute keine Delle in seiner Stoßstange. Selber schuld. Doch dagegen wird er vorgehen. Er kennt seine Rechte. Notfalls wird er sich selbst verteidigen. Die Schreibtischhocker seiner Rechtsschutzversicherung hatten ihm im letzten Monat seinen Vertrag gekündigt. *Alles Idioten, alles selbstgerechte Idioten*, denkt er grimmig und schreit nach seiner Frau. Ella Klein, eine gebückte Person um die fünfzig mit grauem Haar und fahler Gesichtsfarbe, kommt sofort herbeigeeilt, die Küchenschürze aus Dederon eilig zuknöpfend. Ein Mitbringsel aus tiefster DDR-Zeit. Der oberste Knopf ist noch nicht geschlossen und Kurt Klein erhascht einen kurzen Blick auf das faltige Dekolleté seiner Frau, welches er vor ein paar Minuten noch betatscht hatte. Schön war sie nicht mehr, seine Ella, dabei war sie einst eine sehr begehrte Frau. Der ganze Stadtteil war damals hinter ihr her wie die Bienen hinterm Honig. Mit ihren kurzen blonden Locken und der drallen Figur ähnelte sie stark der Monroe und mit ihrem koketten Hüftschwung verdrehte sie allen Männern den Kopf. Viel war davon nicht mehr übrig geblieben. Der ehemals feste Busen hing nun genauso flach herunter wie ihre

verblichenen Locken. Die Zeit hatte es nicht gut mir ihr gemeint. Und wenn Kurt Klein seinem ehelichen Bedürfnis
nachgeht, schließt er dabei die Augen und denkt an die
Nachbarsfrauen aus seiner Siedlung. Alle hatte er schon
durch, selbst die noch ältere Irma. Wenigstens war an der
noch etwas dran. Am meisten hatte es ihm jedoch Menzels
Frau angetan. Belinda. Sie war der Hauptgast seiner Fantasien. Ein immer williges Vollweib.

Erwartend schaut ihn seine Frau an. *Wie ein Hündchen*,
denkt er, *das auf seine Befehle wartet*. Sitz, Platz, gib Pfötchen.
Ein kleines verhaschtes Hündchen mit grauem Zottelfell.
Nicht wie Nachbars Töle, das Riesenvieh aus dem Tierheim.
Bodo nennen sie ihn. Bodo, der Gutmütige. Dass ich nicht
lache! Knurren tut der und laut bellen, sobald ich dem Zaun
zu nahe trete. Doch der Tierliebe Belindas sei Dank, schläft
dieses Mistvieh nachts im Haus, wahrscheinlich noch in deren Bett, und schnarcht zwischen ihnen seinen friedlichen
Hundeschlaf. So kann sich Kurt Klein nachts für die Hunde-
pisse an seinem Gartenzaun rächen. Wie im Frühjahr dieses
Jahres, als er sich zur Mitternachtsstunde auf das Grundstück der Menzels schlich, um kleine, blaue Giftkügelchen,
verpackt in kleine wohlschmeckende Würstchen, zu verteilen. Wie er jedoch feststellen musste, war er nicht der Einzige, der sich nachts auf fremden Grundstücken herum-
treibt. Auch Gevatter Fuchs war auf der Suche nach Essbarem.
Leider. Und gut für Bodo. Denn beim morgendlichen Zei-
tungslesen in den Winkeln des Gartens wurde der Fuchs
von diesem halbtot aufgespürt, genau wie ein winziges, ver-
bliebenes Würstchen mit giftigem Inhalt. Der Fuchs über-
lebte die Menge der Vergiftung nicht und wurde dem Vete-
rinäramt übergeben. Bodo kam mit einer schrecklichen
Magenverstimmung davon. Verdammtes Mistvieh.

Ella steht noch immer abwartend vor ihm, als er sie wegen eines Kaffee anbrummt. Eilig huscht sie in die Küche, um ihm den Wusch zu erfüllen. Morgenstund hat Gold im Mund oder einen Kaffee im Rachen. Am liebsten würde er nach diesem Brief zu seinem Kumpel Jack in das Wohnzimmer gehen, um seine goldene Stimme zu genießen, die er langsam und leicht ölig seine Kehle hinab gießen möchte, doch heute will er dem Lockruf nicht nachgeben und sich stattdessen mit dem braunen Gesöff, welches ihm seine Frau zusammenbraute, zufriedengeben. Er braucht seine Sinne noch. Schon steht seine Frau mit der blauen Henkeltasse neben ihm. Was wäre wohl aus ihr geworden, wenn er sie nicht ihrem Vater, dem alten Zausel, abgekauft hätte? Für einen Kasten Fusel und einhundert DDR-Mark. Damals, als die Welt noch in Ordnung und das Recht etwas wert war. Noch immer leicht verstimmt blickte Kurt Klein aus seinem Fenster hinaus in den Vorgarten und die anschließende Straße. Seine Kaffeetasse in der Hand juckt er sich mit der großen Zehe die behaarte Wade. Die kleinen Blutsauger hatten ihm letzte Nacht arg zugesetzt. Zuhauf waren sie auf ihn eingestürmt, um von seinem Blut zu kosten. Das Ergebnis waren unzählige, juckende Buckel auf seinem Körper. Der Preis seiner Mission. Doch echte Kämpfer jammern nicht, sie ergötzen sich an ihren Ergebnissen. Eines davon läuft gerade am Zaun entlang. Der alte Herbert mit seinem Fiffi, ein winziges Hündchen mit Schleife im Haar. Eigentlich sind Kurt alle Hunde zuwider, doch am schlimmsten findet er diese kleinen, glotzäugigen Sesselpupser, die ihren eigenen Stuhl am Tisch haben und vom gutem Porzellan mitschmatzen. *Ekelhaft*, findet Kurt. Und die kacken überall hin. Auf den Weg, die Wiese, auf die Straße, ja, sogar durch seinen Zaun hindurch. Und natürlich heben die ach so tollen Hundebesitzer die Hinterlassenschaft ihrer Lieblinge nicht auf und entsorgen den Müll. Nein, so einer wie der alte Herbert, von jeher schon krumm, läuft einfach weiter, als sähe er nichts. Als könne er seinen Buckel nicht noch ein wenig mehr durchdrücken und sich hinunterbeugen. Doch nicht mit ihm. Kurt Klein. Er sorgt für Ordnung. Früher wie heute! In jedem dieser stinkenden Haufen hatte er in der letzten Nacht, nachdem er Menzel seine Lieblingspflanze entwendet hatte, kleine weiße Fähnchen gesteckt und die Namen der Hundebesitzer darauf markiert. Das Ordnungsamt hat er gleich am Morgen, noch bevor Ella ihren ehelichen Pflichten nachgehen sollte, angerufen.

Angewidert beobachtete er den alten Herbert. *Warte nur, Alterchen, dich erwischt es auch noch.*

Zur gleichen Zeit, im Nachbarhaus, tritt Menzel in die Küche und begrüßt seine Frau mit einem Kuss.

»Gut geschlafen, Bella?«, fragt er, sie bei ihrem Kosenamen nennend.

»Mhm«, kommt verschlafen die Antwort. »Warst du wieder im Garten nach deinen Beeten schauen?«

Menzel bejaht und erzählt ihr von den fehlenden Pflanzen. Verwundert schaut Belinda ihren Mann an und sucht nach Spuren von Ärger in seinem Gesicht. Außer einem leichten Schmunzeln um die Mundwinkel kann sie nichts erkennen.

»Und du bist dir sicher, dass nur deine Herbstlilie fehlt?«, forscht sie nach, noch immer ungläubig über die Reaktion ihres Mannes. Zustimmend nickt dieser mit dem Kopf, stibitzt sich ein Stück Apfel vom Frühstücksbrett seiner Frau und küsst sie mitten auf den Mund.

Kopfschüttelnd schaut ihm Belinda nach, als er sich seine Arbeitstasche und die Jacke aus der Garderobe im Flur nimmt und ihr, aus der Tür tretend, einen schönen Tag wünscht.

Versteh einer die Männer. Seit Monaten redet er von

nichts anderem als von seiner Herbstlilie, seiner wunderschönen Pflanze, die im Frühjahr ihre braune Fruchtkapsel gebärt und im Herbst ihre Blüte wie ein Krokus trägt. Sie hat nie verstanden, was er an dieser Pflanze findet, sind ihr doch bunte Stiefmütterchen am liebsten. Jedes Blütenköpfchen hat eine andere Farbe und ein anderes Gesicht. Doch ihr Mann beharrt auf seiner Herbstlilie. Schließlich geht es bei dieser nicht um die Schönheit, wie er jedem Gast lautstark erzählt, sodass es der übernächste Nachbar noch hören kann, sondern um die Wirksamkeit der Pflanze. Sie gilt als Naturmittel für Potenz. Jedes einzelne ihrer Pflanzenteile besitzt genug Inhaltsstoffe zur Förderung der Manneskraft. Und leise fügt er hinzu, dass diese nach einem bestimmten Rezept zusammengestellt werden muss, sonst kann es zu starken Vergiftungserscheinungen kommen. Nur Rita, ihre Nachbarin zur rechten Seite, tadelt ihren Mann einen Dummkopf und dass die Herbstlilie, auch Herbstzeitlose genannt, sehr giftig und überhaupt nicht zum Verzehr gedacht sei. Daraufhin meinte ihr Gatte, dass er selbst diese nicht zu sich nehmen würde, da es ihm an Potenz nicht mangele, während er vielsagend seine Frau anzwinkert. Und außerdem erfreut er sich nur an der Einzigartigkeit seiner Pflanze, denn sie sei in Deutschland eher selten zu finden. Ihren Gedanken nachhängend hält Belinda plötzlich erschrocken inne, das Buttermesser aufrecht haltend, als wolle sie sich damit verteidigen. Was, wenn der Pflanzendieb wieder zugeschlagen und es genau auf die Herbstlilie abgesehen hat? Was, wenn er den Gesprächen ihres Mannes gelauscht hat? Schon lange vermuten sie Kurt Klein, ihren missmutigen Nachbarn zur linken Seite, hinter den Diebstählen. *Ach papperlapapp*, schalt sich Belinda, *so dumm kann nicht einmal Ekel-Kurt sein.* Eine Pflanze als Potenzmittel. Klar, so gierig, wie er ist, und notgeil dazu, war es ihm schon wieder fast zuzutrauen. Mit einem Frösteln erinnert sie sich an seine Hände, welche im Frühjahr auf ihrem Hintern ruhten, als sollten sie ganz zufällig dort sein. Jedes Jahr im Mai veranstaltet ihre Wohnsiedlung eine Art Straßenfest und alle Nachbarn nehmen daran teil. Es werden Tische und Bänke aufgestellt, die Musik wird aufgedreht und alle bringen Essen und Getränke mit. Diese jahrzehntelange Tradition hatten auch die neu Zugezogenen übernommen und alle freuten sich auf das jährliche Zusammentreffen. Zu späterer Stunde, Belinda stand gerade vor Ritas Gartentor und rauchte, auf die Freundin wartend, eine Zigarette, fühlte sie einen leichten Druck auf ihrem Po und roch alkoholisierten Atem. In der Vermutung, ihren Mann hinter sich zu sehen, der schon ein paar Bier zu viel getrunken hatte, drehte sie sich um und blickte geradewegs in das pockennarbige Gesicht von Ekel-Kurt, welcher sie schamlos angrinste. Ihr seinen Alkoholatem ins Gesicht blasend, säuselte er ihr eindeutige Worte entgegen. Belinda war wie versteinert seiner Dreistigkeit wegen. Glücklicherweise kam in diesem Moment Rita zurück und klatschte Kurt Klein ihre volle Hand ins Gesicht, sodass die Stelle feuerrot anlief. Aus den Augenwinkeln sah Belinda seine Frau Ella auf der Veranda ihres Hauses stehen und zu ihnen herüberschauen. Sie erwähnte nichts davon ihrem Mann gegenüber, da sie seine Reaktion zu gut kannte. Wie im letzten Jahr, als Ekel-Kurt und seine Frau Ella für ein verlängertes Wochenende fortfuhren. Angeblich um Verwandte in Bayern zu besuchen. Ihr Mann wusste jedoch aus zuverlässiger Quelle, dass es sich bei den Verwandten um ihren Sohn handelte, der in Bayern im Knast saß, weil er wiederholt mit Drogen gedealt hatte und seine Strafe nun absitzen musste. Zweimal im Jahr besuchten sie ihn, einmal im Sommer, einmal im Winter. Im letzten Sommer drehte Kurt Klein, angeblich aus Schutz vor Einbrechern, während ihrer Abwesenheit die Stereoanlage soweit auf, dass man die Musik noch am Ende der Straße hören konnte. Soweit man von Musik sprechen kann. Die ›Kastelruther Spatzen‹ und die ›Amigos‹ in Dauerschleife sind selbst dem hartgesottensten Fan nach zehn Wiederholungen zu viel. Nachdem Menzel die Polizei verständigt und die ihn mit der Aussage »Hier dürfen wir nichts machen« abgefertigt hatte, nahm sich dieser seine Spitzhacke, schlug die Verandatür der Kleins ein und die Stereoanlage zu Brei. Danach hatte ihr Mann nicht nur Stress mit der Polizei und Staatsanwaltschaft, sondern auch mit einem Geschwür im Magen. Beides wollte sie ihm ersparen und hielt den Mund bezüglich des eindeutigen Angebotes von Kurt Klein. Manchmal nur dachte sie, dass er es weiß. Denn seitdem beobachtet Menzel seine Frau ganz genau, wenn Ekel-Kurt in der Nähe ist. Ihr Butterbrot weiter schmierend verdrängt Belinda die unangenehmen Gedanken und konzentriert sich auf den kommenden Tag.

Als Menzel vor sein Gartentor tritt, sieht er als Erstes seinen Fuß mit einem Häufchen Kacke konfrontiert. Leicht angeekelt betrachtet er seinen guten Arbeitsschuh, als er ein kleines, weißes Fähnchen erblickt. Verwundert beugt er sich hinunter, rückt die Brille auf der Nase zurecht, um zu erkennen, was es damit auf sich hat.

›Herbert Sonnenblum, Am Feldweg 3‹ steht darauf. *Nanu,* denkt Menzel, *wieso steckt der alte Herbert in einem Stück Hundehaufen?* Hochblickend gewahrt er erst eine nasse Nase, ein pinkes Schleifchen, bevor er den Hund des Alten und ihn selbst erkennt.

»Guten Morgen, Herbert«, begrüßt er diesen. »Hast du hierfür eine Erklärung?« und zeigt dabei auf das Übel am Boden, welches aufgeregt von Siggi, dem Minihund, begutachtet wird.

Der Buckel Herberts wird noch runder, als er sich mühsam zu Hund und Häufchen hinunterbückt. Im selben Augenblick nimmt Menzel eine Bewegung hinter der Gardine an Ekel-Kurts Fenster wahr. *Daher weht also der Wind. Na warte, Freundchen, eines Tages wirst du dir damit selbst schaden. Und dieser Tag ist nicht mehr weit.*

Missmutig betrachtet Kurt Klein das Schauspiel auf der Straße. Muss ausgerechnet jetzt der Menzel auftauchen? Immer zur falschen Zeit am falschen Ort. Warum erscheint das Ordnungsamt auch nicht eher? Waren wohl genau solche Sesselpupser wie die von seiner Versicherung. Da präsentiert man denen schon mal einen Fall auf dem Silbertablett und dann ... Klirrend kracht Kurt Klein seine Kaffeetasse auf den Tisch. Langsam wird es Zeit, zur Tat zu schreiten, schließlich hat nun sein Nachbar das Haus verlassen und Belinda ist die nächsten Stunden allein. Bis auf Bodo. Doch für ihn hat er schon eine Lösung, denkt Klein mit einem Blick auf den Kühlschrank, wissend von einem dicken Stück Fleisch darin, mit Schlaftabletten gespickt. Bevor er sich jedoch ans Werk macht, will er Ella auf den Wochenmarkt schicken, wohl ahnend, dass sie in den nächsten Stunden nicht heimkehren wird. Die Versuchung von einladenden Ständen mit allerlei Köstlichkeiten ist zu groß für Ella. Zumal man die Zeit wunderbar mit Geschwätz vertrödeln kann. Heute soll das von Vorteil für ihn sein.

Vorab will er sich jedoch um die Vorbereitung seines Plans kümmern. Das ist für ihn immer das Beste von allem. Wenn er sich ganz seinem Vorhaben hingeben und sich dabei die Premiere in vielen Varianten ausmalen kann. Am Waschbecken in der alten Küche stehend, säubert er unter fließendem Wasser die Stängel und Wurzeln der Pflanze, welche er in seiner nächtlichen Aktion aus dem Nachbargarten entwendet hatte. In Gedanken daran erinnert er sich an seine unzähligen, juckenden Mückenstiche und kratzt erneut an seiner Wade herum. Grinsend denkt er, dass es ihn bald woanders jucken würde, und trocknet das Grünzeug sorgfältig ab. In dem Moment kommt Ella in die Küche, die Kaffeetasse wegräumend, und schaut ihren Mann verwundert an. Sie hat ihn in den dreißig Jahren ihrer Ehe noch nie Gemüse putzen sehen, geschweige denn hat er den Haushalt gepflegt, oder sich. Kurt bemerkt den Blick seiner Frau und murrt sie an, sie solle sich gefälligst um ihren eigenen Kram kümmern und endlich zum Wochenmarkt abzischen. Etwas freundlicher fügt er hinzu, dass sie sich heute zur Feier des Tages Zeit lassen und sich gern mit einer Bekannten verabreden kann.

Argwöhnisch dreht sich Ella mit einem letzten Blick auf das Grünzeug weg. Sie hat gelernt, keine Fragen zu stellen. Keine Frage hieß auch keine Antwort in Form von blauen Flecken. Eilig tauscht sie die Dederonschürze gegen ein blumiges Sommerkleid, nimmt Einkaufsbeutel und Geldbörse und verlässt Haus und Mann, bevor er es sich anders überlegt. Beschwingt betritt sie die Straße vor dem Haus und weicht einem zermatschten Fleck Hundekacke aus. Und wie sie sich heute amüsieren wird. Vor dem späten Nachmittag will sie nicht daheim sein. Diese Stunden sind ihr kleiner Lichtblick im grauen Alltag. Versteckt in ihrem Einkaufsbeutel weiß sie um die kleine Kosmetiktasche mit Lippenstift und Puder. Vielleicht schaut sie auch bei Schumanns, dem Friseur am Marktplatz, vorbei, und lässt sich die Locken legen, etwas Farbe könnte ihr auch guttun.

Kurt Klein indes schneidet das gut gewaschene Gewächs in kleine akkurate Streifen. Etwas Pflanzensaft tropft dabei auf seine Finger. Amüsiert lächelnd schleckt er die Tropfen ab, welche einen leicht bitteren Geschmack hinterlassen. Summend stellt er das Radio lauter und singt den Refrain seiner ›Amigos‹ voller Vorfreude mit. »Du bist der helle Wahnsinn, so was wie dich vergisst man nie. Ich möchte mit dir fliehen, ins Land der Fantasie.« *Bald schon, Belinda, meine*

Schöne, denkt Kurt und kratzt die Pflanzenschnipsel vom Brett in den altertümlichen Mixer. Das Ende des Liedes abwartend stellt er krachend das Gerät an. Die Schneideblätter bewegen sich immer schneller und zermalmen die Streifen in Sekundenschnelle zu einem grünen Brei-Saft-Gemisch. Nachdem Kurt Klein den Ausschalter betätigt hat, taucht er probeweise seinen kleinen Finger in das Gefäß und kostet von dem Mus. Sich schüttelnd gibt er noch Pfeffer und Salz hinzu in der Hoffnung, den Geschmack damit verbessern zu können. Eine weitere Gaumenprobe später ist das Gebräu fast genießbar. *Egal, es soll schließlich seinem Zweck dienen und nicht schmecken*, denkt Kurt, kippt den Inhalt des Mixers erst in ein Glas und dann seine Kehle hinunter. Dann geht er in Richtung Badezimmer. Für sein Finale will er sich schick machen, und neben einer ausgiebigen Dusche gehören auch gewaschene Haare und eine kleine Rasur dazu. Damit Belinda merkt, was für ein toller Kerl er – Kurt Klein – noch ist. In der Dusche hofft er, die ersten Ergebnisse des potenten Wundermittels vorab betrachten und vielleicht testen zu können.

Das Glas mit den Resten des giftig-grünen Pflanzensaftes steht noch ungewaschen neben der Spüle.

Ein herrlicher Spätsommertag neigt sich dem Ende zu. Belinda und ihr Mann sitzen auf der Terrasse und genießen ein spätes Abendbrot, als sich auch die Verandatür der Kleins öffnet. Stöhnend schaut Menzel hinüber. Ekel-Kurt ist der Letzte, den er an diesem wunderbaren Abend sehen will. Doch statt des grau beschnauzten Widerlings, erspäht er Ella, dessen Frau. Oder das, was einmal Ella war. Überrascht stupst er seine Frau an und nickte mit dem Kopf in Richtung des Nachbargartens. Noch bevor sich Belinda wundern kann, winkt ihnen Ella zu und hält eine Flasche Wein in die Höhe. Menzels schauen sich erstaunt an. Wo ist Kurt Klein und weshalb winkte seine Frau ihnen zu? Sie kommen gar nicht dazu, die Fragen zu erörtern, denn schon steht Ella bei ihnen auf der Terrasse. Beiden einen schönen Abend wünschend setzt sie sich auf einen der freien Stühle und streicht dabei Bodo über seinen großen Hundekopf. Ihre aschblonden Locken wippen dabei um ihr dezent geschminktes Gesicht. Belinda bemerkt noch, dass die blaue Farbe des Sommerblumenkleides gut zu den kornblauen Augen Ellas passt. Ella Klein legt Schlüssel und Telefon ab und bittet um einen Korkenzieher für die Flasche Wein, an der gut gekühlt kleine Wassertropfen abperlen. Nachdem Menzel Korkenzieher und Gläser herbeigeschafft hat, fragt er misstrauisch nach dem Grund ihres überraschenden Besuches und wo denn ihr Mann abgeblieben ist. Da lächelt ihm Ella verschwörerisch zu und meint, dass einem jeden Ende ein neuer Anfang innewohnt.

Frank Kreisler

Bumerang
Engelstrompete

Über die Terrasse verlässt Maximilian Schlotrop Donnerstag-früh gegen sieben Uhr sein Haus und geht zum Unterstand für die Fahrräder herüber. Das Auto, ein metallicblauer Mittelklassewagen, lässt er seit Tagen unberührt in der Einfahrt stehen. Schlotrops Jahresurlaub steht vor der Tür. Am morgigen Freitag hat er bereits frei und am Montag geht es dann endlich los, Richtung Norden. Da werden er und seine Frau Marlies wandern, mit dem Fahrrad fahren, schwimmen, eben etwas für die Gesundheit tun. Warum nicht gleich damit anfangen? Nur noch einen einzigen Tag muss er im Büro absitzen.

Sie haben an der Nordsee, nahe Büsum, eine Ferienwohnung angemietet. Vom Wasserstand hängt es ab, ob sich ihnen ein Blick auf das trockengefallene Watt mit Prielen und Siedlungsresten oder auf das kabbelige Meer bieten wird. Er ist in Ferienstimmung und entsprechend gut gelaunt. Ein Feeling hat sich seiner bemächtigt, als würde er in ein paar Tagen aus seinem alten Leben für immer aussteigen und etwas ganz Neues beginnen. Daran, dass er nur ein Aussteiger auf Zeit sein wird, denkt er noch nicht. Warum auch?

Als er das Fahrrad auf einem schmalen Weg zwischen Terrasse und Garten in Richtung Ausfahrt schiebt, bemerkt er, dass etwas fehlt. Nein, kein Stuhl, kein Spaten, kein Eimer oder irgend so etwas. Seltsam. Er kann es nicht genau sagen. Das Bild, das er gewohnt ist, wenn er das Haus durch die hintere Tür verlässt und hier entlanggeht, stimmt heute Morgen ganz und gar nicht.

Da fehlt etwas im Garten, der sich auf etwa 4000 Quadratmeter hinter dem Haus erstreckt. Irgendetwas aus der Mitte, was Farbiges, Buntes, das gestern noch im üppig blühenden Garten leuchtete, ist nicht mehr da und hat irgendwie einen dunklen Schatten hinterlassen, in seiner Erinnerung oder so.

Die Sonne steht am Himmel und verspricht einen warmen Sommertag. Die Pflanzen im Garten grünen und blühen, als hätte jemand ein Füllhorn über seinem Grundstück ausgeschüttet. Trotzdem, ihm fehlt da etwas. Es ist ihm sofort aufgefallen. Schlotrop ist irritiert.

»Ach, ich kümmere mich später darum«, brummt er vor sich hin und winkt ab. »So wichtig wird das schon nicht sein. Vielleicht sind diese Farben morgens noch matt und müde und kommen erst später in Fahrt.«

Immerhin möglich, aber so richtig hat er darauf noch nicht geachtet.

Oder er hat etwas Wichtiges übersehen.

Ihm bleibt keine Zeit, weiter darüber nachzudenken. Er muss sich beeilen. Mit dem Fahrrad benötigt er mindestens zehn Minuten länger bis zum Rathaus und die Stechuhr wartet nicht auf ihn.

Schlotrop arbeitet im Ordnungsamt der Stadt. Er prüft die Anträge für öffentliche Veranstaltungen, die hier eintrudeln, und gibt seinen – in der Regel milden – Senf dazu. Es geht um Lesungen, Konzerte, Kabarett, soziokulturelle Veranstaltungen und so weiter. Er achtet auf die Einhaltung gesetzlicher Bestimmungen, formuliert Auflagen und kontrolliert deren Einhaltung. Er entscheidet nicht letztendlich, aber sein Wort hat Gewicht. Schlotrop findet es nicht gerade spannend, womit er seine Brötchen verdient. Aber wenigstens ist der Job sicher.

Es gibt nur wenige Antragsteller, die Groll gegen ihn hegen. Aber selbst er kann es nicht allen recht machen.

In der Ferienzeit, wie jetzt, ist es in den Gängen des Rathauses ziemlich ruhig. Das Wahrzeichen der Stadt wirkt in den Sommermonaten wie ausgestorben, gespenstisch still. Wie ein neogotisches Geisterschloss. Hier irgendwo röcheln Kaffeemaschinen vor sich hin. Jemand huscht, wie ein Mäuschen, über den Flur. Irgendwo zerreißt ein Telefonklingeln die Stille. Kaum zu vernehmende Stimmen dringen durch die schweren, dunklen Türen, als würden sie etwas Geheimes bereden. Es knarrt im Gebälk. Diese Verlassenheit und Leere ist unheimlich.

Viele Mitarbeiter sind schon in den Ferien: Sie radeln auf Bornholm, tauchen vor den Malediven, aalen sich irgendwo am Mittelmeer in der Sonne oder sind auf einem Abenteuertrip in der Sahara unterwegs.

Wer noch nicht weg darf, ist zumindest mit seinen Gedanken schon auf und davon, zumindest nicht mehr richtig bei der Sache.

Schlotrop blättert lustlos in einem Stapel mit Anträgen herum, die erst nach seinem Urlaub entschieden werden. Bis dahin ist er schon wieder … Er seufzt. Nicht daran denken. Bloß nicht das prima Feeling und die Vorfreude mit Melancholie eintrüben.

Er ruft zu Hause an. Beim ersten Versuch meldet sich der Anrufbeantworter. Nanu, denkt Schlotrop, was ist denn da los? Wo, bitte schön, ist Marlies?

Er startet einen zweiten Versuch. Kurz bevor sich der Anrufbeantworter erneut einschaltet, hebt seine Frau den Hörer ab. Sie ist völlig außer Atem, als sie sich endlich meldet. Sie keucht und japst nach Luft wie nach einem 100-Meter-Lauf, bei dem sie alles gegeben hat.

»Was ist los? Wo warst du?« Schlotrop ist irritiert. »Einkaufen?«

»Ja … nein! – Ach, verdammt …!« Sie macht eine winzige Pause, die keinem anderen aufgefallen wäre und fährt dann fort: »Ich sitze doch nicht den ganzen Tag neben dem Telefon und warte auf deine Anrufe!« Sie schnauft, weil sie noch immer völlig außer Atmen zu sein scheint und außerdem empört ist.

»Ich habe andere Dinge zu tun!«

Schlotrop beschleicht ein ungutes Gefühl. Irgendwie ist sie in den vergangenen Tagen seltsam, ganz anders. So kennt er sie nicht.

In den vergangenen zehn Jahren ist so etwas jedenfalls noch nicht passiert. Das hätte er sich gemerkt. Sie schleppt den mobilen Teil ihres Festnetzanschlusses doch immer mit sich herum. Sie ist sogar im Garten, im Keller, auf dem Klo erreichbar.

Und was war eigentlich heute Nacht los?

Marlies hat vor fünfzehn Jahren ihren Beruf an den Nagel gehängt und kümmert sich vor allem um das Haus. Sie ist immer erreichbar, auch immer kontrollierbar. Ein bisschen ist das wie Hausarrest, das Handy wie eine Fußfessel. Aber so etwas fällt Schlotrop nicht weiter auf. Für eine kritische Sicht auf diese Dinge hat er keinen Nerv. Für ihn ist es selbstverständlich, dass Marlies ihren goldenen Käfig hegt und pflegt und ihm ein gemütliches Heim beschert. Ihre Sicht kennt er nicht. Hat sie denn eine?

Um ein Haar hätte er sie gefragt, ob sie nicht allein ist. Bei diesem Gedanken steigt so ein diffuses und kribbeliges Gefühl in ihm hoch, das irgendwo im Bauch beginnt: Eifersucht. Die Emotion erfasst ihn und malt ein sündhaftes Rot vor sein geistiges Auge. Er mag dieses Gefühl nicht. Es trägt ihn zu weit fort und macht die vertrauten Dinge ganz fremd.

»Warst du heute schon im Supermarkt?«, fragt Schlotrop.

»Hab ich doch gesagt: Nein, noch nicht!« Es klingt genervt. Was ist los? Schlotrop ist unkonzentriert, irgendwie aus dem Takt geraten.

»Denkst du bitte an ein neues Päckchen Kaffee? Ich habe heute Morgen die letzten Krümel aus der Dose gekratzt. Zur Vesper nehme ich Apfelkuchen, schön feucht. Kurz nach vier Uhr bin ich da. Nichts los hier. Ich feiere noch eine Überstunde ab.«

»Ist gut.« Dann legen sie auf.

Er hätte sich auf die Zunge beißen können! Verdammt noch mal! Dass er früher nach Hause kommt, hätte er nicht sagen sollen. Jetzt ist sie gewarnt. Jetzt kann er sie nicht in flagranti erwischen – wobei auch immer.

Denn irgendetwas stimmt hier nicht, redet er sich ein.

Doch er beruhigt sich wieder.

Na ja, wahrscheinlich sind das alles Hirngespinste. Wenn nur dieses verdammte Rot nicht wäre. Einmal gemalt, verschwindet es so schnell nicht wieder aus dem Kopf.

Kurz nach halb vier räumt Schlotrop seinen Schreibtisch auf und verlässt das Rathaus. Natürlich, er hätte noch eine Stunde eher Feierabend machen können. Sein Überstundenkonto hätte es durchaus erlaubt. Aber das, so glaubt er, wäre so etwas wie ein Wink oder eher noch wie eine Streicheleinheit mit dem Zaunpfahl gewesen: ›Liebe Marlies, ich kann dich ja ganz gut leiden, aber ich traue dir nicht über den Weg. Weil ich dich kontrollieren will, komme ich nicht nur eine Stunde früher nach Hause, sondern zwei Stunden. Vielleicht kann ich dich ja bei irgendetwas erwischen, was du unbedingt geheim halten wolltest.‹ Würde Schlotrop wissen, was sie nun eilig eine Stunde schneller erledigen muss, wäre er sicher nicht so feinfühlig und alles käme vielleicht anders.

Mit Vorfreude auf den Kaffee und das Stück Apfelkuchen radelt Schlotrop nach Hause. Es ist nicht viel los auf den Straßen. Die Urlaubszeit hat die Stadt entvölkert und die derzeit eher armselig ausfallende Rush Hour ist noch nicht einmal in den Startlöchern.

Als Schlotrop sein Grundstück betritt, klappt Marlies gerade die Biotonne zu.

»Hallo, da bin ich«, ruft Schlotrop ihr zu.

Marlies zuckt zusammen. Sie hat ihn wohl erst ein paar Minuten später erwartet. Aber sie fasst sich schnell wieder.

»Hallo, der Kuchen steht schon auf dem Tisch. Komm rein«, erwidert sie mit belegter Stimme und räuspert sich.

Schlotrop stellt das Fahrrad in den Unterstand und geht ins Haus.

Der Tisch ist gedeckt. Allerdings betritt er mit der Erwartung das Haus, dass ein heimeliger Kaffeeduft in der Luft liegt, egal, ob schon aufgebrüht oder noch aus der Dose duftend. Stattdessen nimmt er einen eigentümlichen Geruch wahr. Er runzelt die Stirn.

»Das ist Tee«, kommt Marlies seiner Frage zuvor. »Aromatisierter Tee, was ganz Besonderes.«

»Und wo ist der Kaffee?«, ignoriert Schlotrop ihren Versuch, ihm das Ersatzgetränk schmackhaft zu machen.

»Hab ich leider vergessen. Aber im Schrank war noch dieser Tee. Steht erst seit Ostern da, ist also noch genießbar. Ich hab schon probiert.«

»Was – vergessen?«, poltert Schlotrop, der nur schwer von einer Gewohnheit lassen kann, vor allem dann, wenn das gezwungenermaßen passieren soll.

»Ja, und ich fahre jetzt nicht noch einmal los«, entgegnet seine Frau bestimmt. »Willst du vielleicht?«

Aber Schlotrop hat auch keine Lust. Sie weiß das und er fügt sich. Na gut, also Tee heute. Wenigstens ist der Apfelkuchen nicht trocken. Aber irgendwie ist seine gute Laune dahin. Er setzt sich. Marlies hat große Tassen auf den Tisch gestellt. Sie gießt den Tee ein.

Schlotrop nimmt etwas Kuchen mit dem Löffel auf. Dann probiert er den Tee. Hm, nicht schlecht. Sehr würzig, aber da ist so etwas Säuerliches im Hintergrund. *Wie gut*, denkt

Schlotrop, *dass dieser etwas unangenehme Geschmackston von den würzigen Kräutern und Aromen überlagert wird. Das Gesöff wäre ansonsten wohl ungenießbar.*

»Was ist das für ein Tee?«, fragt er Marlies.

»So genau weiß ich das nicht. ›Montezuma‹ steht drauf. Wohl eine Gewürzmischung aus Südamerika. Schmeckt sie dir?«, fragt sie und lässt ihn, seit er davon getrunken hat, nicht aus den Augen.

»Ja, geht so. Ein bisschen sauer vielleicht. Aber sonst genießbar. Kaffee wäre mir aber lieber gewesen«, mault er.

Schlotrop nimmt noch ein paar Schlucke und sein Mund ist bald staubtrocken. Weder Wasser noch mehr Tee ändern daran etwas.

Sie sieht ihn an, als erwarte sie, dass etwas Bestimmtes passiert. Sie hat von dem Tee nichts getrunken, nur ihre Lippen äußerlich benetzt.

»Was guckst du so?«, fragt er seine Frau. »Stimmt etwas nicht?«

»Alles okay.« Sie starrt ihn weiter an und wartet.

»Was ist los?«, fragt er erneut, als der Kuchenteller leer, der Tee fast ausgetrunken ist und sie ihn noch immer fest im Blick hat.

»Nichts«, entgegnet sie. Aber ihre Enttäuschung kann sie nur schwer verbergen. Längst hätte etwas passieren müssen! Was ist los, verdammt!

»Und wo warst *du* eigentlich heute Nacht?«, wechselt er abrupt das Thema.

Sie starrt ihn an. »Wo soll ich schon gewesen sein. Im Bett natürlich. Was soll die Fragerei?«, entgegnet sie verärgert.

»Du warst nicht da, als ich munter wurde.«

»Dann war ich wohl mal auf dem WC oder etwas trinken. Max, was ist denn los mit dir?«, sagt sie, aber es hört sich nicht so an, als würde sie sich tatsächlich Sorgen machen.

»Und was hast du in die Biotonne getan, als ich nach Hause gekommen bin?«, fragt er und er kommt sich dabei nicht albern vor.

»Gartenabfälle natürlich. Jetzt reicht es aber!« Es kostet sie Mühe, sich nicht zu empören.

Im selben Moment fällt ihm wieder ein, dass heute Morgen im Garten etwas gefehlt hat. Hat Marlies etwas damit zu tun?

Schlotrop sagt nichts. Er steht energisch, irgendwie überdreht auf. Der Sessel kracht gegen die Wand. Als er über den Flur in Richtung Haustür geht, kommt er am Spiegel vorbei. Er bleibt wie elektrisiert stehen.

Mein Gott, denkt er, *was ist das für ein Wesen, das dich aus dem Spiegel anstarrt?*

Das Gesicht und der Hals sind knallrot und die Pupillen sind derart geweitet, dass seine blaue Iris bis auf eine winzige Umrandung zusammengeschoben ist. Der Blick ist starr und finster und scheint einem Wesen aus der Hölle zu gehören. Genau so stellt er sich den Blick von Mr. Hyde vor!

Seine Nasenflügel beben und sein Herz rast bis zum Kopf hinauf. Die Halsschlagadern scheinen gleich zu platzen. Er holt schnell und stoßweise Luft. Ihm ist übel, aber das ist nicht so schlimm.

Momentan ist Schlotrop noch klar, dass er es ist, der so finster aus dem Spiegel blickt. Er ist irgendwie anders geworden in der letzten Dreiviertelstunde. Total verändert. Er spürt das selbst. Es beunruhigt ihn, aber er kann es nicht ändern.

Wird er vielleicht gerade verrückt? Und wenn ja, warum jetzt?

Er verlässt das Haus, bleibt nach der letzten Stufe stehen und hat eine Erleuchtung: »Montezuma, da war was im Tee!« Er schreit es fast euphorisch, als hätte er den Stein der Weisen gefunden. Seine Stimmung ist überschwänglich.

Eine detektivische Ader bemächtigt sich seiner, der allerdings die kühle Präzision fehlt, der Überblick. Denn auf die Idee, augenblicklich ins Haus zurückzukehren und Marlies mit seiner Erkenntnis zu konfrontieren sowie eine Probe des Tees zu sichern, kommt er nicht. Stattdessen sucht er nach Fußabdrücken, die hier nicht hingehören. Er hält Ausschau nach fremden Männern, die sich auf seinem Grundstück im Gestrüpp verstecken und glaubt, manchmal eine Schuhspitze, einen Kopf oder einen Anzug im üppigen Garten zu erkennen. Schaut er genauer nach, sind da nur Blätter, Zweige, Früchte und Blüten.

Marlies steht regungslos am Fenster und schaut entsetzt dem Treiben ihres Mannes zu.

Bis zur Erschöpfung rennt er durch das Gestrüpp. Dann lässt er sich auf eine am Haus stehende Gartenbank fallen und verschnauft. Aber nicht lange. Eine neue Idee treibt ihn wieder hoch. Er rennt ums Haus, dahin, wo die Mülltonnen stehen. Marlies ist ihm an ein Fenster auf der vorderen Seite gefolgt.

Sie hat beide Hände wie zum Gebet vors Gesicht genommen und beobachtet ihren Mann verstohlen.

Mein Gott, denkt sie, *mein Gott: Es hat nicht gereicht! Mein Gott: Was jetzt? Was passiert, wenn es nicht gereicht hat?*

Schlotrop wird immer seltsamer. Ehrfürchtig nähert er sich den Mülltonnen wie einem Altar. Als wären da königliche oder gar göttliche Wesen verborgen, die scheu sind wie Rehe und gefährlich wie Löwen.

Marlies hat das Fenster leicht geöffnet. Sie hört, wie Schlotrop die Biotonne mit salbungsvoller Stimme anspricht: »Sesam öffne dich, ich bitte dich! Gib deinen Schatz preis, egal, ob in dir Gartenabfälle verborgen sind, Gold und Edelsteine matt schlummern oder gebrauchte Kondome verrotten. Sesam, öffne dich – jetzt!« Da weder Mäuse noch Ratten in der Tonne nach Fressbarem wühlen, rührt sich nichts.

Wie eine Litanei wiederholt er die Beschwörung, mit wechselnder Besetzung. Statt Gartenabfälle: Alte Kartoffeln, statt Gold und Edelsteine: Tonnenweise Geldmünzen und Scheine, statt Kondome: Dildos. Zuletzt vermutet er in der Biotonne Dildos aus purem Gold, die wie Erdnüsse in der Erde wachsen und die Biotonne ist voll davon. Schlotrops Wahn interessiert sich nicht für Logik, sondern wirft alles zusammen in einen Topf, oder besser: In eine Tonne.

Marlies am Fenster ist ratlos. Ihr Mann ist lediglich verrückt geworden. Dabei sollte er längst keinen Mucks mehr von sich geben. Sie hatte keine Ahnung davon gehabt, was das Zeug mit ihrem Mann anstellt, wenn die Dosis nicht letal wirkt.

Etwa eine halbe Stunde redet Schlotrop auf die Mülltonne ein und versucht sogar, mit ihr zu diskutieren. Dann langt es ihm und er holt sich Verstärkung aus dem Schuppen. Und die ist alles andere als salbungsvoll und milde. Als er aus dem Schuppen wieder herauskommt, trägt er einen Spaten mit scharf geschliffenem Blatt.

Mit dem Gartenwerkzeug in der Hand ist er wie ausgewechselt. Er beschimpft die Mülltonne martialisch und droht ihr: »Wenn du beschissenes Teil nicht von allein aufgehst, schlitze ich dich auf.«

Seine Augen sind weit aufgerissen, das Gesicht ist knallrot wie nach einem Sonnenbrand. Er ist derart erregt, dass seine Stimme sich überschlägt. Er spuckt beim verbalen Auskotzen.

Schlotrop hat längst vergessen, dass es an der Mülltonne einen Deckel gibt, den man einfach anheben kann.

Schlotrop holt aus, er sticht und schlägt mit der Waffe auf die Biotonne ein. Sein Herz rast dabei wie wild und in seinem trockenen Mund hat sich ein säuerlicher Geschmack eingenistet, der sich nicht herunterschlucken lässt. Einfach ekelhaft.

Da die Tonne aus Kunststoff besteht, ist sie bald durchlöchert wie ein Sieb. Er sticht so heftig auf die Biotonne ein, dass sie umkippt und der Inhalt herausrutscht. Schlotrop scheint zur Besinnung zu kommen. Er hält kurz inne. Doch nichts Goldenes, nichts Funkelndes, nichts Glitzerndes liegt vor seinen Füßen, sondern Gartenabfälle, wie Marlies das behauptet hat. Nur sind diese Gartenabfälle kiloweise gehäckselt, zerrieben und seltsam feucht, als hätte man sie in Wasser getaucht, in heißes Wasser. Sie dampfen noch ein wenig und strömen einen unangenehmen Geruch aus, den Schlotrop vor einer Stunde zum ersten Mal wahrgenommen hat. Das Wort ›Tee‹ fällt ihm nicht ein, ebenso wie er überhaupt die Bedeutung seines Fundes nicht erkennt.

Er ist erschöpft und schleppt sich ins Haus. Als wäre der Spaten an seiner Hand angewachsen, nimmt er ihn mit.

Marlies scheint verschwunden zu sein. Schlotrop legt sich auf die Couch und schließt die Augen.

Er weiß nicht, wie viel Zeit vergangen ist, als er spürt, dass sich ihm jemand nähert.

»Ist er tot?«, flüstert seine Frau.

Mit wem redet sie?

Er will die Augen öffnen und nachsehen, schafft das aber nicht.

»Ich weiß nicht. Vielleicht hätten wir mehr davon nehmen sollen«, entgegnet eine Männerstimme.

Wovon reden die und was zum Kuckuck will der Nachbar hier? Wie heißt der noch …? Es fällt ihm nicht ein.

»Ganz sicher hätten wir das.« Das ist wieder Marlies.

»Die Dosis war zu gering … Wahrscheinlich hätte er mit einer höheren Dosis nicht so einen mordsmäßigen Radau gemacht, sondern wäre gleich krepiert.«

»Ich weiß nicht. Die Dosierung ist schwierig. Der Wirkstoff in der Pflanze ist total unterschiedlich, also unberechenbar verteilt«, meint Schlotrops Nachbar, der mit seiner

Frau ... ja, verdammt noch mal, was will der Kerl eigentlich hier und was hat der mit seiner Frau Marlies zu schaffen?

Schlotrop will aufstehen, kann sich aber nicht rühren. Er ist wie gelähmt.

»Er hat übrigens gemerkt, dass ich heute Nacht draußen war.«

»Weiß er auch, was du getan hast?«

»Glaube ich nicht. Spielt wohl auch keine Rolle mehr. Vielleicht haben wir die falschen Teile gehäckselt und aufgebrüht? «

»Glaube ich nicht. Sieh dir Max an. Es dauert halt, bis das Gift wirkt. Jetzt scheint es so weit zu sein. Ich glaube, wir können beruhigt sein. Lass ihn liegen. Wir räumen zusammen und verschwinden dann«, entgegnet der Nachbar.

»Du meinst, er ist endlich tot?«, fragt Marlies mit Hoffnung in der Stimme. Dafür könnte Schlotrop sie umbringen.

»Das hoffe ich doch«, entgegnet der Nachbar.

»Ich auch«, sagt Marlies.

Schlotrop hört, dass die beiden sich an Schränken und Schubladen zu schaffen machen und irgendwie gelingt es ihm, die Augen zu öffnen.

Was er nun zu sehen glaubt, bringt seinen Puls auf hundertachtzig und ihn wieder auf die Beine. Es ist das blanke Grauen. Er ist maßlos entsetzt, er ist noch nie so entsetzt gewesen. Er hat seine zierliche Frau und diesen Weihnachtsmann von Nachbar erwartet, aber von wegen! Er hat nur ihre Stimmen gehört und sieht tatsächlich zwei riesenhafte Ratten auf den Hinterbeinen stehen und die Schränke ausräumen. Schlotrop sagt nichts. Er holt mit dem Spaten aus und trennt mit einem gezielten Stich der größeren Ratte glatt den Kopf ab.

Als der leblose, braun behaarte Körper zu Boden poltert und der abgetrennte Kopf wegkullert, kreischt die andere Ratte mit Marlies Stimme auf.

Die Ratte mit der Stimme seiner Frau flieht und Schlotrop wirft ihr den Spaten hinterher.

»Lass ihre Stimme hier, du verdammtes Vieh!«, ruft er dabei.

Das Blatt bleibt im Rücken der vermeintlichen Ratte stecken. Sie stürzt und windet sich in der Tür liegend vor Schmerzen. Schlotrop schiebt den Spaten tiefer in den verletzten Körper hinein. Es knirscht und knackt und blutet wie verrückt.

Die Ratte zuckt noch einmal und bleibt dann leblos auf der Türschwelle liegen.

Verdammtes Viehzeug. Wo hat die Ratte Marlies' Stimme her? Und wo ist seine Frau hin? Und was ist mit dem Nachbarn? Was macht seine Stimme in Schlotrops Haus? Und was ist mit diesen verdammten Ratten? Warum sind die so groß? Wo kommen sie her?

Schlotrop hat nicht wahrgenommen, was eben tatsächlich passiert ist. Er ist im Rausch. Das Gift, das Marlies ihm verabreicht hat, hat längst seine lang andauernde und zerstörerische, extrem berauschende Wirkung entfaltet, der Schlotrop vollkommen ausgeliefert ist, die ihn aber nicht zu töten scheint.

Er ist unendlich müde, legt sich wieder auf die Couch und schläft, gepeinigt von grauenhaften Träumen.

Währenddessen bluten die Leichen seiner Frau und ihres Neuen aus.

Am Abend des zweiten Tages wird Schlotrop munter. Er hat schreckliche Kopfschmerzen. Sein Mund ist völlig ausgetrocknet. Schlucken ist unmöglich, weil sich nach wie vor kein Speichel in der Mundhöhle bildet. Wäre es nötig, brächte er nur gekrächzte Worte heraus. Hustenreize und Würgekrämpfe würden ihn darüber hinaus peinigen. Er steht mühsam auf, schlurft durch das Zimmer. Er watet durch Blut und bemerkt das nicht. Seine blutgetränkten Socken hinterlassen überall da, wo er nach Marlies sucht, eine immer blasser werdende Blutspur. Er findet Marlies nicht und das versteht er nicht. Auf sein Rufen hin bekommt er keine Antwort. Und in der Stube modern diese verdammten Ratten vor sich hin. Die riechen langsam. Pfui Teufel! Er muss raus aus dem Haus, raus aus dem Gestank, raus an die frische Luft.

Es ist Samstagabend und die Sonne steht noch über dem Horizont. Eigentlich wollte Schlotrop heute andere Dinge tun, als auf Strümpfen durch Straßen zu laufen. Irgendetwas mit dem Koffer. Er hat es vergessen. Spielt wohl keine Rolle mehr.

Schlotrop schlurft auf Strümpfen, die längst Löcher bekommen haben, die Straße entlang. Seine Kleidung ist verwahrlost und blutig. Den Spaten, mit deutlichen Blutspuren am Blatt, schleift er hinter sich her. Auf der anderen Straßenseite steht plötzlich sein Bruder und sieht entsetzt zu ihm herüber. Ein kleiner Junge steht neben ihm. *Obwohl*, denkt Schlotrop, das kann nicht sein. Sein Bruder hat keine Kinder und außerdem ist er vor einem Jahr bei einem Verkehrsunfall ums Leben gekommen.

Aber jetzt steht er da.

»Na, wie geht es nach der Auferstehung, altes Haus?«, ruft Schlotrop herüber. Er ist auf eine verwirrende Art gut gelaunt.

Sein vermeintlicher Bruder sucht mit dem Kind wortlos das Weite. Er rennt, als ginge es um sein Leben. Der Junge stolpert fast, weil er nicht so schnell rennen kann wie sein Vater.

»Na, dann eben nicht, du oller Zombie!«, ruft Schlotrop ihm wütend hinterher und schlurft weiter. »Mein Gehirn kriegst du jedenfalls nicht.«

Den Spaten hat er mittlerweile als Gehstock entdeckt, der auf den Gehwegplatten entlang kratzt. Ein grässlich metallisches Geräusch, das allen Anwohnern durch Mark und

Bein geht, nur Schlotrop nicht. Ihm scheint das nichts auszumachen. Vielleicht ist es für ihn ja so etwas wie Musik. Engelsmusik möglicherweise.

Längst haben die Zeugen dieses makaberen Spektakels begriffen, dass Schlotrop wohl den Verstand verloren hat und etwas Fürchterliches passiert sein muss. Oder umgekehrt. Aber das ist letztlich egal.

Auf jeden Fall ist die Polizei alarmiert, auch ein Krankenwagen.

Als von ferne die Martinshörner zu hören und die grellen Blaulichtintervalle zu sehen sind, gelingt es Schlotrop, unbemerkt von der Bildfläche zu verschwinden. Er flieht nicht, er flüchtet nicht, er will sich nirgends verstecken. Dieser Ton aus einem Martinshorn hat es ihm angetan. Da will er hin. Auf Pfaden, die nur Einheimische kennen, hat er sich auf den Weg gemacht. Schlotrops irrlichternde Aufmerksamkeit ist voll und ganz auf dieses Martinshorn gerichtet, das ihn an irgendetwas erinnert.

Er kommt dem Geräusch entgegen, er kennt den Weg dahin. Dann plötzlich tritt er aus einem schmalen, von überhängendem Laub verdeckten Weg, der zwischen zwei Grundstücken entlangführt, auf die Straße. Er steht auf der Fahrbahn. Der knallrote Krankenwagen rast auf Schlotrop zu. Und nun geht alles sehr schnell.

Zwischen den beiden Sanitätern im Fahrerhaus entdeckt er Marlies.

Da ist sie ja endlich. Schlotrop ist erleichtert. Ihm fällt nicht auf, dass sie, so wie er sie sieht, nicht zwischen den beiden Männern sitzt, sondern oben an der Decke des Fahrerhauses schwebt.

Marlies hat ein weißes Kleid an, nein – kein Kleid, eher eine Art Umhang. Schneeweiß, strahlend weiß. Ihr Haar ist nicht dunkel, sondern blond und gelockt. Sie sieht aus wie ein Engel. Aber was hält sie mit ihren Händen nah am

Mund? Genau, jetzt sieht er es. Sieht aus wie eine rote Trompete. Rot? Was ist das für ein Quatsch? Trompeten sind silbern, golden, aus Messing – doch nicht rot!

Und doch: Es erinnert ihn an etwas, an etwas aus seinem Garten. An den Strauch, der fehlt, an die Blüten, die an ihm gewachsen sind. Der Wahn fällt einen Augenblick wie Schuppen von seinen Augen. Genau! Das ist es! Über Nacht ist die Engelstrompete aus dem Garten verschwunden. Der Strauch mit den wundervollen, trompetenförmigen Blüten, die so herrlich duften. Das war es, was ihm aufgefallen war an jenem Morgen!

Diese Erkenntnis hat sich aus dem Vergessen, durch irrsinniges Gestrüpp, bildhaft an die Oberfläche gearbeitet.

Und nun fügt sich eins zum anderen. Marlies und ihr Neuer wollten ihn mit dem Tee aus Engelstrompete aus der Welt schaffen.

Darüber kann Schlotrop nur lachen.

Also, er hätte etwas anderes genommen. Fingerhut vielleicht oder Knollenblätterpilz oder etwas in der Art.

Eine Gasexplosion hätte es auch getan.

Schlotrop kichert in sich hinein. Mein Gott, sind die dämlich.

Marlies rast auf ihn zu. In den grellen Warnton, der für Schlotrop aus der roten Engelstrompete zu kommen scheint, mischt sich ein anderes Geräusch. Quietschende Reifen. *Action*, denkt Schlotrop und ein heißer Luftschwall, der ihm den Atem nimmt, trifft ihn frontal.

Ein paar Zentimeter vor ihm kommt der Krankenwagen zum Stehen, von einhundertfünfzig auf null in wenigen Augenblicken. Es stinkt nach verbranntem Reifengummi.

Marlies, der Engel, schaut von oben auf ihn herab. Die rote Blüte der Engelstrompete ist von ihrem Mund verschwunden.

Sie lächelt.

Schlotrop ist erschöpft, ausgepowert und im Grunde weiß er noch immer nicht, was in den vergangenen Stunden tatsächlich passiert ist.

Und es ist nicht sicher, ob sich alles zu seinen Gunsten aufklären wird.

Traude Engelmann

Zu gut für diese Welt

Goldregen

Als Sandras kreischende Stimme von weither in sein Bewusstsein dringt, schreckt Sven auf. Er hat an Birgit gedacht – vor allem an die Liebesnacht mit ihr – und verabscheut gegenwärtig nichts mehr als die Rückkehr in die raue Wirklichkeit. Widerstrebend öffnet er die Augen nur einen Spaltbreit. So hat er bloß das winzige Blickfeld zu überschauen, das ihm der geringe Abstand seiner Füße einräumt. Dazwischen enthüllen sich ihm der untere Rand der Holzpritsche, auf der er liegt, ein schmaler Streifen menschenleeren Sandstrandes und ein etwas breiterer Streifen bleigrauen Meerwassers, auf dem dunkel und schwer ein Stück Himmel lastet. Keine optimistischen Farben, kein sonnenhelles Leuchten. Das ist Antalya Ende Oktober. Was ihn zu dieser Zeit hierher gebracht hat, war natürlich eine von Sandras Scheißideen. Sowie ihre Drohung, sein Konto nicht mehr aufzufüllen. Was hätte er dagegen machen können? Gar nichts. Also durchhalten, verdammt noch mal!

Wieder dieses Kreischen. Am besten nicht hinhören. Hinsehen geht sowieso nicht, der rechte Fuß versperrt die Sicht. Ach, Birgit. Wie er ihre Stimme liebt. Und erst ihren Mund. Dieses Rot, diese Fülle, diese makellose Form. Ohne solch hässliche Warze an der Oberlippe, wie sie Sandra hat. Natürlich, das Weib gibt keine Ruhe. Sven stemmt den Oberkörper in die Senkrechte und bringt mit Mimik und Armbewegungen zum Ausdruck, wie sehr er sich belästigt fühlt. Dann aber, als er sieht, dass einige bekannte Hotelgäste aus mäßiger Entfernung zu ihm herüberschauen, spielt er doch lieber den besorgten Gatten. Wo ist sie eigentlich? Ach so, immer noch auf dem Bootssteg. Aber sie spaziert nicht mehr darauf herum, sie hat sich hingesetzt. Musste das sein?

»Ging nicht anders«, erklärt Sandra, als hätte sie die stumme Frage verstanden. »Zwischen den Bohlen steckte eine Glasscherbe. Bin voll draufgetreten.«

»Selbstverständlich, das ist doch Ehrensache«, sagt Sven sarkastisch, was eine Anspielung auf die stattliche Zahl von Unfällen ist, denen Sandra – seiner Meinung nach aus Unachtsamkeit, Unsportlichkeit oder Dummheit – bisher schon zum Opfer gefallen ist. Fast jede ihrer Unternehmungen bringt irgendeinen Ausrutscher mit sich. Allerdings ohne dass gleich ein tödlicher Ausgang zu befürchten wäre.

Tödlicher Ausgang. Während Sven unter Sandras linker Fußsohle eine lange und tiefe Schnittwunde feststellt, der schon eine Menge Blut entronnen ist, geht ihm die extremste Möglichkeit eines Unfallverlaufs nicht aus dem Kopf. Seinen rabiaten Gedankengängen zum Trotz, hebt er die Verletzte vor aller Augen vorsichtig hoch und trägt sie tapfer bis zur Sanitätsstelle des Hotels. Tödlicher Ausgang. Zwei Wörter, die Sven auf einmal nicht mehr aus dem Kopf kriegt. Die ihn auf eine gewagte Idee bringen.

Spätabends, als Sandra – versorgt mit einem dicken Verband – erschöpft im Bett liegt, hegt er die verwegene Idee. Bis diese seinen Blick über das unruhige Meer trägt und dort die Vision eines untergehenden kleinen Bootes entstehen lässt. Und die von Sandras kreischender Stimme, die niemand mehr hört – er, Sven, am allerwenigsten. Er sitzt beim Wein auf dem Balkon des Hotelzimmers, wo ihn ein gütiges Schicksal einen praktikablen Wink zu geben scheint. Gleich unterhalb der Brüstung führt die mit Zierbäumen eingefasste Promenade entlang, von der ein Stück weiter rechts der Weg zum Steg abgeht. Dort wiegen sich im flachen Wasser die Motoryachten und Segeljollen für die Touristen. Die

reinste Verführung zu kühnen Entscheidungen, findet Sven. Denn in ein Boot muss erst einmal steigen, wer damit untergehen soll.

Sven sitzt die Zeit im Nacken. Während des Abendessens allein hat er mit Birgit telefoniert. Sie war wie immer von entzückender Heiterkeit und beschrieb ihm auf sein Bitten hin das Kleid, das sie trug – dünnes Material, körpernahe Form, tiefer Ausschnitt. Irgendetwas beunruhigte ihn daran. Als er im Hintergrund einen Mann lachen hörte, packte ihn so sehr die Eifersucht, dass er ihr Untreue vorwarf. Daraufhin gefror ihre Stimme zum Eiszapfen und klirrte ihm ins Ohr, dass sie doch wohl noch das Recht habe, den Fernsehapparat einzuschalten. Außerdem seien er und sie nicht miteinander verheiratet und würden es auch niemals sein. Oder? Dann legte sie auf. Seither sind Svens Gefühle für Birgit von panischer Verlustangst geprägt.

»Was hältst du von einem Segeltörn?«, fragt Sven am nächsten Morgen beim Frühstück im Speisesaal. Sandra hat ihre übergroßen Badepantoffeln angezogen und kommt zwar hinkend, aber gut voran.

»Bei diesem Wetter?«, stellt sie verblüfft die Gegenfrage und schaut durch das Fenster. Es ist stürmisch und regnet leicht.

»Das wird sich ändern, wie immer«, sagt er betont gleichgültig. »Aber wenn dir die Geldausgabe leid tut, gammeln wir eben wieder den ganzen Tag in der Nähe des Hotels herum.«

»Na gut, segeln wir halt«, lenkt sie erwartungsgemäß ein. »Für mich ist das immer noch besser als laufen zu müssen.«

Genau genommen ist Sandra froh, Sven den merkwürdigen Wunsch erfüllen zu können. Ihm diesen abzuschlagen, wäre gleichbedeutend mit Streit, der über sie hereinbrechen, sie als schuldig hinstellen und mit Liebesentzug und Nichtbeachtung strafen würde. Solchen Folgen einer ablehnenden Haltung ihrerseits fühlt sich Sandra wenig gewachsen. Nachzugeben erscheint ihr grundsätzlich als beste Lösung, zumindest Sven gegenüber. Ihr Lohn ist seine gute Laune. Sie liebt es, wenn er lächelt und ihr vielleicht sogar etwas Nettes sagt. Schon dieser Raritäten wegen ist sie bereit, das beachtliche materielle Erbe ihrer Eltern zu verschleudern. Ihre spaßige Drohung, Sven finanziell kurzzuhalten, würde sie nie wahr machen. Denn jeder Euro für die Befriedigung seiner Ansprüche könnte ein Euro für ihr eigenes Glück sein.

Ein einziges Mal in den sieben Jahren ihrer Ehe hat sie ihm vorgerechnet, worauf sie beide verzichten müssten, wenn sein Gehalt als kleiner Bankangestellter ihre einzige Einnahmequelle wäre. Kein Haus mit Garten, kein Auto der Sonderklasse, keine schicken Markenklamotten. Sven reagierte gekränkt und mit dem hochmütigen Hinweis auf einen Onkel in Amerika – alt, reich, kinderlos. Gegen dessen Nachlass seien die paar Hunderttausender auf Sandras Konto kaum der Rede wert. Sie tat, als glaubte sie ihm. Allerdings erwähnte er den so plötzlich vorgewiesenen fernen Verwandten seither nie wieder, und ein Lebenszeichen per Telefon oder Postsendung traf nie ein. Deshalb geht Sandra den einzigen Weg zu Svens Freundlichkeit in Ruhe weiter.

Das Wetter ändert sich tatsächlich. Der Sturm schiebt die Wolken weg und bleibt als frische Brise zurück. Die kleine weiße Jolle, die Sven ausgesucht hat, krängt stark zum offenen Meer hin. Die Gewichtsverlagerung einer einzelnen Person nach Luv würde kaum ausreichen, um den aufrichtenden Drehmoment zu erhalten. Aber zu zweit bringen sie den Einmaster flott voran. Sandra hat sich angewöhnt, den verletzten Fuß nur mit der Hacke aufzusetzen, sodass sie keinen Schmerz empfindet und vollständig einsatzfähig ist – zumindest für ihre eigenen Begriffe. Erstaunlicherweise hält sich Sven heute mit Zurechtweisungen ihrer Arbeit an den Leinen zurück. Sie fragt sich, ob sie keine Fehler mehr mache. Ob er mit ihr zufrieden sei. Ob er lächle. Und tatsächlich, er tut es.

Nach einer guten Stunde Fahrt in östlicher Richtung sehen sie in der Ferne ihr Ziel auftauchen, eine bewaldete Landzunge. Lange bevor sie anlegen können, rudert Sven plötzlich mit den Armen, als würde er das Gleichgewicht verlieren, und lässt sich ins Wasser fallen. Er ist ein guter Schwimmer; um sein Überleben brauchte sich Sandra gewiss nicht zu sorgen, eher um ihr eigenes. Wahrscheinlich tut sie das auch, so wie sie jetzt schreit – verzweifelt, gurgelnd. Sven nimmt Kurs auf die Landzunge und schaut sich nicht um – auch weil Wind und Wellen an Kraft wieder zugenommen haben und menschliche Laute gegen den Lärm, den sie verursachen, sowieso nichts auszurichten vermögen. Es ist, als ob es eine schreiende Sandra nie gegeben hätte. Während Sven am Ufer anlangt, stellt er fest, dass es offensichtlich auch nie eine kleine, weiße Jolle gegeben hat. Denn jetzt schwimmen auf dem Meer, soweit das Auge blicken kann, weder Gegenständ noch Lebewesen.

Allerdings kann das Auge nicht mehr allzu weit blicken, denn es ist neblig geworden. Sven beeilt sich, unter ein schützendes Dach zu gelangen. In einem kleinen Fischerdorf ganz in der Nähe veranlasst er den Wirt einer Hafenkneipe, die Polizei zu alarmieren und Schiffbruch zu vermelden. Der Mann tut ohne Aufforderung ein Übriges, indem er Sven mit trockenen Sachen und heißem Tee versorgt. Nach einiger Zeit betritt den Gastraum ein sehr junger Uniformierter, der ein wenig Deutsch spricht und kommentarlos zu Protokoll nimmt, was Sven ihm auftischt. Eine mächtige Windböe habe die Jolle zum Kentern gebracht, seine Ehefrau sei sofort unter Wasser geblieben. Nach zahlreichen erfolglosen Tauchgängen seinerseits habe er sich entschließen müssen, zum Ufer zu schwimmen. Seine Ausführungen ergänzt Sven mit theatralischen Verzweiflungsgesten, von denen ihm die wirkungsvollste jene zu sein scheint, mit der er seine Trauer über Sandras Verlust sich selbst glaubhaft macht – indem er weint.

Plötzlich wird die Tür aufgerissen und ein zweiter Uniformierter, diesmal ein älterer, betritt den Gastraum. Mit ihm weht ein stürmischer Wind herein, der den Anwesenden die Ursache für das Unglück noch einmal deutlich macht. Auf den Tischen geraten die Gegenstände in Bewegung und Svens Händen entgleitet das Papier mit dem Protokoll, das er soeben noch unterschreiben wollte. Nun aber nimmt seine Aufmerksamkeit ein ganz anderer Vorgang in Anspruch; außerhalb der Tür, die offen geblieben ist und den Blick auf das kleine Hafenbecken des Ortes freigibt, macht an dessen Kai soeben eine Motorjacht fest. Dass es sich dabei um das Schiff einer Polizeipatrouille handelt, verraten die türkische Flagge und zwei weitere uniformierte Männer, die auf der blitzschnell herausgeschobenen Gangway herüberkommen. In ihrer Mitte führen sie eine in eine Decke gehüllte Frau. Es ist Sandra.

»Was habe ich bloß wieder falsch gemacht?«, jammert sie zur Begrüßung im Gastraum. Damit straft sie Svens Berichterstattung zwar in keiner Weise Lügen, aber gegenwärtig macht ihm schon die Erkenntnis zu schaffen, dass sie es tun könnte. Was ihn zu keinerlei theatralischen Gesten mehr fähig sein lässt.

»Tot«, stammelt er nur. »Ich dachte, du seist tot.« Dann weint er, weil er sich die Erleichterung über Sandras Rückkehr nicht glaubhaft machen kann.

Auf der Motorjacht werden sie nach Antalya zurückgebracht, im Schlepptau die kleine, weiße Jolle. Am späten Nachmittag sind sie wieder im Hotel, wo sich Sandra unverzüglich in das Zimmer zurückzieht. Unter einem Vorwand bleibt Sven noch eine Weile im Foyer zurück, um mit Birgit zu telefonieren. Anschließend verharrt er lustlos vor der Informationstafel, die an der Wand neben dem Aufzug hängt. Darauf sind, außer Hinweisen auf Veranstaltungen und Ausflugsmöglichkeiten, schriftliche Danksagungen ehemaliger Hotelgäste angebracht worden, die das Land, die Stadt und den gastronomischen Service in höchsten Tönen loben. Die Eifrigsten von ihnen haben ihre schönsten Fotografien von der Umgebung beigefügt. Natürlich gibt es auch Bilder von der Promenade – allerdings in einer anderen Jahreszeit als der jetzigen. Die Zierbäume, die die Einfassung bilden, tragen ihr Frühlingskleid – das heißt, dass ihre Kronen dichte Wolken aus goldgelben, hängenden Blütentrauben bilden. Sven pfeift durch die Zähne. Draußen vor der Tür, also zum Greifen nah, stehen einige kräftige Exemplare des Gemeinen Goldregens. Und dieser ist über alle Maßen giftig.

Vor Jahren hat ein solcher Zierbaum noch zu Hause im Garten der Nachbarn gestanden. Bis eines von deren Kindern, ein zehnjähriger Junge, ein wenig an der Rinde knabberte und beinahe daran gestorben wäre. Damals legte der Gemeinderat der gesamten Siedlung die Pflicht auf, den Gemeinen Goldregen auszurotten, und schickte aufklärende Begründungen in die Haushalte. Der Zehnjährige, hieß es darin, habe den kleinen Geschmackstest allein dank des kurz darauf einsetzenden Brechreizes überlebt, aber auch nur knapp. An der Pflanze seien alle Bestandteile giftig, vor allem aber die ausgereiften Samen. Die Einnahme des Inhalts von maximal drei bis vier Schoten ende absolut tödlich für jedermann. Die Wirkung sei einer Nikotinvergiftung ähnlich und trete kurzfristig ein. Nachdem sich Sven dieser lehrreichen Hinweise eine Weile konzentriert erinnert hat, glaubt er zu wissen, wie er seinen Weg zu Birgit doch noch finden könnte. Bald.

Gegen Mitternacht, als Sandra schon schläft, geht er zur Strandpromenade und pflückt sich fünf stattliche Schoten. Danach sitzt er wieder beim Wein auf dem Balkon und sichert die Ausbeute. Das heißt, er lässt die braunen Samenkörner, zwanzig an der Zahl, in die kleine Blechdose gleiten, in der zuvor die Halsbonbons lagerten. Dann überdenkt er sowohl die erwünschte als auch die unerwünschte Wirkung des Giftes, das er nun zur ständigen Verfügbarkeit unter Verschluss gebracht hat. Er fragt sich, wie der lästige Brechreiz zu verhindern sei, der den Erfolg des gesamten Vorhabens infrage stellen würde. Seine Antwort besagt, dass die beste, weil unverfänglichste Lösung die Reisetabletten böten, die Sandra stets schluckt, wenn sie in einen Bus, einen Zug oder ein Flugzeug gestiegen ist. Die ihr immer helfen würden, wie sie sagt. Er, Sven, hätte also die Möglichkeit, ihr auf ihren deutlichen Wunsch hin zum richtigen Zeitpunkt und vor aller Augen einen starken Cocktail damit zu mixen. Eine geniale Idee.

Die letzten Tage in Antalya vergehen friedlich. Streit lohnt sich nicht mehr, die Zukunft gilt als geordnet – sowohl für Sandra, die in der törichten Hoffnung auf die Rückkehr einer entschwundenen Liebe schwelgt, als auch für Sven. Aus seiner Erinnerung hat er die lästigen Ehejahre bereits verbannt, insgeheim geht er auf Freiersfüßen und richtet in Gedanken das Siedlungshaus neu ein. Am Telefon verspricht er Birgit ein hübsches Mitbringsel, das er anschließend von Sandras Geld ersteht. Oder besser von dem Geld, das ihm ohnehin bald gehören würde – allein ihm. Kurz vor der Heimreise zerstampft er die Samenkörner zu einem Pulver und schüttet dieses für kurze Zeit zurück in die kleine Blechdose. So hält er sich für bestens gerüstet.

Als sie endlich zusammen im Flugzeug sitzen, fühlt Sven eine unerwartet heftige Aufregung in sich aufsteigen. Denn plötzlich sieht er deutlich vor sich, was alles in den nächsten zwei Stunden passieren soll und unter welchen Bedingungen für ihn selbst. Er muss der Todgeweihten ins Auge blicken, wenn das Gift zu wirken beginnt und ihr Qualen bereitet. Diesmal kann er nicht einfach davonschwimmen und den eigentlichen Mord der Natur überlassen. Diese Erkenntnis ängstigt ihn auf einmal so sehr, dass ihn ein Zittern erfasst – was Sandra nicht verborgen bleibt. Sie holt ihre Reisetabletten hervor, von denen nur noch drei Stück vorhanden sind, und bietet Sven zwei davon an. Er jedoch wehrt heftig ab und besteht darauf, dass sie die größere Dosis zu sich nehme. Sonst werde er ganz verzichten. Gerührt erklärt sie sich einverstanden.

Sven entschließt sich, sofort zu handeln; einen besseren Zeitpunkt als den des Steigflugs, wenn sich keine der Stewardessen im Passagierraum aufhält, wird es nicht mehr geben. Er entnimmt seiner Sporttasche zwei Pappbecher. Einen davon stellt er vor Sandra in die Vertiefung ihres Klapptisches, den anderen rückt er vor sich selbst in Position. Dann veranlasst er sie, die Reisetabletten in der jeweils vereinbarten Menge in die Pappbecher zu geben. Als er der Sporttasche die erste kleine Flasche Cola entnimmt und den Inhalt Sandra einschenkt, kann er das Flattern seiner Hände kaum zügeln – zu intensiv erinnert er sich des nächtlichen Vorgangs, als er der Flüssigkeit das todbringende Pulver beifügte. Dann, als er den Inhalt der zweiten kleinen Flasche Cola sich selbst eingeschenkt hat, wird ihm übel. Er öffnet den Sicherheitsgurt und läuft zur Toilette. Dort übergibt er sich.

Sandra, in heißem Mitleid entbrannt, betrachtet Sven als Opfer seiner Selbstlosigkeit. Sie ist überzeugt, dass es ihm schlechter als ihr geht, dass er sich aber um sein eigenes Wohl nicht kümmert. Und dass sie so viel Bereitschaft, für sie zu leiden, keinesfalls akzeptieren dürfe. Eher den umgekehrten Fall. So fasst sie den Entschluss, notfalls lieber selbst die Leidtragende abzugeben. Spontan reißt sie Svens Pappbecher an sich, trinkt diesen leer und stellt ihm dafür ihren vollen hin. Als er – einigermaßen erholt und gefasster als zuvor – auf seinen Platz zurückkehrt, ist er mit der Situation, die er sofort überschaut, zufrieden. Er trinkt seinen Pappbecher ebenfalls leer und wirft ihn zusammen mit dem anderen in einen Abfallbehälter. Seinen Körper empfindet er wieder als intakt und die ganze dumme Aufregung als überflüssig. Als eine der Stewardessen, eine hübsche Blondine, nach seinen Wünschen fragt, bestellt er sich vergnügt einen großen Kognak.

Zehn Minuten später schüttet er den großen Kognak freudlos in sich hinein – dorthin, wo sich schon wieder so ein merkwürdiges Grummeln breitmacht. Da ist es ihm ganz ohne Reisetablette im Flugzeug schon besser gegangen als diesmal. Vielleicht, rätselt er, sei das Frühstück nicht in Ordnung gewesen. Was er anschließend sofort als Unsinn betrachtet, weil Sandra das Gleiche gegessen hat wie er, Rühreier mit Schinken, und auf eine Unstimmigkeit längst reagiert hätte – wo sie doch so überempfindlich ist und aus jedem Mückenstich eine Krankheit werden lässt. Aber ausgerechnet ihr scheint es gut zu gehen, denn sie schläft. Noch. Dank den Reisetabletten. Allerdings müssten sich einige Beschwerden trotzdem bald bei ihr einstellen. Sven schaut ungeduldig auf die Uhr. Eine Viertelstunde sind sie schon in der Luft. Was ist eigentlich in seinem Mund los? Da brennt es auf einmal wie Feuer. Der Kognak? War gut, ganz bestimmt. Ach so, die Nerven. Vorhin das Zittern, jetzt das Brennen. Sicher alles nur Einbildung. Phantomschmerzen nennt man das. Ein kleiner Preis für eine große Tat. Wann wird man schon mal zum Mörder?

Fünf Minuten später gibt der Copilot über Funk bekannt, dass das Flugzeug in Turbulenzen geraten werde, und fordert alle Passagiere auf, sich wieder anzuschnallen. Sandra wacht auf, folgt der Aufforderung und schläft weiter. Sven schafft es nicht, den Sicherheitsgurt aus der Halterung zu ziehen, denn seine Hände flattern erneut – allerdings viel stärker als vorhin. Auch kann er nicht riskieren, Druck auf seinen Bauch auszuüben, denn der gesamte Magen- und Darmtrakt scheint soeben sehr schmerzhaft mit heißem Zement ausgefüllt zu werden – so viel heißem Zement, dass dessen Überschuss die Brust erreicht und dann den Kopf. Sven erfasst Panik; er wirft die Arme weit nach oben, kriegt den Rand des Gepäckfachs zu fassen und zieht sich daran hoch, wobei sein gesamter, verhärteter Körper von Schweiß-bächen überflutet wird. Indem er mit dem ersten Schritt den Gang zu betreten wagt, erfasst ihn ein Schwindel. Beim zweiten Schritt schlägt der Fußboden unter ihm Wellen, erhebt sich wabernd vor ihm in die Senkrechte und wirft ihn um.

So deutlich wie jetzt war Sandras kreischende Stimme noch nie zu hören. Obwohl sich das Flugzeug gegen ein heftiges Unwetter zu behaupten hat und ruckartige Bewegungen ausführt, bringt das Geschrei sofort etliche Leute auf die Beine – zwei Stewardessen mit einer Trage und mehrere Passagiere. Einer von ihnen, ein betagter Mann im Jeansanzug, weist sich als Arzt aus und hält zwei Finger an die Halsschlagader des menschlichen Wracks, das im Gang liegt. Dann gibt er den beiden uniformierten Damen einen hektischen Wink, hilft ihnen, den Patienten auf die Trage zu hieven, und eilt ihnen in Richtung Cockpit voraus, während Sandra ihnen hinterhereilt. Die aus den Lautsprechern tönende Anweisung, dass die Fluggäste gegenwärtig ihre Plätze nicht verlassen dürften, bezieht sie nicht auf sich. Niemand könnte sie jetzt daran hindern, ihrem geliebten Sven beizustehen – von welchem Leiden er auch betroffen sein sollte.

Der Erste-Hilfe-Raum gegenüber der Bordküche ist schmal und niedrig. Aber als Sven darin zu sich kommt, glaubt er, sich in einem riesigen Kirchenschiff zu befinden. Allerdings scheint dieses aus einer ungewöhnlich dehnbaren Substanz zu bestehen, denn es verändert unablässig seine Gestalt – erst ist es eckig, dann rund, dann buschig in den Himmel wachsend. Das imaginäre Gewölbe über allem stürzt plötzlich auf Sven herab, um kurz vor dem Aufschlag wieder aufzusteigen in schwindelnde Höhen. Das wundert ihn nicht, das bereitet ihm Angst. Viel Angst. Die aus seiner Brust einen Amboss macht und einen schweren Hammer darauf niedersausen lässt, dessen Schläge auch im Kopf dröhnen. Bumm. Bumm. Bumm. Und Stromstöße austeilen. Die die Muskeln zucken lassen. Immer intensiver. Immer schneller. Bis sie in einer geballten Kontraktion verharren. Schmerz verursachend. Sodass Sven schreien müsste. Aber nicht kann. Nicht kann ohne Luft. Luft. Luft.

»Atemlähmung«, sagt der Arzt, der im schmalen Gang neben der Trage hockt und Sven soeben eine Atemmaske aufsetzen wollte. »Der Mann ist tot. Er hat ...«

»Nein«, unterbricht ihn ein Entsetzensschrei, der tierisch klingt, den ein Papagei ausgestoßen zu haben scheint. Den aber Sandra ausgestoßen hat. Sie schiebt die beiden Stewardessen, die in der offenen Tür des Erste-Hilfe-Raums stehen, mit großer Kraft zur Seite und wirft sich über den Toten. In diesem Moment führt das Flugzeug eine außergewöhnlich heftige Schlingerbewegung aus, sodass sich im großen Gästeraum ein ganzer Chor aus Entsetzensschreien erhebt. Sandra ist überzeugt, dass der Rest der Welt ihr Unglück teile.

»Sie brauchen eine Beruhigungsspritze«, sagt der Arzt zu ihr und öffnet den Wandschrank mit dem roten Kreuz auf der Tür, um darin herumzukramen. »Der Patient zeigte Symptome einer Vergiftung durch Nikotin. Hat er stark geraucht? Nein? Aha, nur Sie selbst rauchen. Dann käme wahrscheinlich Cytisin infrage, wie es der Gemeine Goldregen reichlich enthält. Fällt Ihnen dazu etwas ein?«

»Nein«, sagt Sandra kopfschüttelnd und lässt sich widerspruchslos in den Oberarm stechen. Dann richtet sie sich mühsam auf.

»Das Problem besteht darin, dass es sich um Mord oder Selbstmord handeln könnte. Das muss ich melden.«

»Mord oder Selbstmord«, echot Sandra und sieht verständnislos zu, wie der Arzt auf den Gang hinaustritt und dort die blonde Stewardess anspricht. Diese reißt den Mund auf und hält die Hand davor. Dann treten beide gemeinsam an Sandra heran und helfen ihr, sich zu erheben. Als wäre sie ein lebloser Gegenstand, lässt sie sich zurück zu ihrem Sitzplatz mehr tragen als führen. Dass die anderen Fluggäste alle auf sie starren, merkt sie nicht.

»Sie wurden bereits darüber informiert, dass wir einen Todesfall zu beklagen haben«, wendet sich die blonde Stewardess an alle Anwesenden. »Vielen von Ihnen war der Verstorbene bekannt. Ist Ihnen an ihm selbst, an seiner Ehefrau sowie am Umgang der beiden miteinander etwas aufgefallen? Gab es Streit zwischen ihnen? Wirkte er oder sie depressiv? Bitte, denken Sie nach!« Dieser Aufforderung scheinen unverzüglich alle nachzukommen, denn niemand spricht. Das Flugzeug zieht gleichmäßig seine Bahn. Die Turbulenzen scheinen vorbei zu sein. Als die Blondine nach dem Ergebnis der schweigsamen Denkarbeit fragt, erhält sie als Antwort nur allgemeines Kopfschütteln.

»Er hat sie auf Händen getragen«, meldet sich endlich eine allein reisende ältere Dame zu Wort. »Ich habe es selbst gesehen.«

»Laburnum anagyroides«, bricht der Arzt das wieder eingetretene Schweigen. »Das ist die lateinische Bezeichnung für den Gemeinen Goldregen. Damit könnte der Mann in Berührung gekommen sein. Es wäre interessant, zu wissen wie. Hat jemand von Ihnen eine entsprechende Beobachtung gemacht?«

»So etwas kommt in Antalya nicht vor«, sagt eine Frau, deren Brille starke Gläser aufweist.

»Oh doch«, widerspricht ein kräftiger bärtiger Mann. »Die ganze Strandpromenade war beidseitig flankiert von solchen Zierbäumen.«

»Da war nichts Gelbes«, wehrt die Frau bockig ab.

»Natürlich nicht«, bestätigt der kräftige Bärtige. »Wir haben ja auch Herbst. Da gibt es keine Blüten mehr, sondern Früchte. In diesem Fall als Schoten.«

»Ach, so ist das«, ruft ein sonnengebräunter Jugendlicher. »An den Schoten war er dran, der jetzige Tote. Nachts. Ich beschäftigte mich gerade mit einem Mädchen, da hörte ich von der Promenade her etwas rascheln. Das fiel mir auf, weil sich dort um diese Zeit sonst niemand aufhält. Ich hob den Kopf und sah ihn. Er riss ein paar von den Schoten ab, die dort massenhaft herumhängen, und ging dann ins Hotel hinein.«

»Also Selbstmord«, schlussfolgert der Arzt zögerlich. »Gar nicht so einfach bei diesem unberechenbaren Gift. Normalerweise erzeugt es Brechreiz, bevor es tödlich wirken kann.«

»Die beiden haben Tabletten geschluckt«, ruft eine dickliche Türkin, die rechts von Sandra, aber jenseits des Ganges sitzt. »Und Cola dazu getrunken. Eingeschenkt hat er selbst. Das war gleich nach dem Start.«

»Meine Damen und Herren«, übernimmt die blonde Stewardess plötzlich wieder ihre offizielle Rolle. »In wenigen Minuten setzen wir zur Landung an. Bitte legen Sie Ihren Sicherheitsgurt um. Wenn das Flugzeug zum Stehen gekommen ist, erheben Sie sich bitte erst dann von Ihrem Platz, wenn Sie persönlich dazu aufgefordert werden.«

Eine Viertelstunde später, als Triebwerke und Fluggäste gleichermaßen schweigen, stellt Sandra erleichtert fest, dass sie gefühllos geworden ist. Nichts beeindruckt sie jetzt –

weder Svens unabänderlicher Tod noch die Leute, die auf sie einreden. Soeben sind sie zu fünft die Gangway heraufgestiegen – vornweg eine mollige Frau in Zivil, begleitet von zwei uniformierten Polizisten und zwei weiß Vermummten.

»Haben Sie ihm das Gift verabreicht?«, fragt die mollige Frau, die sich zuvor als Kriminalhauptkommissarin Rotter vorgestellt hat. Ihr Blick ist so durchdringend, dass er Sandra erreicht und zu der Feststellung veranlasst, zwei große, graue Augen würden mit etwas Lidschatten doch sehr an Attraktivität gewinnen.

»Lidschatten und Wimperntusche«, empfiehlt Sandra eindringlich.

„Das haben Sie ihm verabreicht?« Der Blick der Ermittlerin driftet himmelwärts. Dann wendet sie sich den beiden uniformierten Polizisten mit den Worten zu: »Die Frau ist nicht vernehmbar. Bringt sie nach Hause! Aber sie soll sich bei mir melden – sagen wir übermorgen zehn Uhr.«

»Was ist mit Fingerabdrücken?«, fragt einer der beiden weiß Vermummten.

»Macht keinen Sinn«, sagt die Kommissarin und kugelt sich ein wenig zur Seite, damit die beiden Uniformierten Sandra unter die Arme fassen und wegführen können. »Im Handgepäck der Hinterbliebenen habt Ihr nichts Verdächtiges gefunden? Nein? Dann untersucht die Sporttasche und deren Inhalt gründlich. Nehmt alles mit!«

»Die Leute werden unruhig«, mahnt die blonde Stewardess.

»Ich brauche nur die drei Zeugen für eine kurze Befragung. Alle anderen Reisenden dürfen das Flugzeug sofort verlassen. Kaum anzunehmen, dass wir es hier mit einem komplizierten Fall zu tun haben.«

Am nächsten Tag in ihrem stillen Haus verlangt es Sandra danach, mit dem Verstorbenen ein Zwiegespräch zu führen.

Noch ist nicht alles geklärt zwischen ihm und ihr. Sie entnimmt dem Fotoalbum die beste Porträtaufnahme von Sven und hängt das Bild zusammen mit einer schwarzen Schärpe an die Wand. Dann – Auge in Auge mit ihm – stellt sie alle jene Fragen, die ihr auf der Seele liegen, stets beginnend mit einem ›Warum‹. Und tatsächlich, Sven scheint ihr zu antworten, deutlich und ausführlich. Zumindest sie kann es hören. Und feststellen, dass ihr Liebster jetzt besser als zu seinen Lebzeiten auf sie eingeht. Sehr verständnisvoll. Mit befriedigender Aussage. Freundlich. Jetzt lächelt er sogar – unaufhörlich. Unentgeltlich. Diese Beobachtung beruhigt Sandra. Mit Svens Tod, sagt sie sich, habe sie auch etwas gewonnen – vor allem die Überzeugung, dass er stets aus Zuneigung zu ihr gehandelt hat, sogar den Suizid betreffend. Jawohl, er ist für sie gestorben. Er wollte ihr nicht mehr auf der Tasche liegen. Anders kann es gar nicht sein. Sandra braucht nicht lange, um ihren Frieden zu finden. Und weiterleben zu können.

»Hallo Sandra, hier ist die Post der letzten zehn Tage«, sagt die Nachbarin, die viele Male geklingelt und lange Zeit wartend vor der Tür gestanden hat. »Ich glaube, der Brief im braunen Kuvert ist wichtig. Eine Mitteilung vom Nachlassgericht. Den Empfang musste ich quittieren.«

»Danke, Simone. Behördenschreiben bringen meistens Ärger mit sich. Tschüss.«

Der Adressat des Briefs im braunen Kuvert ist Sven. Als sie das Papier auseinanderfaltet und darauf außer dem Text mehrere Stempel und Unterschriften vorfindet, fühlt Sandra ihr Herz hämmern. Ihr Ehemann scheint ihr eine wichtige Entscheidung zu übertragen. Ihm teilt das hiesige Nachlassgericht mit, dass er im Ergebnis eines international geführten Klärungsprozesses als einziger gesetzlicher Erbe des Nachlasses von Mister Baldwin Meier, Boston, USA, eingesetzt wurde. Inzwischen habe im Haus der Unterzeichnenden zu oben genannter Erbsache die offizielle Nachlassverhandlung stattgefunden, in deren Verlauf das Testament ›von Amts wegen‹ eröffnet worden sei, was ihm, dem alleinigen Erben, mittels beigefügten Eröffnungsprotokolls und Kopie des Testaments hiermit zur Kenntnis gebracht werde. Und so weiter.

Der Onkel aus Amerika, begreift Sandra schlagartig, es gab ihn wirklich. Wahrscheinlich entsprach alles, was Sven gesagt und getan hat, der Wahrheit. Oh, mein Allerbester, jammert es in ihr, wie konnte ich nur manchmal an dir zweifeln. Nachdem sie sich eine Weile tränenreich geschämt hat, schaut sie sich das Testament an. Es ist in Englisch geschrieben und für Sandra nicht leicht zu verstehen. Aber von den Zahlen, die am rechten Rand aufgelistet worden sind und die Erbmasse wertmäßig ausdrücken, versteht sie etwas – die meisten davon sind sieben- oder achtstellig. Sieben- oder achtstellig. In Sandra bricht Jubel aus. Einen besseren Trost hätte sie bei niemandem finden können, als ihn Sven ihr nun selbst spendet. Probeweise schickt sie ihre Gedanken auf eine Weltreise, lässt sie eine große Villa bauen und eine Insel im Pazifik kaufen. All das dürfte fortan möglich sein. Denn Svens Erbe wird ihr Erbe werden, ganz selbstverständlich. Auch davon versteht Sandra etwas.

Am nächsten Vormittag blickt sie Kriminalhauptkommissarin Rotter selbstbewusst in die ungeschminkten grauen Augen. Die Frau, eine perfekte Menschenkennerin, ist über die kurzfristige innere Wandlung ihrer Gesprächspartnerin zwar erstaunt, aber auch erleichtert. Mit einer gefühlsmäßig gefestigten Witwe lässt sich rasch zur Sache kommen. Demzufolge gibt die Ermittlerin ohne Umschweife die Ergebnisse von Obduktion, Spurensuche und Zeugenaussagen bekannt. Unbestreitbar sei der Betroffene mittels des Wirkstoffs des Gemeinen Goldregens ums Leben gekommen, und zwar durch eigene Hand. Die Absicht, das durch Auflösen in Flüssigkeit unkenntlich gemachte Gift eigentlich seiner Ehefrau zu kredenzen, sei nicht erkennbar – es sei denn, diese selbst habe entsprechende Beobachtungen angestellt, die ...

In diesem Moment durchzuckt Sandra die Erinnerung an jene Szene, als Sven zur Toilette lief und sie die bereits gefüllten Pappbecher austauschte. Aber der Blitz der Erkenntnis wirft ein zu grelles Licht auf die nachträglich geschönten Gefühle des Verblichenen für sie, um willkommen zu sein. Auch spielt sie seit jeher gern die über alle Maßen geliebte Partnerin. Warum sollte sie diese Rolle ausgerechnet jetzt aufgeben, da niemand mehr sie Lügen strafen kann? Nein, sagt sie deshalb mit großer Überzeugung, ein auf irgendwelche Mordabsichten hindeutendes Verhalten ihres Ehemannes habe es zu keiner Zeit gegeben. Dabei vermeidet sie es geflissentlich, auch weiterhin in die ungeschminkten grauen Augen ihr gegenüber zu schauen. Stattdessen lässt sie ihren Blick mit vorgetäuschtem Interesse über jene Utensilien gleiten, die die Kriminalhauptkommissarin auf dem Schreibtisch, an dem sie sich beide gegenübersitzen, ausgebreitet hat. Es handelt sich um Svens Sporttasche und deren Inhalt – darunter die beiden kleinen Cola-Flaschen. Sowie ein Päckchen, das in glitzerndes, rotes Geschenkpapier gehüllt und von einem ebenfalls roten Band mit Schleife zusammengehalten wird.

Plötzlich ist Sandras Interesse echt. Sie nimmt das Päckchen, reißt die Schleife auf und die Hülle herunter. Findet ein mit orientalischen Ornamenten reich verziertes, hölzernes Schmuckkästchen und in dessen Innerem einen goldenen, mit einem großen Rubin besetzten Ring. Diesen Ring kennt Sandra, vor mehreren Tagen hat sie ihn in einem Schmuckgeschäft der Altstadt von Antalya liegen sehen und lautstark bewundert. Sven jedoch bezeichnete das schöne Stück als protzig und hässlich. Nun stellt sich heraus, dass er den Ring sogar heimlich gekauft hat – natürlich für sie, seine geliebte Ehefrau. Was für eine rührende Geste, von der alle Verwandten und Bekannten erfahren sollten. Auf einmal ist sich Sandra sicher, dass sie den Blitz der Erkenntnis niemals wieder ein grelles Licht auf Svens Gefühle für sie werfen lassen wird – schon gar nicht vor fremden Leuten.

»Mein Ehemann hat mir jeden Wunsch erfüllt«, schwärmt sie der Kommissarin ins Gesicht.

»Nennen Sie mir bitte nur einen nachvollziehbaren Grund dafür«, verlangt diese, »dass er sich das Leben genommen hat.«

»Depressionen. Er war zu gut für diese Welt.«

Patricia Holland Moritz

Alraunenmord

Alraune

Hedwigs Verwandlung begann an dem Tag, als Rudolf ihr mitteilte, sein Vater würde bei ihnen einziehen. Ein Jahr lang hatte ihm Karl-Moritz in den Ohren gelegen. Eine Woche lang hatte Rudolf seinen Auftritt geprobt.

»Er ist mein Vater!«, begann er nun seinen Vortrag.

»Ich weiß«, sagte Hedwig, während sie einen Krümel aus Rudolfs rechtem Mundwinkel pulte.

»Und es geht ihm schlecht!« Unwirsch schob Rudolf die Hand seiner Frau beiseite.

Hedwig speichelte ihren Zeigefinger wie einen Insektenfühler ein und setzte gerade an, eine Spur von Kakao aus Rudolfs linkem Mundwinkel zu entfernen, als ihm buchstäblich der Kragen platzte.

»KARL-MORITZ WIRD HIER EINZIEHEN! VERDAMMT NOCH MAL!«

»Das ist kein Grund, hier so zu rumzuschreien. Lass ihn hier einziehen. Am besten ins Kinderzimmer ...« ... *für dessen Füllung es bei dir nicht gereicht hat.* Hedwigs Augen sprachen Bände. Aus dem Leben eines Verlierers, Band zwei.

Rudolf hatte mit Widerstand seiner Frau gerechnet, mit wilden Gesten und Streit. Schließlich konnte er selbst seinen Vater nicht leiden. Der war ein Despot gewesen, ein Schürzenjäger und Geizkragen. Außerdem gingen ihm Karl-Moritz' ständige Predigten über Recht und Moral auf die Nerven, mit denen er sein Leben nachträglich zu rechtfertigen suchte. Aber Rudolf war nun mal der einzige Nachkomme dieser Familie. Die Mutter war unter der Fuchtel ihres

Mannes erfolgreich verstorben, wie Hedwig zu betonen nicht müde wurde.

»Dann bereite ich mal alles vor«, beendete Rudolf seinen Vortrag, der nun um einiges kürzer ausgefallen war als geplant. Hedwig konnte ihre Freude nur schwer verbergen. Sollte Rudolf den alten Zausel doch hier einziehen lassen. Immerhin hatte Karl-Moritz auch eine wirklich gute Seite: Er war ein vermögender Mann.

»Natürlich, Schatz. Wann immer du willst.«

Hedwigs Freundlichkeit wirkte auf Rudolf wie eine tektonische Plattenverschiebung und brachte ihn für einen Moment aus der gewohnten Fassung. Erst als seine Pflanzenfreunde im Wohnzimmer nach ihm riefen, verließ Rudolf wortlos die Küche. Den Gedanken, der ihm bei Hedwigs seltsamem Verhalten in den Kopf geschossen war, schob er erst einmal beiseite.

Das Kinderzimmer war schnell hergerichtet und schon bald thronte Karl-Moritz in dem Bett am Fenster. Die restliche Zeit verbrachte er immer ausgerechnet da, wo Hedwig sich aufhielt. Er stand morgens auf und stöhnte. Hedwig reichte ihm eine Tasse Kaffee und er blieb damit in der Küchentür stehen, bis sie selbst ihren Kaffee getrunken hatte. Legte sie sich zum Mittagsschlaf auf das Sofa, setzte er sich daneben in den Sessel und starrte Löcher in die Luft. Da sie keine gemeinsamen Themen hatten, gab es auch nichts zu reden.

Seinen Sohn sah Karl-Moritz genauso selten wie vorher. Seit Rudolf seine Arbeit verloren hatte, führte er ein zurückgezogenes Leben in seinem eigenen Haus.

Zweiundzwanzig Jahre lang hatte Rudolf für ›Resiplant‹ gearbeitet. Das Institut für Pflanzenforschung war sein erstes Zuhause gewesen. Hedwig und ihr Reihenhaus hatten immer nur an zweiter Stelle gestanden. ›Resi‹ hatte er seinen Arbeitsplatz liebevoll genannt. Hedwig hingegen hieß auch nach dreißig Jahren Ehe bei ihm nur ›Hede‹.

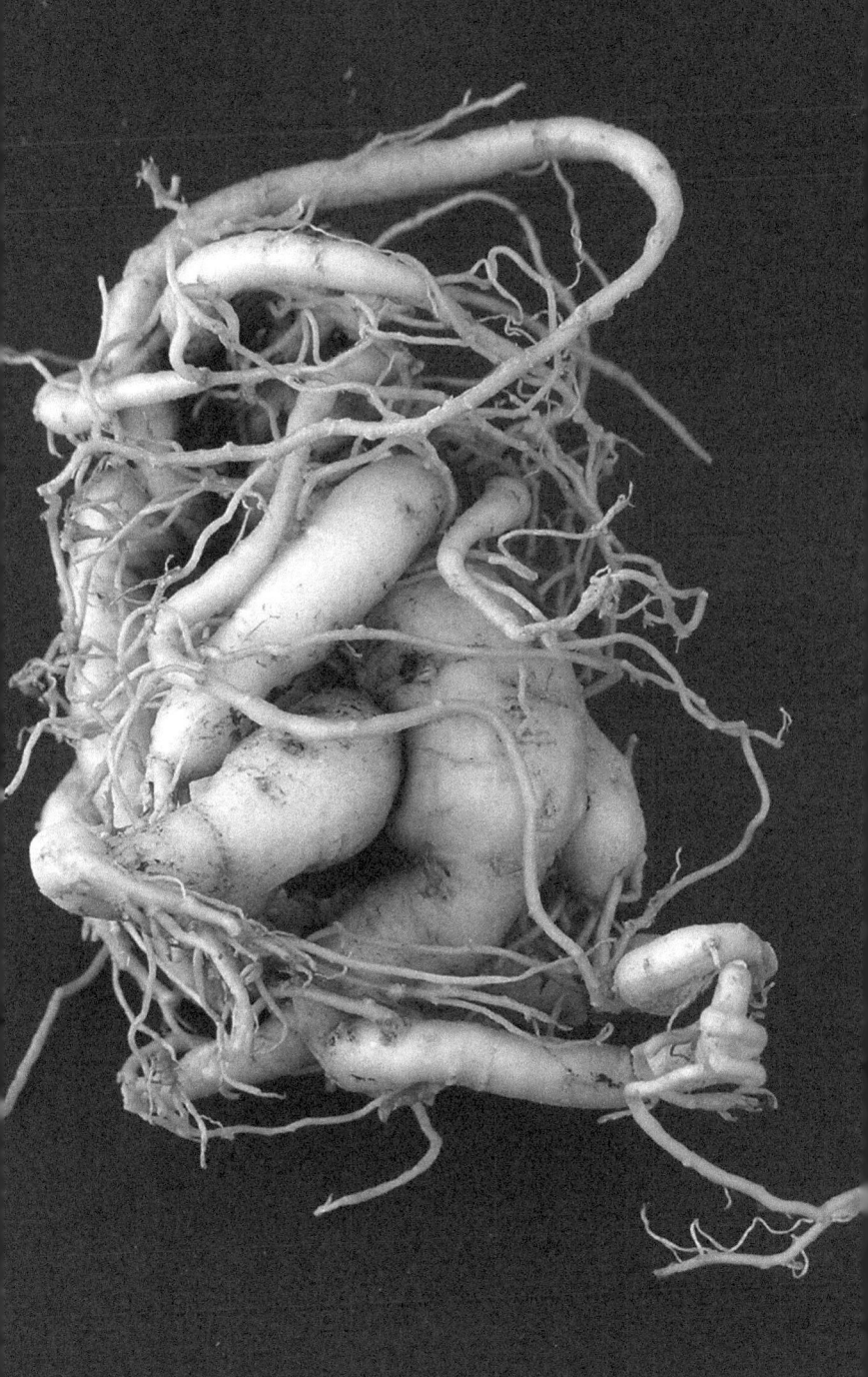

Die Entfremdung von ›Resi‹ war ein schleichender Prozess gewesen, der mit Rudolfs Rausschmiss endete. Er hatte natürlich längst mitbekommen, dass es in der Firma nicht mehr so gut für ihn lief. Er wurde kaum noch gegrüßt auf den Fluren, und an gemeinsame Feierabendbiere war auch nicht mehr zu denken. Jede Einladung umschiffte ihn wie eine Untiefe, denn die Kollegen misstrauten ihm. Dabei hatte er sich lediglich etwas intensiver mit den In-vitro-Systemen bei Obstkrankheiten befasst. Der Antrag auf das Biopatent hatte ausgefüllt in seiner Schreibtischschublade gelegen. Er hatte es damit nur gut gemeint und im Sinne der Firma handeln wollen. Aber seine Rechtfertigungen wollte schon keiner mehr hören.

Die Abfindung fiel für Rudolf mager aus. Das Geld wurde direkt auf das gemeinsame Konto überwiesen. Hedwig ließ davon einen zweiten Blitzableiter auf dem Reihenhaus installieren. »Doppelt schützt besser«, gab sie als Grund dafür an. Eine weitere Demütigung seiner Männlichkeit, den ersten Blitzableiter hatte er nämlich selbst installiert.

Und auch die Entfremdung von Hedwig war ein schleichender Prozess. Allerdings schmerzte er Rudolf weniger als die Trennung von ›Resi‹.

Seine Ehe war ein Gefängnis, war ein einziger, von Stacheldraht begrenzter Hofgang. Rudolfs Arbeitszimmer war seine Zelle. Dort hatte er sich gemütlich eingerichtet. Auf seinem Computer waren Erinnerungen an ›Resi‹ gespeichert. Auf Knopfdruck konnte er in ihnen schwelgen, scrollte in den Kundendaten, Ausschreibungen, Forschungsergebnissen und Patentnummern herum. Das waren die Bausteine seines neuen Daseins. So leicht ließ Rudolf sich nicht abspeisen. Er forschte einfach weiter.

Im ›Resi‹ lief eine Studie zum Nutzbarmachen von Giftpflanzen. In der Medizin wurde längst damit gearbeitet, in der Nahrungsmittelwirtschaft noch nicht. Millionen Hektar brauchbarer Steppe in Südeuropa, Nordwestafrika und rund um das Mittelmeer wurden nicht genutzt, weil deren Boden angeblich nicht fruchtbar war. Menschen, die dort lebten, konnten dieser Vergeudung nur zuschauen und im Falle Afrikas dabei verhungern. Der Mensch denkt eindimensional, wenn es um die großen Probleme in seiner Welt geht, nur im Kleinteiligen können Menschen Visionen entwickeln, davon war Rudolf überzeugt.

Rudolf hatte die Geburt der Analyse noch begleitet. Das Konzept und die Kontaktdaten waren für ihn die wirkliche Abfindung gewesen. Er hütete sie wie eine frisch angesetzte Kultur: Die Petrischale, in der seine Zukunft heranwuchs.

An Hedwig blieb nicht nur die Pflege von Karl-Moritz hängen, sondern auch die Bewirtung von Rudolfs neuen Freunden. Einmal pro Woche trafen sie sich, saßen aneinandergequetscht im Wohnzimmer, dabei war der Esstisch weiß Gott groß genug für alle. Sie saßen auch nicht einmal richtig, sondern hockten auf den Stühlen wie Kinder beim Puzzeln. Strickjackenarm klebte an Strickjackenarm. Die Luft war zum Zersäbeln dick. Ein Geruch wie in einer Großküche hing im Raum, einer schlechten Großküche, wie Hedwig fand, in der ungewaschene Köche arbeiteten. Tassen mit Tee und Pötte mit Kaffee standen in der Mitte des Tischs. Sie mussten hinlangen, um daraus zu trinken. Jeder saß gebeugt über einem Stapel Papier. ›Le Diner de Cons‹. Hedwig hatte noch gelacht bei diesem Film. Nun spielte er sich bei ihr zu Hause ab. Und nicht nur ein Trottel saß da, sondern zehn. Und ihr Mann Rudolf war einer davon. Das Internet hatte die kleine Gruppe zusammengeführt. Hedwig mochte diese Treffen nicht. Sie zeigte ihr Missfallen, indem sie keine gute Gastgeberin war. Sie servierte Fertigbuletten, gespickt mit bunten Plastiksäbeln, dazu von Mayonnaise triefenden Kartoffelsalat aus einer Plastikschüssel. So sparte sie sich das Besteck. Als Servietten wurde eine Haushaltsrolle gereicht.

Rudolf schaute über all das hinweg. Die anderen ließen es sich schmecken.

Das Essen war nur ein unwichtiges Detail dieser Zusammenkunft, denn hier ging es um sehr viel mehr. Hier wurde die Zukunft des Planeten verhandelt und damit die grundlegenden Fragen der Gegenwart, die zwangsläufig in der Zukunft enden würde. Die Themen reichten von der Herstellung rekombinanter Proteine bis hin zur funktionellen Genanalyse bei Reben. Seine Forschung an der Alraune hingegen, die sich wunderbar auf Steppenboden züchten, als Nahrungsmittel und sogar als Medikament nutzen ließ, behielt Rudolf für sich. Sollte sie als Giftpflanze verschrien sein, in den richtigen Händen, wie seinen, würde sich ihr Blattwerk eines Tages zu Gold spinnen lassen.

Hedwig knallte die zweite Schüssel Kartoffelsalat auf den Tisch. Augenzwinkerndes Schmatzen begleitete ihre Geste. *Diese Herren waren wohl noch Schlimmeres gewöhnt*, mutmaßte Hedwig angewidert.

Rudolf schaute kurz von seinen Unterlagen über die ›Möglichkeiten der modernen Biotechnologie, vor allem im Bereich Sonderkulturen‹ auf und sagte: »Es geht ihm schlecht.« Bei Rudolf klang der Satz wie eine Herausforderung.

Hedwig kannte diese Larmoyanz zur Genüge und entgegnete nur: »Ach so.« Ein Lächeln huschte über ihr Gesicht. Am Morgen hatte sie eine Karte aus ihrem Orakelkartendeck gezogen. *Nichts ist wichtiger, als sich gut zu fühlen.* Das reichte ihr als Motivation für den Tag.

»Es geht ihm schlecht.« Rudolf bemühte sich, seinen Worten Nachdruck zu verleihen. Prompt wurde sein ganzer Mut von einem Stöhnen aus dem Kinderzimmer belohnt.

»Ich geh schon.«

»Musst du nicht!«

Hedwig konnte nicht ausmachen, ob Rudolf schuldbewusst oder gutsherrenmäßig klingen wollte. Sie fand beide

Varianten beunruhigend. Die Strickjackenmänner am Esstisch lauschten mit Interesse.

»Ich wollte es dir nur sagen, damit du nicht denkst, wir haben uns da etwas vorgemacht.«

Wir haben uns da schon mal gar nichts vorgemacht! Hedwig blieb ganz ruhig. *Dein Vater hat uns etwas vorgemacht. Dann du dir selbst.* Sie lächelte. »Ich geh schon.«

Es gab unansehnlichere Ehemänner als den ihren. Allein in der Reihe seiner Pflanzenkumpels saß der eine oder andere Beweis dafür. Eine Andere hätte ihn nun zwar auch nicht mehr genommen, aber Hedwig war eins mit sich, mit ihrem Leben und mit dem, der da in der übelriechenden Strickjackenrunde saß. Wenigstens wollte er nun auch keinen Sex mehr. Hatte ihn früher das Wochenendgefühl noch manchmal übermannt, war es damit nun auch vorbei. Für Rudolf gab es keine Wochenenden mehr und so gab es auch keinen Sex. Hedwig war ganz froh darüber. Das gleichgültige Geschiebe war ein weiterer Sargnagel ihrer Ehe gewesen. Nun stand der Sarg halt offen. Und ließ ihr Freiraum für Fantasien.

Er musste das Beet mit den Alraunen angelegt haben, als Hedwig nicht zu Hause war. Ein Lächeln hatte ihren Mund umspielt, als sie den Teppich aus lila Sternen auf krautigen Blättern erblickte. Rudolf war von ihrer Freude regelrecht beseelt gewesen. Ein Gefühl, das ihm fremd geworden war. Die Blüten verströmten anfangs noch einen angenehmen Geruch. Rudolf sagte, der Duft erinnere ihn an Hedwig vor dreißig Jahren ... Dann ließ er seinen Gedanken freien Lauf. Das dralle Ding mit der Frida-Kahlo-Frisur hatte es auf ihn abgesehen gehabt, dabei sah er schon damals nach nichts aus. Sein spät verschütteter Charme hatte es ›Hede‹ schließlich angetan und sie war ganz einfach bei ihm geblieben. Schließlich hatten sie geheiratet, weil die Zeit dafür reif schien. Seitdem blieben sie aus purer Trägheit zusammen.

Als sich der anfängliche Duft der Alraunen in einen schweren Gestank verwandelte, fühlte sich Hedwig von ihnen gestört. In ihren Augen nahmen die schrulligen Forschungsversuche ihres Mannes sowieso immer skurrilere Auswüchse an. Sie hielt es für reine Verschwendung von Zeit und von Geld und in diesem Falle auch von Gartenboden, denn ihre Dahlien hatten den Alraunen weichen müssen. Aus Protest stülpte sie kleine Plastiktüten über die Blütenstängel und degradierte Rudolfs Forschungsobjekt damit zu einer Auslage von Kondomen. Spaziergänger fanden den Anblick amüsant. Rudolf zögerte nicht lange und baute ein Gewächshaus auf den schmalen Grünstreifen hinter dem Haus. Dort war kein Garten mehr, sondern nur überschüssiges Gelände auf der Grenze zum Nachbarn und damit das perfekte Refugium.

Neuerdings ging Rudolf morgens wieder aus dem Haus. Dann verschwand er nicht etwa in seinem Gewächshaus, sondern ging zur Straßenbahn. Genau genommen ging er aus dem Haus, seit sein Vater darin wohnte. Er befände sich mitten in der Anmeldung eines Patents, erklärte er seiner Frau. Das sei ein langwieriger Vorgang. Dabei hatte ihn Hedwig gar nicht zur Rede gestellt. Sie nahm seine neuen Aktivitäten kommentarlos und spöttisch, wie immer, zur Kenntnis.

Als sie eines Morgens die Tür hinter Rudolf ins Schloss fallen ließ, folgte dem Geräusch ein Stöhnen von oben.

»Du kannst dir diese Schmerzen nicht vorstellen.«

Ich wünsche sie dir von Herzen. Hedwig lächelte ihren Schwiegervater an. »Natürlich nicht, Karl-Moritz, aber ich versuche es.« *Nichts ist wichtiger, als sich gut zu fühlen. Mich endlich gut fühlen, das steht mir zu.*

Irgendetwas war mit ihr geschehen. Den Zeitpunkt konnte sie nicht mehr benennen. Es war ein ganz bestimmter Tag gewesen, ein Tag ohne Datum, ein Tag ohne Namen. Hedwig war morgens aufgestanden und hatte plötzlich Licht gesehen, jenes Licht am Ende des Tunnels, der sie aus ihrem tristen Dasein führte. Karl-Moritz konnte ihr die Laune nicht mehr verderben. Akribisch fragte sie ihn nach seinen Beschwerden aus. Ebenso sorgfältig notierte sie Stichpunkte in ihrem Kalender. Tinnitus. Reizdarm. Er hielt das eine für den Vorboten eines Schlaganfalls. Das andere für ein eindeutiges Zeichen von Krebs. Für Hedwig war Karl-Moritz der Eingebildete Kranke. Moliére war selbst an seinem Stück zugrunde gegangen. Im letzten Akt verblutet. Und Karl-Moritz war auf dem besten Weg dahin. Nur wusste er noch nichts davon.

Es hatte mit dem Gestank der Alraunen im Vorgarten begonnen. Angewidert hatte sie Rudolf eine Szene gemacht. Der wahre Grund aber war ihre Verwirrung darüber, was dieser Geruch in ihr anrichtete. Wie von einem Aphrodisiakum belebt entwickelte sie plötzlich Interesse am Tun ihres Mannes. Sie schaute ihm dabei zu, wie liebevoll er die Alraunen ins Gewächshaus verpflanzte. Wie zärtlich er an dem Wurzelansatz ruckelte, um jede Pflanze einzeln und sanft an ihrem Wurzelkörper aus der Erde zu ziehen. Wie kleine Menschlein hatten sie ausgesehen, die braunen, klumpigen Knollen. Als er Hedwigs Blick begegnete, umspielte ein Lächeln seine Lippen. Er hielt eine auffallend dicke, rübenförmige, zweigeteilte Wurzel in die Höhe.

»Dem Alraunenmännchen sagt man magische Kräfte nach«, erklärte er stolz, und Hedwig hatte nur Augen für den Strunk in seiner Hand, den Rudolf wie ein Geburtshelfer aus Mutter Erde herausgeholt hatte. »Man war sogar der Ansicht, dass in der Alraune die Seele eines Menschen gefangen sei«, fuhr Rudolf fort, »und dass sich diese Seele gegen das Ausgraben der Wurzel zur Wehr setze. Wer die Wurzel aus der Erde ziehe, könne durch den Schmerzensschrei der Alraunen-Seele ...«, er ging ganz nah an Hedwig heran, legte seinen Arm um sie und flüsterte ihr ins Ohr: »… getötet werden!«

»Dann bist du ja ein Held!«

»Zumindest hab ich's überlebt, ja. Im Mittelalter nahm man gern einen Hund dafür her. Man band ihn mit dem Schwanz an die Alraune, er wollte sich um jeden Preis losreißen, riss dabei die Alraune aus, und fiel anschließend tot um.«

»Und ein kluger Mann bist du obendrein. Schade, dass du das so lange vor mir versteckt hast.«

Von einem Moment zum anderen ließ das neu erwachte Interesse an ihrem Mann wieder nach. Die schillernde Aura, die Rudolf eben noch umgeben hatte, verwandelte sich zurück in Alraunengestank. Hedwig ging ins Haus, und Rudolf stand ratlos im Vorgarten mit einer dreckigen Wurzel in der Hand.

Jeden Morgen versorgte Hedwig Karl-Moritz mit Ansprache, Kaffee, einer Magentablette und der Tageszeitung. Dann ging sie zu den Alraunen. Rudolf blieb immer länger weg. Sie blieb immer länger bei den Alraunen und bei Rudolfs Aufzeichnungen. Seine Akribie machte ihr die Suche leicht. Das Hängeregister in seinem Schreibtisch war alphabetisch geordnet. A wie Alraune gab alles preis, was Rudolf sich zusammengelesen hatte. Dort fand sie schwarz auf weiß, dass bereits der Verzehr geringer Mengen ihrer Beeren den Tod durch Atemlähmung nach sich zog.

Hedwig besann sich wieder aufs Kochen. Ihre Küche war zu einem blankpolierten Museum der achtziger Jahre verkommen. Sie kaufte einen Tontopf und pflanzte Kräuter. Im Baumarkt suchte sie eine Büchse Farbe aus und strich eine Wand in Grün. Am Kiosk holte sie sich eine Kochzeitschrift. Die malerischsten Tischdekorationen schnitt sie aus und hängte sie eingerahmt an die Wand. Als Rudolf nach Hause kam, stieg ihm ungewohnter Bratengeruch in die Nase. Er ging in die Küche, den Raum, der ihm so fremd geworden war. Hedwig trug eine Schürze und trocknete gerade Geschirr ab.

»Ich habe dir etwas übrig gelassen.«

Rudolf traute weder Augen noch Nase und schon gar nicht seinem Gehör. »Das ist ja wie früher.«

Hedwig wandte sich ihm zu. Sie legte das Geschirrtuch aus der Hand und strich ihm über das spärliche Haupthaar. »So soll es auch wieder werden.« *Ob er mein Zeichen versteht?*

Rudolf lächelte ein Lächeln zwischen Misstrauen und Wohlbehagen. In dieser Nacht schliefen sie zum ersten Mal wieder miteinander.

Hedwig veränderte sich spürbar. Bevor Rudolf morgens das Haus verließ, bekam er ein deftiges Frühstück vorgesetzt. Für das Essen von Karl-Moritz nahm sie sich etwas länger Zeit. Der alte Mann gedieh prächtig in seinem Bett. Täglich gönnte sich Hedwig nun ein Glas Sekt nach dem Mittagessen. Lächelnd, das halb volle Glas in der Hand, lehnte sie in der Tür zum Kinderzimmer, weil sie wusste, dass ihn das nervte. Ein Kind hätte nur Geld gekostet. Karl-Moritz hingegen brachte welches mit. Sie würde ihn fortan aufopfernd pflegen. Betonung auf ›opfernd‹. Ganz nach den Gartentipps für die Alraune. Eher frischer als trockener Boden – sein Bett bezog sie alle zwei Tage neu. Nahrhafte und dennoch leichte Erde – also waren die selbst kreierten Salate genau richtig. Ein Platz in der Sonne oder im Halbschatten – durch sein Fenster schien die Sonne erst halb, dann ganz. Im Freiland Winterschutz – im Winter wäre alles vorbei. Geerntet werden die vollreifen Früchte – und genau die waren Hedwigs Ziel. Karl-Moritz schaute sie aus schreckgeweiteten Augen an, als könne er ihre Gedanken lesen.

Selbst Rudolfs Pflanzenfreunde profitierten von Hedwigs neuem Lebensmut. Den Kartoffelsalat bereitete sie einen Tag vor dem Treffen zu. Schön durchgezogen kam er auf den Tisch. Die Fertigbuletten wichen frisch gebratenem Gehackten vom Fleischer. Servietten mit Blumenmotiven lagen neben den Tellern. Hausgemachter Holundersekt hob die Stimmung.

Karl-Moritz verließ sein Zimmer mittlerweile gar nicht mehr und Hedwig war das recht so. Er war in Hedwigs Gewalt. Sie behandelte ihn wie einen bevorzugten Gast. Allerdings nur, solange Rudolf im Haus war. Danach gehörte er voll und ganz ihr.

Karl-Moritz bekam seine Mahlzeiten auf einem kleinen Tablett im Bett serviert. Rudolf bewunderte seine Frau für ihre Fürsorge. Karl-Moritz gab seinem Sohn verzweifelt Zeichen und mäkelte an Hedwig herum, wann immer er die Gelegenheit hatte. Rudolf war jedoch viel zu beschäftigt, um die Hilferufe seines Vaters von seinem ständigen Jammern unterscheiden zu können. Seine Frau war wie ausgewechselt, die Abende mit seinen neuen Freunden öffneten neue Welten, und seine Alraunen gediehen so prächtig, dass er mit seinen ersten Tests schon eine Nasenlänge vor dem ›Resi‹ lag. Außerdem hatte Hedwig kommentarlos die Pflege seines Vaters übernommen, es würde also alles genau den Gang nehmen, den Rudolf geplant hatte. Zum ersten Mal im Leben hatte er das Zepter in der Hand, was er im richtigen Moment aus dem Ärmel ziehen würde.

In Karl-Moritz' Zimmer lief ununterbrochen der Fernseher. Stellte Hedwig ihn aus, wachte Karl-Moritz auf, also ließ sie das Gerät laufen, denn schlafend gefiel der Schwiegervater ihr immer noch am besten.

Der veränderte Alltag tat den Eheleuten gut. Die Wandlung in Rudolfs Kleidungsstil gefiel Hedwig außerordentlich. Er achtete noch mehr auf sein Äußeres als damals bei ›Resi‹. Viel selbstbewusster trat er nun auf und seine blütenstaubigen Pflanzenfreunde verblassten neben ihm. Er war der Kelch, um den alle sich scharten. Seine Stimme wurde fester. Er sprach eloquenter und war immer bestens vorbereitet auf all ihre Fragen, und die Treffen wurden regelrechte Happenings. Die Protokolle ihrer Wohnzimmerforschung stellte Rudolf ins Internet. Daraufhin meldeten sich zwei Fachzeitschriften bei ihm. Für eine davon schrieb er fortan eine Kolumne. Er besuchte Symposien und Schulungen und trieb seine Patentanmeldung zum Nutzbarmachen von Giftpflanzen voran. All das entnahm Hedwig seinem Taschenkalender. Rudolf zu fragen, wo er jeden Tag so lange blieb, wäre ihr peinlich gewesen. Eifersucht kannte sie zwar nicht, aber neugierig war sie geworden.

Rudolf und Hedwig saßen beim Cocktail auf der Terrasse. Hedwig hatte neue Korbstühle und einen Tisch mit Glasplatte gekauft. Für kein Vermögen im Vergleich zu dem, was sie erben würden. Karl-Moritz jammerte laut in seiner weinerlichen Stimmlage.

»Würde ich bei jedem Jammern aufspringen, hätte ich Oberschenkel wie Merlene Ottey«, sagte Hedwig und zog genießerisch am Strohhalm.

Rudolf räusperte sich wichtigtuerisch. »Mein Vater wird es noch so weit treiben wie der Junge, der ›Wolf!‹ ruft.«

Hedwig tat ihrem Mann und seinem neuen Selbstvertrauen den Gefallen und fragte interessiert: »Was ist das denn für eine Geschichte?«

»Ach … du kennst sie nicht?«

Nur ein ›ts ts ts‹ hätte gefehlt, dann hätte Hedwig ihren Mann wieder klein gemacht. *Die Liebe, die du aussendest, bekommst du auch zurück.* Der Orakelspruch dieses Tages ließ Hedwig ganz ruhig bleiben.

Rudolf brachte sich in Stellung und redete laut, um das durchdringende Stöhnen aus dem oberen Stockwerk zu übertönen.

»Der Junge sollte nachts die Schafe bewachen und laut rufen, sobald sich ein Wolf nähert. Zum Spaß rief er ›Wolf!‹, und das ganze Dorf war auf den Beinen. Unverrichteter Dinge zogen alle wieder ab. In der nächsten Nacht geschah das Gleiche. Auch in der darauffolgenden Nacht rief der Junge ›Wolf!‹. Doch diesmal kam keiner. Außer dem Wolf.«

»RUDOLF!« Karl-Moritz' Stimme überschlug sich, also stand Rudolf widerwillig auf und ging nach oben.

Sein Vater saß aufrecht im Bett. Er hatte Schweiß auf der Stirn.

»Ich träume so furchtbare Dinge!«

»Ach, Vater«, sagte Rudolf vorwurfsvoll und setzte sich auf die Bettkante.

»Manchmal träume ich sogar, wenn ich wach bin!«

Rudolf betrachtete den alten Mann. Er war fülliger geworden. Hedwigs Kochkunst tat ihm augenscheinlich gut. Nur sein Gesicht wirkte von Tag zu Tag blasser. Seine Augen waren wässrig, die Augäpfel glitten fiebrig darin hin und her.

»Das wird schon wieder. Du musst dir Ruhe gönnen.«

»ICH MACH DOCH NICHTS, ALS MIR RUHE ZU GÖNNEN!«

Von seinem Gebrüll aufgeschreckt stand Hedwig in der Tür.

»Und die da …« Der Vater zeigte zitternd auf Hedwig. »… die bringst du mir ganz schnell weg von hier.«

Verstört schaute sich Rudolf nach seiner Frau um. Hedwig nickte ihm nur wissend zu. Vor ihrem Mann musste sie sich nicht mehr verstellen. Längst waren sie Mitglieder derselben Verschwörung.

»Ja, ja, Karl-Moritz. Das höre ich nun jeden Tag. Dann geh doch wieder zurück nach Hause und versorg dich selbst, wenn es hier bei uns so schlimm ist.«

Der alte Mann gab nicht nach. »Bei meinem Sohn ist es schön. Aber nicht bei dir. Ich sehe dich verkleidet als Hexe! Egal, ob ich schlafe oder wach bin!«

Rudolf tat ratlos und seine alte Schwäche schien wieder von ihm Besitz zu ergreifen. Kichernd wandte Hedwig sich ab. Ihr Mann hatte sogar Talent zum Schauspielern. Sie ging zurück auf die Terrasse. Und Cocktails konnte er kreieren. Er gefiel ihr immer besser, und das Gute war, dass sie bereits mit ihm verheiratet war.

Am nächsten Morgen gab Rudolf seiner Frau zum Abschied einen Kuss. »Heute gehe ich mir einen Anzug kaufen.«

Ein Müslikrümel hing noch in seinem Mundwinkel, und Hedwig war versucht, ihn so gehen zu lassen. Schließlich hielt sie ihn aber doch zurück und fuhr ihm mit der Fingerspitze über die Lippen.

»Wofür brauchst du einen neuen Anzug?«

»Zum Anziehen.«

Humor hatte er hinter ihrem Rücken also auch noch entwickelt. Hedwig lächelte ihr herablassendes Lächeln und Rudolf spürte die Gefahr einer Eskalation. »Ich stehe kurz vor dem Durchbruch. Es sieht gut aus für mein Patent. Giftpflanzen. Nahrungsmittel. Afrika.« Er verfiel in den Vortragsmodus. »Klingt zynisch. Kann aber die Lösung sein. Weißt schon. Während der Antrag läuft, treffe ich schon potentielle Geschäftspartner. Und dafür ...« Schuldbewusst schaute er an sich herab. Diesen Blick kannte Hedwig zu gut. Natürlich war er noch der Alte. Wie hatte sie nur zweifeln können. Sollte er doch das Geld für Klamotten ausgeben. Es war Geld, das ihnen bereits gehörte. Denn Karl-Moritz gehörte ihnen. Er würde dieses Haus mit den Füßen voran verlassen.

»Soll ich mitkommen?«

Es war lange her, dass sie mal zusammen ausgegangen waren.

»Wenn ich den Anzug zum ersten Mal trage, nehme ich dich mit.«

Zur Beerdigung deines Vaters. Hedwig lächelte ihren Mann verschwörerisch an, gab ihm einen Klaps auf den Hintern und schob ihn aus der Tür.

Vorsichtig stellte sie das Tablett auf dem Nachttisch ab. Karl-Moritz rückte an die Wand, weg von Hedwig, die sich nun auf die Bettkante setzte. Er wirkte verängstigt und erinnerte sie an ein verstörtes Tier, das verzweifelt einen Fluchtweg aus dem Hinterhalt suchte, in den es geraten war.

»Weißt du, Karl-Moritz …«, flüsterte Hedwig und strich dabei mit der Hand über das schweißnasse Kopfkissen, »es ärgert mich ein bisschen, dass du dich so gar nicht für die Arbeit deines Sohnes interessierst.« Sie nahm eine Kompottschüssel vom Tablett und rückte noch etwas näher an Karl-Moritz heran. »Nun komm schon, du musst doch etwas essen.«

Karl-Moritz drückte sich immer dichter an die Wand, und Hedwig führte den Löffel geduldig immer wieder zu seinem Mund. »Frisch zubereitete Avocadocreme und Toasthäppchen. Ich habe mir wirklich Arbeit damit gemacht!«, sagte Hedwig nun mit leichtem Nachdruck. Nachdem er die ersten Bissen immer wieder ausgespuckt hatte, ließ ihn nun der Hunger einen Happen nach dem anderen schlucken.

»Wwww … fffhhhh … mmmhhuhh …« Das Artikulieren fiel Karl-Moritz immer schwerer. Hedwig vermutete, dass sich die allmählich voranschreitende Lähmung auch auf das Sprachzentrum ausgebreitet hatte.

»Lass nur, das macht nichts«, sagte sie mütterlich und strich ihm liebevoll den kalten Schweiß von der Wange. »Ich kann dir ja einfach ein bisschen was von Rudolfs Forschungen erzählen. Magst du?«

»Gggrrmmmggg … kkkk … hummmm.«

»Gut. Am Anfang habe ich seinen plötzlichen Forschungsdrang nämlich selbst nicht ernst genommen. Weißt du, Männer können komisch sein. Auch wenn sie – wie dein Sohn

Rudolf – beruflich gedemütigt worden sind, müssen sie noch eine Weile die Fahne hochhalten und tun, als habe sich nichts geändert. Anstatt sich einfach mal feuern zu lassen und irgendwo anders neu anzufangen. Oder mal gar nichts zu tun. Nein ...« Ein großer Batzen Avocadocreme verschwand in Karl-Moritz' Mund, dass er beinah daran erstickte.

»... Loslassen ist nicht. In Rudolfs Fall hat sich das nun allerdings als Vorteil erwiesen. Sollte mich nicht wundern, wenn dein Sohn eines Tages den Nobelpreis bekäme. Immerhin kann er die Wirkungsweise der Alraune auf den menschlichen Organismus ...«, vorsichtig wischte sie ihm Avocadocreme aus den Mundwinkeln, »an einem Menschen ausprobieren.«

Rudolf betrat gerade das Café, als sein Handy klingelte. »Du musst jetzt ganz stark sein.« Hedwigs Stimme war tränenerstickt. »Rudolf! Dein Vater ...« Sie ließ die Worte auf ihn wirken. Er gab der Dame im hinteren Teil des Cafés ein Zeichen. »Dein Vater ist tot.«

»Oh mein Gott!«

»Was soll ich jetzt tun?« Ihre Tränen schienen in Sekundenschnelle versiegt zu sein. Hedwig klang ruhig, geradezu entspannt.

»Ich beeile mich, nach Hause zu kommen«, log Rudolf. Die Dame am Tisch warf ihm eine Kusshand zu, er nickte lächelnd zurück. »Bis gleich, Hede! Halt durch.«

Hedwig deckte einstweilen den Tisch. Sie hatte sich nicht getäuscht. Er war genauso erleichtert wie sie. Von jetzt an würde ihr Leben einen ganz neuen Anfang nehmen. Der Korken der Champagnerflasche landete geräuschvoll im Kronleuchter.

Fünf Minuten später traf ein Krankenwagen ein, kurz darauf hielten auch drei Polizeiwagen vor der Tür des Reihenhauses. Der Rettungssanitäter stellte den Tod des alten

Mannes fest. Zwei Polizeibeamte blieben bei Hedwig im Wohnzimmer. Die anderen warteten draußen vor der Tür.

»Rudolf!« Hedwig sprang auf, als sie ihren Mann erblickte. Die gutaussehende Frau neben ihm war wohl seine Patentanwältin.

»Ist das Ihre Frau?«, fragte einer der beiden Polizisten mit Blick auf Hedwig.

»Ja«, seufzte Rudolf und blickte zu Boden.

Wie unschön, dass er gerade heute sein erworbenes Patent hatte feiern wollen, dachte Hedwig, als ihr plötzlich Handschellen angelegt wurden.

»Und für den Verdacht eines unnatürlichen Todes bei Ihrem Vater haben Sie Beweise?«

Traurig nickend schaute Rudolf wieder auf. In seinen Augen standen Tränen. »Jede Menge. Im Gewächshaus. In meinem Arbeitszimmer. Und ganz bestimmt auch in der Küche. Mein Gott, Hede, wie konntest du nur?«

Bevor Hedwig die ganze Situation auch nur ansatzweise begriffen hatte, wurde sie abgeführt. Sie verstand nur »Festnahme wegen Mordverdachts«. Und dass sie sofort einen Anwalt hinzuziehen dürfe.

Daphne schaute sich um. Polizei und Krankenwagen waren endlich weggefahren und auch der Leichnam von Karl-Moritz war aus dem Haus.

»Und? Gefällt es dir?«, fragte Rudolf, eine Hand lässig in der Hosentasche seines Maßanzugs, mit der anderen reichte er ihr ein Glas Champagner.

»Das Grün in der Küche sieht scheußlich aus, aber sonst ist alles ...«, Daphne drückte ihm einen zarten, warmen, langen Kuss auf die Lippe, »perfekt!«

Francis Mohr

HAMMERWURZ

Weißer Germer

Der Kaffee schmeckte schal – wie jeden Morgen. Die Frühstückspalette war mit zwei schmalen Brötchen, drei Scheiben Salami, einer Ecke Schmierkäse, etwas Butter und einer Portion Kirschmarmelade gefüllt. Und zwei Salatblättern, deren Anwesenheit sich nicht erklärte. Jochen Knödel war verärgert, denn für einen solchen ›Fraß‹ würde er keine Krankenversicherungsgelder zahlen. Sein Mitpatient Günter Möllers zeigte sich da moderater. In anderen Ländern müssten die Ehefrauen das Essen in die Klinik bringen, meinte Möllers. Aber ein solches Argument galt nicht für Knödel. Man lebe in Deutschland und nicht in Afrika oder Russland, hielt er dagegen. Hier messe man sich an deutschen Maßstäben und nicht an Busch-Standards.

Nach dem Frühstück saßen einige Patienten im Gruppengespräch, das von der Psychologin Sinsbach-Lautenschläger geführt wurde. Gekommen waren gerade einmal sieben Interessenten. Eine depressive Dame, deren Mann vor Kurzem gestorben war, mit tränenschweren Augen und nachlässiger Frisur. Neben ihr hockte eine junge Frau mit Zwangsstörung, die sich nach jeder Berührung von Gegenständen oder Menschen die Hände genau zweiundzwanzig Mal waschen musste. Ihre Haut war ausgetrocknet und vom Waschen bereits wund. Und ein trockener Alkoholiker, der Angst hatte, rückfällig zu werden, nachdem er seinen Job verloren hatte. Ein cannabisabhängiger Student, der behauptete, alles unter Kontrolle zu haben. Die Trägheit und Vergesslichkeit seines noch jungen Gehirns standen jedoch im Kontrast zur bagatellisierenden Selbsteinschätzung. Eine Endfünfzigerin wand sich mit Schmerzen auf einem Stuhl. Bis auf eine Skoliose der Wirbelsäule fanden sich keine organischen Ursachen für ihr Leiden. Sie diente bis vor Kurzem als Lehrerin, war ausgebrannt und hoffte nun zu Recht auf eine Rente vor der Rente. Und dann waren da noch Jochen Knödel und Günter Möllers. Der ehemalige Automechaniker Knödel litt unter regelmäßig wiederkehrenden Depressionen und der Rentner und Naturfreund Möllers unter manischen Episoden. Knödel bejammerte in depressiven Phasen sein Schicksal und neigte zum erhöhten Konsum von Alkohol. Möllers hingegen packte in den manischen Stadien den Rucksack, schnürte die Wanderschuhe und verschwand ohne Verabschiedung von seiner Freundin in die Wälder der Umgebung. Tagelang irrte er dann zwischen Bäumen und auf Feldern umher und genoss die Natur. Der Zufall hatte Knödel und Möllers bereits mehrfach in den letzten Jahren zur gleichen Zeit auf die offene Station der psychiatrischen Klinik gespült. Und nun waren sie erstmalig im selben Zimmer untergebracht.

Frau Sinsbach-Lautenschläger eröffnete die Gruppensitzung mit einer ›Blitzlichtrunde‹. Die Patienten gaben sich nicht viel Mühe: »Mir geht es gut.« – »Mir geht es schlecht.« – »Ich habe kaum geschlafen.« – »Die Medikamente wirken nicht.« Frau Sinsbach-Lautenschläger ließ das alles mit dem Ergebnis durchgehen, dass man am Ende über das Befinden der Patienten genauso wenig wusste wie am Anfang. Sie bedankte sich sogar für den hohen Grad an Offenheit.

»Und nun würde ich mich freuen, wenn Sie ein Thema für die Runde dabeihätten. Wen beschäftigt etwas? Die Gruppe fungiert als Resonanzraum für den Einbringenden, den Suchenden, den Mutigen.« Damit lehnte sie sich zurück.

Die Gruppe saß angespannt, die Blicke auf die eigenen Schuhspitzen gerichtet, auf den Stühlen. Eine gefühlte Stun-

de ging so ins Land. Dann übernahm wieder Frau Sinsbach-Lautenschläger.

»Sicher bewegen Sie so viele Dinge, dass Ihnen die Courage fehlt, diese anzusprechen. Sie haben vielleicht Sorge, etwas Falsches zu sagen und bewertet zu werden. Oder Sie sind nur einfach zu erschöpft von der Nacht oder haben Angst vor einem anstrengenden Tag. Oder Sie neigen aus Höflichkeit dazu, dem anderen den Vortritt zu geben. Gerne wollen wir noch etwas warten. Auch Schweigen ist eine aktive Reaktion.«

Und wieder herrschte Stille.

Die Zwanghafte kaute an ihren Fingern. Die Haare der Depressiven waren ihr vollends ins Gesicht gefallen. Die Lehrerin rutschte schmerzverzerrt auf ihrem Stuhl herum. Der Abstinente schaute stur aus dem Fenster, während der Student mit geschlossenen Augen fast vom Stuhl kippte. Möllers kratzte sich mit einem Kugelschreiber den Rücken. Knödel schaute mit düsterem Blick in die Runde. Plötzlich platzte es aus ihm heraus: »Das Schweigen ist unerträglich. Wenn hier keiner den Mund aufreißt, werde ich es tun.«

Die Zwanghafte hörte schlagartig auf, an ihren Fingern zu pulen. Die Depressive steckte das Gesicht durch die Haare. Die Lehrerin drückte den Rücken durch. Der trockene Alkoholiker schaute wieder in die Runde und der Student glitt erschrocken vom Stuhl. Und Möllers fiel der Kugelschreiber auf den Boden.

Die Psychologin blickte erfreut auf und rief: »Das ist ja wunderbar, Herr Knödel! Wir sind ganz Ohr.«

»Frau Psychologin …«

Wenn Knödel wütend war, gelang ihm keine höfliche Ansprache und der Name der Therapeutin war für ihn Schall und Rauch.

»Die Atmosphäre auf meinem Zimmer ist unerträglich.« Dann blickte er giftig zu Möllers. »Günter, du musst jetzt ganz tapfer sein und nicht schon wieder heulen! Kannst Du mir das versprechen?«

Günter Möllers sah erstaunt zu Knödel.

»Wie soll ich dir das versprechen, wenn ich nicht weiß, was du zu melden hast?«

»Die Psychologin fragte vor wenigen Minuten, wie wir geschlafen hätten. Und hier habt ihr meine Antwort«, wurde Knödel lauter. Dann richtete er den Zeigefinger auf Möllers, ohne ihn anzuschauen. »Wegen dem da schlafe ich seit Nächten nicht mehr! Der Möllers schnarcht wie ein Bär. So, jetzt ist es raus! Uff!«

Erschöpft lehnte er sich in seinen Stuhl zurück und wartete ab.

Die Gruppe und Frau Sinsbach-Lautenschläger schauten erschrocken zu Knödel und dann zu Möllers. Der saß als Einziger völlig entspannt im Stuhl und antwortete: »Ich weiß nicht, welcher Floh dich gebissen hat. Seit fast einer Woche liegen wir auf einem Zimmer. Dass ich schnarche, hättest du mir durchaus eher sagen können. Mich hier vor der Runde so anzugehen, empfinde ich als stillos.«

Die Lehrerin sammelte sich und schnarrte: »Das sehe ich genauso wie Herr Möllers. Ein so lapidares und stupides Thema gehört nicht in die Gruppe.«

Knödel wurde karminrot im Gesicht, seine Halsadern waren bis zum Platzen angespannt.

»Sie gestelzte Ziege kümmern sich lieber um Ihre Rente.«

»Nun bleib doch mal ruhig, Jochen! Frau Simmel derart anzufahren, schickt sich nicht«, verteidigte Möllers die Lehrerin. Frau Simmel war inzwischen leichenblass geworden und zitterte.

»Schickt sich nicht … Schickt sich nicht … Jetzt quatschst du auch schon so borniert wie die Simmel! Frau Psychologin, nun äußern Sie sich mal dazu!«, forderte Knödel.

»Ja, aber …«, stotterte Frau Sinsbach-Lautenschläger ängstlich. Weitere Worte blieben ihr im Halse stecken.

»*Ja, aber?* Mehr haben Sie nicht beizutragen? Ich werde mich über Sie beim Chefarzt beschweren!«, schrie Knödel.

»Nun reicht es aber, Jochen! Du entschuldigst dich jetzt bei Frau Sinsbach-Lautenschläger!«, forderte Möllers.

Plötzlich sprang Knödel auf, packte seinen Zimmernachbarn am Hemdkragen und zog ihn aus dem Stuhl in die Höhe. Dann zischte er, dass es alle hören konnten: »Wenn sich hier jemand zu entschuldigen hat, dann bist du das! Wenn du so weitermachst, liegst du eines Morgens röchelnd oder tot im Bett. Das garantiere ich dir!«

Damit ließ er Möllers los und stampfte schnaubend aus dem Gruppenraum. Möllers blieb weiß wie eine Kalksäule zurück, während die anderen dem noch auf dem Gang brüllenden Knödel nachschauten.

Die zwanghafte junge Frau rieb sich die Hände und meinte: »Also, ich kann den Herrn Knödel verstehen. Ich wüsste nicht, wozu ich in der Lage wäre.«

Frau Sinsbach-Lautenschläger schaute sie verstört an.

»Danach solltest du dir aber die Hände waschen … und desinfizieren«, bemerkte der Alkoholiker.

»Das war's für heute. Sie gehen jetzt alle auf Ihre Zimmer. Oder … nein … wer möchte, darf eine rauchen gehen. Ich komme gleich mit«, beendete die Psychologin vorzeitig die Gruppensitzung und kramte noch im Laufen nervös eine zerknitterte Schachtel Zigaretten hervor.

Wenig später standen alle unter dem Raucherpilz und beruhigten ihre Nerven. Ein warmer Juliregen tröpfelte aufs Dach des Unterstandes. Nur Jochen Knödel fehlte.

Frau Sinsbach-Lautenschläger diskutierte Knödels Verhalten mit dem Stationsteam. Dieses forderte Sanktionen, aber der Chefarzt meinte, dass man den Ball flach halten solle,

Knödel drohe nicht zum ersten und sicher nicht zum letzten Mal. Bisher habe er keine der Drohungen wahr gemacht. Knödel sei ein notorischer Nörgler und impulsiv. Das Umschalten auf einen souveränen Modus wäre ihm kaum möglich. Das sei eben seine Störung. Und so entschied sich das Team, bis zur nächsten Gruppensitzung abzuwarten, um den Eklat dann mit ihm und der Gruppe zu bearbeiten.

Möllers beruhigte sich bis zum Nachmittag. Knödel schlich den restlichen Tag schmollend im Klinikgelände herum. Kurz vor Eintritt der Nachtruhe mogelte er sich am Schwesternzimmer vorbei. Schwester Ina registrierte es und machte ihren Haken, dass nun auch der letzte Patient auf der Station angekommen sei. Grimmig legte er sich neben den bereits sägenden Möllers ins Bett.

Der nächste Morgen war rasch heran. Schwester Ina machte ihren Rundgang, um die Patienten zu wecken. Im Zimmer von Möllers und Knödel herrschte erstaunliche Stille. Knödel lag seelenruhig schlummernd unter seiner Decke und auch Möllers schnarchte nicht.

Ina entschied, die beiden später zu wecken.

Sie wendete sich gerade wieder der Tür zu, als Möllers plötzlich hochschreckte und mit einem Niesanfall die Ruhe beendete. Es dauerte nur Sekunden, dann erbrach er eine komplette Magenfüllung vor sich in seinen Schoß. Ina stürzte zu Möllers hinüber, der nun zu röcheln begann, sich an den Hals griff und um Luft rang. Dann krähte er ein »Oh Gott!« und schaute entsetzt und beschämt zu Ina. Die begriff sofort, denn sie roch, was geschehen war. Möllers hatte Durchfall und wollte eben aufstehen.

»Nein, Sie bleiben im Bett, sonst verteilen Sie die Keime noch im gesamten Zimmer!«

Möllers gehorchte; er wäre allerdings auch kaum in der Lage gewesen, aufzustehen, denn wieder griff er sich an den

Hals und würgte. Ein weiterer Schwall ergoss sich vor ihm aufs Bett.

Knödel war durch den Krach wach geworden und beobachtete angeekelt die Szene. »So eine Schweinerei! Und ich dachte schon, dass es mal 'ne ruhige Nacht wird. Fehleinschätzung. Schwester Ina, ich fordere meine Verlegung in ein anderes Zimmer!« Er setzte sich auf, schlüpfte in seine Pantoffeln und stakste meckernd aus dem Zimmer.

Möllers legte sich wieder hin und zitterte am ganzen Körper. »Ich ... ich ... frie...re...re, Schweeees...ter ...«

»Ich rufe sofort die diensthabende Ärztin!«

Damit piepte Ina Frau Doktor Schwanitz an.

Nur Minuten später war die Ärztin auf der Station, begutachtete Möllers und gab Anweisungen.

»Herr Möllers wird das Zimmer nicht verlassen. Der Mitpatient darf nicht mehr hinein. Das Zimmer wird isoliert. Alles säubern. Komplette Desinfektion. Patient zuerst waschen. Vom Erbrochenen und dem Durchfall brauchen wir eine Probe fürs Labor. Ich veranlasse, dass von der Nachbarstation eine Schwester zur Hilfe kommt.«

Dann rannte sie aus dem Zimmer, kam etwas später mit einer zweiten Schwester und Medikation zurück und verabreichte diese Möllers gleich selbst. Der lag weiterhin bibbernd und kurzatmig im Bett.

Die beiden Schwestern hoben Möllers auf Knödels Schlafstatt und säuberten sein Bett. Dann stützten sie ihn ab und stellten ihn unter die Dusche. Und sie vergaßen auch nicht, die geforderte Probe von dem Erbrochenen und den Fäkalien zu nehmen.

In nicht einmal zwanzig Minuten war alles erledigt. Möllers hatte sich etwas beruhigt, begann dann aber zu halluzinieren. Er plapperte vor sich hin und zeigte mit den Fingern an die Decke. »Käfer! Käfer! Halten Sie sie auf! Huch, mich juckt's! Nun sind sie unter meine Haut gekrochen.«

Knödel stand in der Tür und schaute dem Treiben zu.

»Wie geht es denn nun weiter?«

»Sie können nicht mehr ins Zimmer. Und vorerst müssen wir auch Sie isolieren. Zimmer 205 ist noch frei. Bitte folgen Sie mir«, legte Schwester Ina fest.

»Und was wird aus meinen Sachen? Die lasse ich hier nicht zurück«, protestierte er.

»Die bringe ich Ihnen später. Zuerst muss alles desinfiziert werden. Womöglich müssen wir Ihre gesamte Kleidung in die Waschmaschine stecken.«

Damit schob sie Knödel vor sich her und ins angekündigte Zimmer. Dort angekommen, bat sie ihn, sich zu entkleiden, das Nachthemd abzugeben und zu duschen.

Bevor die Schwester die Tür schließen konnte, murrte Knödel: »Na, wenigstens bin ich jetzt den Schnarcher los. Wird Möllers etwa überleben?«

Schwester Ina war entsetzt. »Jetzt reicht es aber, Herr Knödel!« Damit knallte sie die Tür ins Schloss.

Der Tag verlief alles andere als nach Plan. Neuaufnahmen mussten gecancelt werden. Die Patienten wurden instruiert, wie sie sich zu verhalten hatten. Ausgänge wurden gestrichen. Das Personal und die Kranken hatten Mundschutz zu tragen. Möllers wurde wieder ins Bett gepackt und sein Kreislauf stabilisiert. Man verabreichte ihm Aktivkohle und Schmerzmittel und spülte ihm mit Kaliumpermanganat mehrfach den Magen. Eine künstliche Beatmung war nicht nötig, da keine Atemlähmung drohte. Schwester Kristina übernahm es im Spätdienst, die Dinge aus den Nachtschränkchen von Möllers und Knödel zu desinfizieren. Bei Möllers fanden sich außerdem zwei runzlige Äpfel und eine angerissene Tafel Schokolade. Die legte sie in eine Tüte und deponierte sie im Dienstzimmer. Knödel murrte, als sie ihm eine Packung selbst gebackene Kekse und zwei Flaschen

Rhabarbersaft abnahm. Die Hygienevorschrift verlange es, erklärte sie höflich.

Zwei Tage darauf saß Doktor Theres Schwanitz vorm Computer und studierte Möllers' Befunde. Sie hatte es geschafft, eine Laboruntersuchung in der Toxikologie der Uniklinik auf den Weg zu bringen. Und da ihre beste Freundin aus Studienzeiten dort arbeitete, ließen die Ergebnisse auch nicht lange auf sich warten.

Sofort griff sie zum Telefon und tippte die Nummer von Michaela Schraiber ein.

»Hallo, Michaela, hier ist Theres. Danke für die rasche Analytik. Was kannst du mir zu den Alkaloiden in den Proben sagen?«

Michaela erklärte, dass sie eine sogenannte *Dragendorff-Reagenz* durchgeführt hätte. Das sei eine Nachweisreagenz, also eine Lösung, die mit einem anderen Stoff in einer unverkennbaren Weise reagiere. Dazu hätte sie spezielle Filterpapierstreifen genutzt, auf denen typische Farbveränderungen und Niederschläge nachweisbar wären. Und Alkaloide reagierten mit einer einzigartigen Färbung. Zur Sicherheit habe sie noch eine Dünnschichtchromatographie gemacht. Das sei ein physikalisch-chemisches Trennverfahren, mit der man Zusammensetzungen von Proben analysiere.

Theres freute sich über die Ausführungen ihrer Freundin, denn sie brachte wissenschaftliche Zusammenhänge in knappen Beschreibungen auf den Punkt.

»Und weißt du, wer die Grundprinzipien der Dünnschichtchromatographie als Erstes beschrieben hat?«, fragte Michaela.

»Keine Ahnung.«

»Die beiden sowjetischen Forscher Professor Nikolai Arkadevic Izmailov und Doktor Maria Semenowna Schraiber. Und zwar bereits 1938 am Institut für Pharmazeutische Chemie in Charkow in der damaligen Ukrainischen S.S.R. Es lebe die Sowjetunion! Oder … nein … immerhin liefen in jenen Jahren die Чистки, die Stalinschen Säuberungen. Ein Wunder, dass beide überlebten.«

»Woher weißt du das alles?«, war Theres platt.

»Schraiber ist eine entfernte Verwandte meines ukrainisch-stämmigen Mannes Igor. In seiner Heimat werden Schraiber und Izmailov noch immer für ihre wissenschaftlichen Leistungen verehrt. Wie du siehst, wurde auch im Osten geforscht. Universitäten gibt es auch heute dort. Das mag man im Westen kaum glauben, aber so ist es«, lachte sie und berichtete weiter: Alkaloide wären aus Pflanzen isolierte basische Stoffe. Man könne sie aber auch aus Pilzen und Kröten segregieren. Die meisten Alkaloide hätten einen bitteren Geschmack und wären giftig.

Theres bedankte sich und nahm ihrer Freundin die Zusage ab, nochmals Kontakt aufnehmen zu dürfen, sollte sie weitere Frage haben.

Schwester Kristina war dem Telefonat aufmerksam gefolgt. Sie hatte parallel Tabletten gesetzt und konnte sich den Gesprächsfaden in etwa zusammenreimen. »Frau Doktor, ich würde vorschlagen, die Lebensmittel der beiden analysieren zu lassen.«

»Welche Lebensmittel?«, horchte Theres auf.

Kristina holte die zwei Tüten aus dem Kühlschrank und reichte sie der Ärztin.

»Die Äpfel und die Schokolade sind von Herrn Möllers und die Tüte mit den Keksen ist von Herrn Knödel. Außerdem habe ich bei ihm noch Rhabarbersaft gefunden.«

Theres schaute verwundert.

»Und was versprechen Sie sich davon?«

»Ich weiß auch nicht so recht. Aber irgendwie müssen die Alkaloide ja in Herrn Möllers hineinmarschiert sein. Die Frage wäre dann allerdings, wie?«

»Sie haben einen Verdacht?«

»Jein. Aber Herr Knödel hat vor wenigen Tagen immerhin Herrn Möllers bedroht.«

Theres rief also nochmals Michaela an und leitete so eine weitere Analytik ein. Nach wiederum zwei Tagen lagen die Ergebnisse vor: In den Keksen wurden Spuren von Steroid-Alkaloiden nachgewiesen.

Theres informierte umgehend den Chefarzt und der reagierte sofort. Gegen Mittag erschien ein Kriminalkommissar auf der Station, der sich als Kommissar Kafka vorstellte und Theres, die Psychologin und Schwester Kristina explorierte. Knödel und Möllers waren noch auf ihren Zimmern in Isolation. Die Quarantäne verlangte, dass Kafka die Räume nur in einem über die Kleidung anzulegenden Schutzanzug und mit Mundschutz betreten durfte.

Zuerst suchte er Möllers auf. Der lag im Bett und hörte Musik. Als sich Kafka als Kommissar vorstellte, reckte er sich angespannt in die Höhe. Kafka befragte ihn zu den Ereignissen auf dem Zimmer, zu den Drohungen während der Gruppensitzung und was er zuletzt gegessen hatte.

»Am Abend vorher aß ich das übliche Klinikessen und trank Pfefferminztee. Vielleicht einen halben Liter. Dann bin ich zu Bett gegangen.«

Das reichte Kafka.

Von Schwester Kristina ließ er sich den Essensplan der vergangenen Tage zeigen. Außer Möllers hatten noch mindestens fünf Patienten das gleiche Menü gespeist – und keiner hatte pathologische Auffälligkeiten wie Möllers gezeigt.

Dann suchte er Knödel in dessen Zimmer auf.

Knödel schaute griesgrämig zu Kafka, als der sich vorstellte. Kafka befragte ihn zu den Ereignissen rund um ihn und Möllers.

»Und nun glauben Sie, dass *ich* etwas mit Möllers Zustand zu tun hätte? Da reicht eine kleine Äußerung und schon wird die Kripo auf mich gehetzt!«, beschwerte sich Knödel.

Kafka schwitzte unter dem Mundschutz und zerrte ihn sich vom Gesicht.

»Herr Knödel, was würden Sie denn an der Stelle des Klinikchefs machen? Da droht ein Patient dem anderen mit dem Tode, nur weil der schnarcht. Und wenig später liegt der Bedrohte kurzatmig und sich übergebend im Bett. Er wäre womöglich gestorben, hätte das Personal nicht so rasch reagiert. Wie erklären Sie sich denn die Situation?«

»*Sie* sind der Kommissar. Ich habe mit Möllers desolatem Zustand nichts zu tun.«

Kafka dankte Knödel und verließ das Zimmer. Auf dem Flur kassierte er einen strengen Blick von Schwester Kristina, weil er den Mundschutz nicht mehr aufhatte. Dann erbat er sich nochmals ein Gespräch mit Doktor Schwanitz, die ihn in ihrem Untersuchungszimmer empfing.

»Was glauben Sie, kann man die Drohungen von Herrn Knödel ernst nehmen?«

»Das denke ich nicht. Herr Knödel neigt zur Impulsivität und ist ein typischer Querulant. Immer sind die anderen schuld. Meist geht gerade von denen, die lauthals drohen, kaum eine wirkliche Gefahr aus. Außerdem kann ich kein Motiv für einen Mordversuch bei Herrn Knödel erkennen. Die Wut über das Schnarchen als Mordmotiv? Das wäre absurd und albern. Außerdem hat Herr Knödel überhaupt keine Anstalten gemacht, von der Station zu fliehen. Ganz im Gegenteil. Er verhält sich wie immer.«

»Noch wissen wir nicht, ob wir es überhaupt mit einem Mordversuch zu tun haben. Was wir an Fakten vorliegen haben, ist der Nachweis giftiger Alkaloide in Herrn Möllers Körper und in den Keksen von Herrn Knödel«, fasste Kafka zusammen.

»So sehe ich das auch«, bestätigte Theres.

»Also hat Herr Knödel Herrn Möllers Kekse angeboten, um ihn aus dem Weg zu schaffen?«, resümierte Kafka.

»Oder Herr Möllers hat einfach ein paar Kekse genascht und ist so rein zufällig in diese bedrohliche Lage geraten. Bleiben die Fragen, ob auch Herr Knödel davon gegessen hat und von wem er die Kekse bekam? Fragen Sie ihn doch einfach.«

Kafka blinzelte erfreut ob der Schläue der Ärztin, zog sich den Mundschutz wieder übers Gesicht und mümmelte: »Wird gemacht, Frau Doktor.«

Kurz darauf klopfte er erneut an Knödels Tür.

Knödel war sofort gereizt. »Sie schon wieder! Ich wollte mich gerade erholen.«

»Gestatten Sie mir bitte noch zwei Fragen: Von wem hatten Sie die Kekse? Haben Sie selbst welche gegessen oder Herrn Möllers ein paar angeboten?«, erkundigte sich Kafka.

»Ich würde Möllers nie etwas anbieten. Und nein, ich selbst bin noch nicht dazu gekommen, einen Keks zu essen.«

»Und woher haben Sie die Kekse?«

»Meine Frau ist eine begnadete Plätzchenbäckerin. Immerhin dazu taugt sie. Und nun möchte ich schlafen.«

Kafka genügten die Antworten. Er ging nochmals zu Möllers – und der beichtete ihm, dass er in der Nacht vor seinen Beschwerden einen kleinen Heißhungeranfall gehabt und ein paar Kekse aus Knödels Dose *gemopst* hätte, wie er sich ausdrückte. Lecker, wenngleich etwas bitter hätten sie geschmeckt.

Die Julisonne brannte heiß auf die Straßen und die Vorgärten der Häuser im Speckgürtel der Stadt. Die Rabatten und Sträucher vor Herrn Knödels Haus waren sehr gepflegt.

Vorm Haus war niemand. Kafka schlich durchs Tor und am Häuschen vorbei. Dieses besaß keinen Vordereingang, sondern war nur über die Seite zu betreten. Ein Fenster neben der Haustür stand offen. Der Mezzosopran einer älteren Dame klang von dort zu ihm heraus. Er äugte durchs Fenster und sah eine Frau, die am Tisch saß und einen Kohlkopf zerkleinerte, wobei sie ein Volkslied trällerte, das Kafka nicht kannte.

»Frau Knödel, entschuldigen Sie. Darf ich Sie etwas fragen?«, rief er ihr durchs offene Fenster zu.

Frau Knödel schaute erschrocken auf.

»Mein Name ist Kafka, Kommissar Kafka.«

»Warten Sie, ich komme gleich zur Tür und bitte Sie herein.«

Frau Knödel, eine fitte Endsechzigerin, die auf ihr Äußeres zu achten wusste, bat ihn, am Tisch in der Küche Platz zu nehmen.

»Einen echten Kommissar hatte ich noch nie zu Besuch. Was wollen Sie mich fragen?«

»Ihr Mann liegt im Krankenhaus und vor einer knappen Woche hat es einen Streit mit einem Mitpatienten gegeben. Ihr Ehemann drohte, diesen umzubringen. Was halten Sie davon?«

Während ihm Frau Knödel antwortete, schaute sich Kafka in der Küche um. Neben der Spüle lagen einige Pflanzen samt Wurzel, als wären sie frisch aus der Erde gezogen worden. In einem Schälchen unterm offenen Fenster dufteten frische Kekse.

»Wissen Sie, Herr Kommissar, mein Mann droht dauernd anderen. Und droht er mal nicht, setzt er Beschwerden oder andere sinnlose Schreiben auf. Er neigt dazu, seine Zeit damit zu verschwenden. Erfolg hat er damit nicht. Und soll ich Ihnen etwas sagen? Ich bin froh, dass er keinen Erfolg hat. Das würde ich ihm natürlich nie sagen, denn dann würde er völlig ausrasten. Auch mir hat er schon mehrfach ein rasches Ende prophezeit. Wenn er in der Klinik ist, habe ich meine erholsamsten Wochen«, erzählte sie ruhig.

»Und glauben Sie, dass er mit einem Patienten kurzen Prozess machen würde?«, fragte Kafka.

»Ja und nein. Nein, weil er viel zu feige ist und Angst vor körperlicher Gewalt hat. Und ja, weil er mir immer öfter unberechenbar erscheint. Er ist immerhin psychisch krank.«

»Frau Knödel, haben Sie zufällig eine Aufstellung all seiner Klinikaufenthalte? Irgendwelche Befunde?«

»Natürlich. Jochen hat alles auf seinem Schreibtisch liegen. Ich gehe sie rasch holen.«

Frau Knödel erhob sich, ging in den Flur und von dort stieg sie in die obere Etage hinauf. Kafka hatte nicht vor, die Befunde zu lesen. Er brauchte sie auch nicht, aber er nutzte die provozierte Abwesenheit von Frau Knödel und stopfte sich eine Pflanze von der Spüle unter die Jacke. Außerdem stahl er zwei Kekse.

Er war gerade mit seiner kleinen Dieberei fertig, da hörte er Frau Knödel die Treppe wieder hinunterkommen. Sie reichte ihm die Befunde, die er kurz überflog.

»Darf ich die mitnehmen? Ich sende sie Ihnen zurück, sobald ich sie kopiert habe«, log er.

»Aber gerne. Nun habe ich Ihnen überhaupt nichts angeboten.«

»Kein Problem. Ich habe auch nicht viel Zeit. Vielen Dank für Ihre Hilfe.«

Von Frau Knödel aus fuhr Kafka in die Toxikologie der Uniklinik. Doktor Schwanitz hatte ihm die Adresse von Michaela Schraiber gegeben und Kafka bereits angekündigt. Michaela empfing ihn neugierig.

»Was haben Sie mir denn Feines zum Testen mitgebracht?«

Kafka legte die beiden Kekse auf den Tisch und zog dann die Pflanze unter der Jacke hervor.

Michaela sah ihn ernst an.

»Bitte waschen Sie sich sofort die Hände und desinfizieren Sie sich! Die Kekse kenne ich ja bereits.«

Dann zog sie sich ein paar Gummihandschuhe über und roch an dem Gebäck.

»Es sind die gleichen Kekse, die ich vor ein paar Tagen schon analysiert habe, die Alkaloid-Kekse.«

Dann hielt sie die Pflanze mit spitzen Fingern in die Höhe, während sich Kafka die Hände schrubbte. Das Gewächs war circa achtzig Zentimeter lang. An einem dicht behaarten und kräftigen Stängel wuchsen wechselständig grüne Blätter. Weiße Blüten an der Spitze. Ein scharfer, stechender Geruch.

»*Veratrum album*. Man nennt es auch Nieswurz, Lauswurz, Hammerwurz oder Weißen Germer. Diese Pflanze ist sehr giftig. Von der Antike bis in die frühe Neuzeit wurde sie als harntreibendes und menstruationsförderndes Arzneimittel verwendet. Man nutzte sie einst auch als Niespulver und Brechmittel. Kühe machen auf der Weide einen großen Bogen darum. In der Tiermedizin verwendet man sie nur noch äußerlich zur Bekämpfung von Läusen und Krätze. Man vermutet, dass Alexander der Große mit Weißem Germer ermordet wurde. Besonders im Wurzelstock enthält das Zeug giftige Alkaloide wie Protoveratrin und Germerin. Zehn bis zwanzig Milligramm der Alkaloide, was ein bis zwei Gramm der Wurzel entspricht, gelten für Erwachsene als tödlich. Nach drei bis zwölf Stunden tritt der Tod durch Herzstillstand und Atemlähmung ein.«

Behutsam legte sie die Pflanze wieder vor sich auf den Tisch.

»Wo haben Sie denn diese kleine toxische Bombe her?«

»Sie gehört zur Menükarte einer älteren Dame, die damit

die Kekse ihres Ehemanns veredelt. Ich habe sie ihr von der Salattheke gestohlen. Wozu, das werde ich bald wissen.«

»Wenn Sie es wünschen, analysiere ich die Kekse und die Pflanze noch einmal genauer«, bot sich Michaela an.

»Ihre Vermutungen reichen mir, um die Pflanzenfreundin unter Druck zu setzen. Aber fürs Gericht bräuchten wir dann doch die harten Fakten.«

Kafka bedankte sich und fuhr nochmals zu Frau Knödel. Die saß immer noch am Tisch in der Küche und war gerade dabei, in einem kleinen Steingutmörser etwas zu zermalmen. Dabei hatte sie Gummihandschuhe an.

Das Fenster stand noch offen.

»Guten Tag, Frau Knödel. Ich bin's noch mal. Sie haben ja kräftig zu tun.«

Frau Knödel schaute auf und nickte.

»Herr Kommissar! Da sind Sie ja wieder. Haben Sie meinen Mann getroffen? Wie geht es ihm? Wollen Sie hereinkommen?«

»Frau Knödel, das ist nicht nötig. Bleiben Sie ruhig sitzen. Was zerkleinern Sie denn da?«

»Das ist nur etwas Würziges für den Salat.«

»Oder für ein paar Kekse? Zum Niesen? Oder Erbrechen?«, ergänzte Kafka ruhig.

Frau Knödel zuckte. Wie gebannt starrte sie auf den Mörser, in dem sie die Wurzel bearbeitete. Dann stand sie auf, zog sich die Handschuhe ab und wusch sich die Hände.

»Ich wollte den anderen Herrn nicht in Gefahr bringen. Das war nicht meine Absicht. Ich stelle mich der Justiz. Ich bin gleich bei Ihnen.«

Kurz darauf stand sie gekämmt und mit einer kleinen Tasche im Vorgarten. Kafka mochte sie, da sie sich wie eine echte Dame zu benehmen wusste.

Im Kommissariat gestand sie Kafka die Mordabsichten an ihrem Mann. Seit Jahren beschäftige sie sich mit Heil- und Giftpflanzen und hätte sich dazu auch einen kleinen Kräutergarten angelegt. Ihre Ehe war längst als solche erloschen. Mit den Jahren habe sich ihr Gatte immer mehr zur Belastung für sie und ihre Mitmenschen entwickelt. Insbesondere sein negativistisches und selbstbezogenes Verhalten habe ihre Entscheidung befeuert, etwas zu ändern. Eine Trennung habe sie nicht erwogen, da ihm das Haus und der Kräutergarten gehörten und an eine Gütertrennung nicht zu denken war. So habe sie sich entschieden, aus ihrem Hobby eine *Tugend* zu machen und die *Entsorgung* dieses Querulanten zu planen. Schuldig im emotionalen Sinne fühle sie sich nicht. Juristisch stelle sie sich der Verantwortung.

Kafka besuchte am Nachmittag noch einmal die Station. Schwester Kristina und Theres Schwanitz zeigten sich wenig überrascht von dem Ermittlungsergebnis.

»Die arme Frau Knödel«, resümierte Schwester Kristina.

Und während sie das sagte, stand plötzlich Herr Knödel mit der Palette fürs Abendbrot im Türrahmen und polterte los: »Frau Doktor und Schwester Kristina, wer von Ihnen möchte diesen Fraß essen? Das Abendbrot ist wie immer eine Zumutung. Wie lange werde ich das noch ertragen müssen?«

Theres stand auf und nahm Herrn Knödel die Palette ab.

»Gar nicht mehr. Sie sind hiermit entlassen.«

Ingrid Schmitz

Lass uns sterben

Rizinus

Bonnie und Klaus saßen in der Hollywoodschaukel auf der Terrasse und genossen den Spätsommer. Jetzt um die Mittagszeit tat die Hitze ihren müden Knochen gut. Das Quietschen der altersschwachen Schaukel störte sie nicht, denn sie hörten es nicht mehr.

Verträumt sahen sie auf die blühenden Stauden in allen Pastellfarben und Schattierungen links und rechts des Gartenweges, der sich zum alten Obstbaumbestand schlängelte. Die Yuccapalme vor dem Gewächshaus trug vier saftig grüne Ableger, wovon jeder einzelne eine mächtige Rispe mit eng aneinanderliegenden weißen Blütenglocken besaß. Alte englische Rosenstöcke, links am Zaun, saßen voll prall gefüllter Blüten von Rosa bis Magenta. Ein Farbenrausch.

»... und schau, der herrliche Eisenhut«, sagte Bonnie und lächelte versonnen. Sie sah zu ihrem Mann, mit dem sie neunzehn lange Jahre verheiratet war. Klaus war ihr vierter Mann. Klaus schlief. Wie so oft in letzter Zeit, wenn er sich auf etwas stark konzentrieren musste, nickte er einfach ein. Mitten im Satz, beim Essen und beim Fernsehen sowieso. Er schlief wie ein Baby, sah aber mit seinen achtzig Jahren natürlich nicht mehr so aus. Den Kopf hatte er leicht zur Seite geneigt, seinen faltigen Mund ein wenig geöffnet. Die flachen Atemgeräusche waren kaum zu hören. Glücklicherweise schnarchte er nicht, denn das machte sie rasend.

»Ach ja, die Rosen«, sagte sie mit einem tiefen Seufzer zu sich selbst, klappte das Album mit den Gartenbildern vergangener Jahre zu und stellte sich der Realität. Hoffentlich dauerte es nicht mehr lange. Dieser Anblick war nicht zu ertragen. Der Rasen war hüfthoch und bestand zwischen den Grashalmen aus Unkräutern, deren Samen herbeigeweht worden waren. Selbst die sonst so widerstandsfähige Distel und der robuste Löwenzahn kämpften ums Überleben. Vom Eisenhut war überhaupt nichts mehr zu sehen, die Yuccapalme verfaulte und zog sich in die Erde zurück und das nur, weil Klaus gemeint hatte, er könne das Unkraut und die Schädlinge auch mit Altöl bekämpfen. Was die Rosen anging, so hatte er es geschafft, sämtliche Stöcke derart weit zurückzuschneiden, dass sie es erst gar nicht mehr wagten, wieder hervorzukommen. Nur eine einzige, rotblättrige Pflanze stand in ihrer vollen Schönheit in der grünen Hölle, weil Bonnie sie gehegt und gepflegt hatte. Viel Wasser brauchte der imposante Rizinus nicht, was ihr sehr entgegenkam. Jedes Jahr bangte sie, ob sich aus eingepflanzten Samenkapseln wieder eine neue Pflanze bildete und ob sie wieder zwei Meter hoch werden würde wie im Vorjahr.

Klaus wurde wach. Er hustete seine Atemwege frei und sah sich um, so als müsse er sich erst einmal neu orientieren.

»Hier bin ich«, sagte Bonnie. Ein alter Scherz, den sie nicht lassen konnte. »Sollen wir nicht mal zum Arzt fahren?«, fragte sie. »Es ist nicht normal, wenn du die ganze Zeit nur schläfst. Auch mit achtzig sollte man noch etwas vom Leben haben. Vielleicht fehlen dir ja nur irgendwelche Mineralien oder Vitamine. Du isst immer weniger und trinkst dafür mehr – damit meine ich jetzt kein Wasser.«

»Ich gehe nicht ins Krankenhaus. Da bekommen mich keine zehn Pferde hin.«

»Wer redet denn gleich vom Krankenhaus? Arzt. Hörst du? *Arzt*!«

Bonnie stand ächzend auf, humpelte in die Küche und kam einige Zeit später mit dem Servierwagen wieder, den

sie wie einen Rollator benutzte. Sie deckte den Tisch. Heute gab es nur leichte Kost. Brot, Butter, Gelee, Käseaufschnitt und Leberwurst aus der Dose. Klaus verlangte nach seinem Bier, das sie wohlweislich mitgebracht hatte.

Schon beim Öffnen der Brotverpackung schaffte er es nicht, die Klammer des Plastikbeutels zu lösen. Er bekam sie nicht gerade gebogen und stach sich mit dem Metallende in den Daumen. Je länger sein Versuch dauerte, desto zittriger wurde er, bis er die Tüte mit dem Brot auf den Tisch warf.

»Vorsicht! Bierglas!«, rief Bonnie noch, als sie mit ansehen musste, wie das leere Glas vom Tisch kullerte und zersprang. Auch die Reaktionsfähigkeit von Klaus hatte enorm nachgelassen. Einfach alles.

Weder die Käseverpackung, noch das Geleeglas oder die Leberwurstdose bekam Klaus geöffnet, noch nicht einmal seine geliebte Flasche Bier. Mühsam rappelte sich Bonnie wieder hoch und blieb kurz stehen, weil so der Kreislauf in Gang kam. Sie sammelte die Scherben auf und ging in die Küche. Nach einer Weile kam sie mit der geöffneten Bierflasche zurück.

Klaus setzte an und trank. Der Schaum quoll heraus und lief über sein schlecht rasiertes Kinn. »Es macht keinen Spaß mehr«, sagte er.

»Was hast du gesagt?«, fragte Bonnie.

»Es. Macht. Keinen. Spaß. Mehr.«

»Wieso sprichst du so seltsam? Merkst du das nicht?«

»Was denn?«

»Du lässt so viele Silben aus.«

»Nicht, dass ich wüsste. Test ... Test ... Test.«

»Auch das sollten wir untersuchen lassen. So schnell wie möglich«, sagte sie. Er würde es nicht wollen, so viel war klar. Dabei hätte sie ihn ohne Weiteres zum Arzt fahren können, denn im Gegensatz zu Klaus ging sie noch aus dem

Haus und fuhr noch mit dem Wagen. Eine wertvolle Freiheit, die ihr geblieben war und die sie ausnutzte, wann immer es ging. Sie nahm die Gartenzeitschrift zur Hand, die sie sich heute Morgen beim Einkaufen besorgt hatte. Auf der Titelseite war ihre Lieblingspflanze, der Rizinus, abgebildet. Bonnie schlug den Artikel auf und las ihm vor: »Wusstest du, dass der Rizinus auch Wunderbaum oder Christuspalme, Hundsbaum, Läusebaum oder Kreuzbaum genannt wird?«

»Ja«, sagte Klaus. Was mit Sicherheit gelogen war.

»... und dass aus den Samen, den sogenannten Castorbohnen, die einen an voll gesaugte Zecken erinnern, das Rizinusöl hergestellt wird? Rizinusöl, für eine rasante Verdauung.«

»Ja, sicher weiß ich das. Bin noch klar bei Verstand, nur so unendlich müde. Ich will nicht mehr, Bonnie. Ich kann nicht mehr.« Er stach mit dem Messer auf die Leberwurstdose aus Plastik ein, deren Lasche sich erst gar nicht und dann nur stückchenweise aufreißen ließ.

»Nur eins noch«, sagte Bonnie, die spürte, dass es keine bessere Gelegenheit dafür gab: »Die Samenschalen des Wunderbaums sind sehr giftig, da sie das toxische Eiweiß Rizin enthalten. Nur 0,25 Milligramm können tödlich wirken. Das entspricht wenigen Samen.«

»Gib her und hol mir meine Brille«, sagte Klaus, in den Leben gekommen war und der außergewöhnlich schnell den Arm nach dem Magazin ausstreckte, wenn auch mit einem Schrei.

Er las flüchtig und ließ die Zeitung sinken.

»Lass uns sterben!«, sagte er. »Wir haben alles, was wir dafür brauchen.« Er zeigte auf die Todespflanze im Garten.

Bonnie sah ihn aus schreckgeweiteten Augen an. »Fängst du schon wieder vom gemeinsamen Sterben an? Spinnst du?«

»Nein, aber bevor ich spinne, will ich selbst bestimmen, was mit mir geschieht. Du kommst mit. Du kannst doch auch nicht mehr so wie früher. Hast doch auch Schmerzen in den Knochen und Gelenken, und dann deine ständige Migräne und die Magenschmerzen ...«

Sie flüsterte, weil sie es loswerden musste: »Wegen dir. Alles wegen dir, Klaus.«

»... und wer weiß, wo sie uns hinbringen, wenn wir gar nicht mehr können«, empörte er sich. »Unsere Möbel, das Haus, alles wird verkauft und wir werden in ein Bett gesteckt und müssen vor uns hinsiechen.«

»Es gibt sehr gute Heime ... die Pflegerinnen und Pfleger unternehmen viel mit den alten Menschen und opfern sich tagtäglich auf ... soll ich mal dort anrufen?«

»Untersteh' dich!«

Sie kannte seine Einstellung zu Heimen und sprach jetzt mit einem depressiven Unterton: »Ja, du hast recht. Es wird wohl das Beste sein, wenn wir uns ... Ich hole ein paar Samenkapseln und lege sie in die Sonne, damit wir die getrockneten Schalen mörsern können, denn nur darin befindet sich das Gift. Das Pulver soll nach Nüssen schmecken, habe ich mal gehört. Aber es kann zwei, drei Tage dauern, bis ...«

»Nicht schneller?«, fragte Klaus. »Werden wir Durchfall bekommen?«

Bonnie nickte. »Erst brennt es im Mund, dann schädigt es Magen, Leber, Nieren und Darm, bis hin zum Kreislaufversagen und ja, vorher Übelkeit, Erbrechen. Wir sollten uns darauf einstellen und die Dosis erhöhen, damit wir nicht lange leiden müssen.«

Klaus nickte. Angst hatte er nicht davor. Seine Organe waren längst geschädigt. Schlecht war es ihm auch manchmal und der ›flotte Otto‹ kam wie sein Name. Allein deswegen hatte er sich so manches Mal gewünscht, schneller laufen zu können. Bonnie musste es dann meistens aufwischen, weil er mit seiner kaputten Hüfte nicht mehr so weit nach unten kam. Ja, auch für sie würde es eine Erlösung sein. Sein Entschluss stand felsenfest.

Zaghaft lächelte er Bonnie an und nahm ihre faltige Hand, die er so fest drückte, wie es ihm nur möglich war. »Jeder von uns sollte einen Abschiedsbrief hinterlassen – für unsere Nachbarn, oder die Nachrichten, für all diejenigen, die es interessieren könnte. Holst du uns Papier und Stift, meine Sonne?«

Bonnie schossen die Tränen in die Augen. So hatte er sie schon lange nicht mehr genannt. Es war ihr Kosename aus vergangenen Tagen, an denen sie sich heiß und innig geliebt hatten, an fast allen Orten auf dieser Welt. Das war auch das, was sie am meisten vermisste: Das Reisen und das Lieben. Nur durfte sie es nicht laut sagen. Nicht mit achtzig.

Bonnie brachte die Blätter und setzte sich so, dass Klaus nicht lesen konnte, was sie schrieb. Auch er hielt seine Hand vor das Papier, als säße er in der Schule und als gälte es, niemanden abgucken zu lassen. Klaus schrieb mit krakeliger Schrift:

Zunächst entschuldige ich mich dafür, Ihnen einen solchen Schrecken versetzt zu haben. Ich hoffe, Sie überwinden das Trauma sehr schnell, zwei alte, tote Menschen gefunden zu haben. Der Anblick ist sicher nicht schön für Sie, aber mir stand kein anderes Gift als Rizinus zur Verfügung. Wenn man den Symptomen der Rizinvergiftung glauben darf, war es für mich auch nicht gerade einfach.

Dies zu schreiben, strengt mich bereits an, so wie mich alles angestrengt hat in meinem Leben. Die Schule, die Arbeit, meine Frau, die immer mehr wollte, als ich bereit war zu geben (Ich hoffe, du liest es nicht heimlich – verzeih mir, meine Sonne, aber es war wirklich nicht immer einfach mit dir).

... und dann diese Anstrengungen im alltäglichen Leben. Das Autofahren, Tragen, Gehen, Essen, Lesen, Reden und Schreiben und diese elendigen Verpackungen, Dosen und Flaschen, die man im Alter nicht mehr aufbekommt.

Mein Leben ist unwürdig geworden.

Was nützt einem das viele Geld? Nichts. Ich will mir keine Hilfen kaufen, die mir den Hintern nachtragen und abwischen, und ich will nicht eines Tages aus meinem Haus getragen und in ein Heim gebracht werden.

Deshalb ist es ist mein eigener Wille, aus dem Leben zu scheiden – gemeinsam mit meiner Frau, die so auch nicht mehr weiterleben will – nicht ohne mich.

Ich verabschiede mich für immer.

Klaus Sprinter

Klaus fiel zurück in die Kissen und schielte zu Bonnie, die immer noch zu überlegen schien und sehr langsam schrieb:

Was ich erledigen muss:

Bestatter anrufen – Sarg aussuchen

Police suchen – Versicherung anrufen

Putzfrau bestellen – Großzügiges Trinkgeld geben

Gärtner bestellen – Rosen kaufen

Schatzi einladen – zum Kuchen und zur Reise

Geld abholen – und Kreditkarte beantragen

Kuchen kaufen – keine Sahne, da sonst Durchfall.

»Bist du soweit?«, fragte Klaus.

Bonnie nickte. Sie klebte den Brief schnell zu und legte ihn vor sich. Klaus warf seinen Umschlag offen auf den Tisch.

In der Sonne waren die Hüllen der Rizinussamen schnell getrocknet. Klaus wollte sie selbst mörsern, in der Küche. Im Stehen habe er mehr Kraft, meinte er, und humpelte los.

Bonnie hatte lange auf ihn gewartet, und dann war es endlich soweit. Er kam mit einem Tellerchen wieder, auf dem das tödliche Pulver lag. Es zitterte in seiner Hand. In der Linken trug er eine Flasche Bier, die er mit letzter Kraft geöffnet hatte. Er stellte alles vor Bonnie ab, hielt inne und sagte: »Halt! Ich habe es mir überlegt.«

Sie sah ihn erschrocken an. »Wir machen es etwa nicht?«

»Wir machen es anders.«

Er nahm den Umschlag, der vor Bonnie lag. Sie zerrte ächzend daran. »Das ist meiner!«

Klaus entschuldigte sich und griff zu seinem, strich auf dem Blatt herum und ergänzte Sätze.

Danach verschwand er kurz. Es polterte im Schlafzimmer, so als würde er alles aus den Schränken reißen und auf den Boden werfen. Japsend kam er wieder auf die Terrasse und hielt seine Wehrmachtspistole in der Hand, die er wie seinen Augapfel gehütet hatte. Noch nicht einmal Bonnie wusste, wo er sie versteckt hatte – jetzt wusste sie es.

»Wir werden uns erschießen. Das geht schneller. Du zuerst.« Er hielt ihr die Waffe hin, mit dem Lauf zuerst.

Bonnie bekam Schweißausbrüche. Sie wehrte ab: »Nein!!! Das mache ich nie! Nie im Leben. Ich … ich nehme lieber das Pulver.«

»Wer sagt mir, dass du es auch wirklich nimmst?«, fragte er in einem Ton, den sie so gar nicht von ihm kannte.

»Du wirst es sehen«, antwortete sie ruhig. »Ich mache es zuerst.«

Klaus lächelte. »Das ist gut.«

Bonnie stierte auf das Pulver. Ihr wurde mulmig. »Ich habe gehört, wenn man es mit Öl nimmt, dann ist es erträglicher.«

»Seit wann ist Gift verträglich?«, fragte Klaus.

»*Erträglich*, Klaus. Du solltest mal zum … ach.«

Sie holte das Öl in einer Tasse aus der Küche, setzte sich wieder auf den Klappstuhl und schüttete etwas von dem Pulver hinein. Ihr Puls raste, die Ohren pfiffen. Bonnie rührte und rührte. Sie führte die Tasse zum Mund und trank kleine Schlucke, verzog das Gesicht dabei.

»Oh, es wirkt schon!«, krächzte sie kurz darauf. Die Tasse fiel zu Boden, Bonnies Kopf kippte zur Seite, ihre Augen starrten gen Himmel.

Klaus stand unter Schock, ihm kamen die Tränen. Sie hatte es tatsächlich gemacht – für ihn gemacht – für ihre Liebe.

Er humpelte mit der Flasche Bier in der Linken und der Pistole in der Rechten ins hohe Gras, weil er auf der Terrasse keine Schweinerei anstellen wollte, nahm einen Schluck Bier, ließ die Flasche fallen und steckte sich den Lauf der Pistole in den Mund. Klaus drückte ab ...

Bonnie war der Schrecken in die Glieder gefahren, als sie den Schuss gehört hatte. Ob er noch als Letztes mitbekommen hatte, dass sie zusammengezuckt war? Hoffentlich nicht. Ach, es spielte keine Rolle mehr.

Es war also korrekt, was in der Zeitung stand. Das Gift Rizin ist nur wasserlöslich, in Öl löst es sich nicht auf, es bleibt also in den Rückständen. Nur so konnte auch Rizinusöl hergestellt werden, es wäre sonst zu gefährlich. Nicht auszudenken, wenn es schiefgegangen wäre. Sie sprang auf und ging schnellen Schrittes ins Wohnzimmer, wo das Telefon stand. Endlich durfte sie wieder in ihrem normalen Tempo weitermachen. Bonnie hatte die letzten Wochen die gebrechliche, alte Frau nur vorgegeben, nur gespielt, wie ihre Kräfte immer mehr nachlassen, weil sie wusste, dass Klaus dann diese seine letzte Entscheidung eher trifft. Oft genug hatte er ja davon gesprochen und es zig Mal gedanklich durchgespielt. Ihm hatte nur der letzte Anstoß gefehlt, den hatte sie ihm mit der Rizinuspflanze gegeben.

Sie hatte Durst. Im Kühlschrank befand sich ein Pikkolo. Bonny trank große Schlucke daraus. Das würde sie später als *Nervenberuhigung* erklären, nicht als *Feier*. Ihren reiselustigen und liebestollen Schatzi, den sie beim Frühstück in der Bäckerei kennengelernt hatte und der zehn Jahre jünger war als sie, durfte sie noch nicht anrufen. Da wollte sie kein Risiko eingehen, auch wenn alles eindeutig war. Der Abschiedsbrief war von Klaus, es war seine Pistole und waren seine Fingerabdrücke. Oh! Die Tasse mit dem Gift! Sie spülte sie schnell und stellte sie wieder ordentlich in den Schrank. Bonnie wollte die Polizei, die sie gleich anrief, nicht unnötig verwirren.

Ihr wurde übel. So eisig kalten Alkohol so schnell zu trinken, das konnte ja nicht gut gehen. Ob sie schnell etwas essen sollte? Wer weiß, wann sie wieder dazu kam. Sie nahm den angebrochenen Familienbecher Wackelpudding mit Waldmeistergeschmack und Vanillesoße mit auf die Terrasse. Ihr Lieblingsdessert. Klaus hatte wieder einmal darin herumgestochert und fast die komplette Vanillesoße aufgegessen und den Rest untergerührt. Wie sie das hasste. Es sah so unästhetisch aus. Sie hatte schon keine Lust mehr, davon zu essen, aber der Hunger war stärker. Nachdem sie die Hälfte ausgelöffelt hatte, stieß sie auf etwas Hartes. Es war ein kleiner Zettel. Sie kratzte die Reste mit dem Löffel ab, faltete ihn auseinander, las die krakelige Schrift:

Ich wusste, du würdest pfuschen.

Der Klappstuhl schwankte. Bonnie fiel um und starb.

Jan Flieger

Die Löwin
Roter Fingerhut

Oberkommissar Gerber stieg ächzend über das Absperr-
band und schritt auf das Auto zu, in dem ein Toter mit dem
Kopf über dem Lenkrad hing.

Die von der Spurensicherung waren schon da und eifrig
tätig.

»Sicher ein Herzanfall«, meinte seine rothaarige Mitarbeiterin Rita.

»Aber warum befährt er dafür diesen einsamen Waldweg?«, knurrte Gerber unwillig.

Eine kleine Trinkflasche läge auf dem Beifahrersitz und
ein Becher, erfuhr er dann. Ein blondes, langes Haar gäbe es
auch.

Gerber kniff die Augen zusammen.

»In die Pathologie«, knurrte er.

»Er soll ein Pelztierzüchter sein und ein Hobbyjäger«, erfuhr er von Rita später im Präsidium. »Wir haben eine
Adresse. Seine Frau kann uns auf der Farm empfangen.«

Gerber nickte.

Noch ehe sie zur Witwe fuhren, wussten sie es schon. Das
Getränk enthielt Digitalisglykoside in hoher Dosis, aber
auch Spuren der Droge Crystal. Er musste einen sehr tödlichen Mix getrunken haben, ehe er starb. Einen absolut tödlichen. An der Trinkflasche und am Becher gab es nur seine
Fingerspuren.

Das blonde, lange Haar ermöglichte die Ermittlung einer
DNA, die man aber niemandem zuordnen konnte.

Die Nerzfarm des Toten, in der sie die trauernde Witwe treffen wollten, war riesig, die Zahl der bewegungsfreudigen Tiere, die in viel zu kleinen Drahtkäfigen dahinvegetierten, hoch. Die Nerze waren verurteilt, ein sehr kurzes Leben zu führen bis zu dem Tag, an welchem sie qualvoll sterben mussten. Sie litten, damit Frauen, in ihre edlen Pelze gehüllt, flanieren konnten – Wesen, die keine Gedanken an das Leid von Tieren verschwendeten.

Kommissarin Rita kniff die Augen zusammen, eine Falte des Zorns halbierte ihre Stirn. »Lässt das Tierschutzgesetz solche Zwangskäfige zu?«

Gerber winkte ab. »Was helfen Gesetze, wenn man eine Realisierung nicht kontrolliert und wenn, dann nur durch bestochene Kontrolleure. Weltweit sollen jedes Jahr mindestens hundert Millionen Nerze, Füchse und Marderhunde für die Modebranche sterben.«

Aber ein ungutes Gefühl befiel ihn plötzlich. Und seltsame Gedanken schossen ihm durch den Kopf. Da gab es doch auch militante Tierschutzorganisationen. Deutschlands Rock-Ikone Udo Lindenberg fiel ihm ein, der sich sogar nackt ausgezogen hatte für die Onlinekampagne ›Zeig Haut. Gegen Pelz‹. Es ging gegen die Moderiesen Armani, Prada, Max Mara, Closed, Burberry, Kookai und einige andere.

Aber alle Proteste geschahen friedlich, das waren keine gewaltbereiten Walschützer. Man öffnete höchstens ein paar Gehege oder bedrohte Pelztierzüchter anonym.

Hier würden sie keine brauchbaren Spuren finden. Sie führten nur zu dem Toten selbst. Missmutig betrachtete er die Folterfarm mit all ihren bedauernswerten Lebewesen.

Dann straffte er sich, als die Witwe zu ihnen trat. Besonders betroffen wirkte sie nicht. Woher ihr Mann diesen ›Höllentrunk‹ habe, könne sie sich nicht erklären. Auf die vorsich-

tige Frage nach einer jungen Geliebten oder überhaupt nach einer solchen Möglichkeit winkte sie geringschätzig ab. Ja, Callgirls hätte es bestimmt gegeben. Es sei ihr egal gewesen, völlig egal. Es ginge bei ihm sowieso nur mit zwei blauen Pillen. Wenn überhaupt.

Gerber sah Rita im Auto tief in die Augen.

»Es ist nichts weiter als ein simpler Selbstmord. Und auch das blonde Haar hat nichts Pikantes. Jeder dritte Mann geht fremd. Und dass er als Mann nicht mehr kann, ging ihm wohl härter an die Nieren als anderen. Da sehe ich sein Motiv.«

Die junge Frau mit dem blauen Rucksack schlenderte gemütlich durch den Botanischen Garten, dessen Schönheit und Vielfalt sie zu bewundern und zu genießen schien.

Ihre Haare waren blond und lang, aber zu einem Knoten zusammengefasst. Ihr Gesicht wirkte dadurch ein wenig streng.

Dann stand sie vor den im Wind leicht schaukelnden Glocken des Fingerhuts.

Die Frau sah sich ein wenig verstohlen um.

Sie wirkte plötzlich angespannt.

Aber nur einen Augenblick lang, nicht mehr.

Ich bin allein, dachte sie erfreut, nahm den kleinen Rucksack von ihrem Rücken und griff nach dem Springmesser in der Tasche ihres schwarzen Anoraks.

Ein etwas boshaftes Lächeln huschte über ihr Gesicht.

In ihrem kleinen aber gut eingerichteten Labor würde es wieder Arbeit geben. Doch der nächste Pelztierzüchter wartete schon auf sein Getränk. Für die übelsten Tierquäler hatte sie eine Liste.

Sie würde wieder strafen, tödlich strafen, sie würde sie ausrotten. Was gequälte Tiere nicht konnten, war ihr möglich. Sie war eine Göttin der Rache.

Sie musste nur die Haare öffnen, sodass sie lang und blond über ihre Schultern fielen, wenn sie zu ihm als Anhalterin in das Auto stieg.

Den ›Willkommenstrunk‹ später, auf dem Waldweg, würde er gewiss nicht ablehnen, weil er auf eine leichte Eroberung hoffte. Und die Trinkflasche und den Becher würde sie sorgfältig von ihren Fingerspuren befreien und an seine erstarrten Finger halten, wenn er längst in der Hölle angelangt war. Dort, wo er hingehörte.

Oberverwaltungsgerichte, die seine Tierquälereien durch ihre Beschlüsse absicherten, konnten ihm da nicht mehr helfen. Die Hölle hatte keine Hintertür.

Eine Vorfreude erfüllte sie, die wunderschön war. Das Hobby des Toten, das wusste sie, war das Töten von Tieren bei der Jagd. Dafür besaß er einen eigenen Wald.

Aber borniertе Jäger, dachte sie höhnisch, *übersehen Löwen nur einmal.*

Ich bin eine Löwin.

Martina Arnold

DAS PRICKELN

Blauer Eisenhut

Tom steht im Bademantel am Fenster. Ein schneller Wind jagt regenschwere Wolken über den grauen Himmel. Tom lehnt die vom Duschen heiße Stirn an die Scheibe. Kühles Glas. Er schließt die Augen. Hinter ihm zischt die Kaffeemaschine. Maria kommt mit einer kleinen Tasse.

»Hier. Stark, schwarz und süß.«

»Wie ich es mag.«

Sie hält ihm die dampfende Tasse hin, aber er nimmt sie nicht. Stattdessen dreht er den Kopf wieder zum Fenster, schaut nach draußen. Zwei dicke Regentropfen klatschen direkt vor ihm auf das Glas.

»Links oder rechts?«

»Was meinst du?«, fragt sie.

»Der rechte Tropfen, oder der linke. Welcher ist schneller unten?«

»Ist doch egal.«

Er lächelt boshaft. »Es ist nie egal, wer der Schnellere ist. Also, was wettest du?«

»Ich will nicht wetten.«

»Der linke. Ich wette, es ist der linke.«

Sie schwenkt die Kaffeetasse.

»Dein Kaffee wird kalt. *Das* wette ich.«

Tom nimmt ihr blitzschnell die Tasse aus der Hand und kippt den Inhalt runter, in zwei Sekunden.

»Verloren«, sagt er. »Wie immer.«

Sie seufzt. »Wenn es dich glücklich macht ...«

Tasse auf der Fensterbank abstellen, nach ihr greifen,

rasch, sie umdrehen, schnell, sie festhalten von hinten, die Arme um ihren Körper schlingen, ganz fest, die Hände vorn in ihren Bademantel gleiten lassen, fordernd, besitzergreifend.

Tom beobachtet sich selbst dabei, ist stolz auf seine gleitenden Bewegungen, seine gelungene Choreografie und die männliche Kraft, mit der er sie jetzt hält.

»Ja, es macht mich glücklich. Sehr glücklich.«

Er küsst sie auf den Nacken. Feine Härchen kitzeln seine Lippen. Prickelnd. Er atmet ihren Duft, schmeckt ihre Haut. Süß. Sie gehört ihm. Diese Frau ist sein. Er lächelt. Handyklingeln unterbricht sein Spiel. Tom lässt Maria los.

»Morgen, Tom.« Die Stimme von Toms Londoner Kompagnon Mark knarzt im Lautsprecher.

»Schon wach? Bereit fürs Business?«

»Immer.« Tom drückt eine Taste an seinem PC. Der Bildschirmschoner verschwindet, Zahlenkolonnen, Tabellen und Charts erscheinen.

»Tokio meldet gute Werte für unser Paket«, freut sich Mark. «Schau's dir an. Heute machen wir richtig Geld.«

Mark rollt mit englischem Akzent die Konsonanten durch den Hörer. Tom setzt sich an seinen Schreibtisch. Die erste Million des Tages macht man am besten vor dem Frühstück. Wo stand das? Im ›Forbes Magazine‹? Tom fixiert den Monitor, winkt ohne aufzublicken Maria mit einer Hand zu.

»Machst du mir noch `ne Tasse, Liebes? Danke.«

Er hört, wie Maria durch das Wohnzimmer in die offene, amerikanische Küche geht. Sie liebt ihn. Darauf hält er jede Wette.

Etwas später klackt die Tür hinter ihm ins Schloss. Maria strafft die Schultern und atmet tief durch. Dann gießt sie den kalten Kaffee, den er nicht mehr getrunken hat, in den Ausguss. Sein Kaffee, seine Küche, seine Wohnung. Hier ge-

hört ihr nichts. Sein Aftershave auf ihrer Haut. Nicht mal der Körperduft ist noch der ihre.

Sie wird sich fertig machen, wie jeden Tag, wird diese Wohnung verlassen und zur Arbeit gehen. Ihrer Arbeit, Angestellte einer Behörde. Und am Abend wird sie hierher zurückkommen, wird hier sein, bis der Morgen graut. Wie jede Nacht.

Wie lange noch? Im Badezimmerspiegel bleibt ihr Blick hängen, gleitet mit den feinen Tropfen des kalt gewordenen Wasserdampfes aus der heißen Dusche nach unten. Welcher Tropfen ist der schnellste? Sie hat gewusst, dass es der linke war, vorhin am Fenster. Hat geahnt, dass er genau das sagen wird. Hat gehofft, dass er den Kaffee austrinkt und sie dann an sich zieht. Genauso, wie er es getan hat. Verräterin. Sie ist gnadenlos mit sich. Wie mit ihm.

»Verlierer verdienen es nicht zu leben«, hatte er gesagt, als sie sich kennenlernten. Ein Hahnenkampf in einem Hinterhof, illegal natürlich, mitten in Frankfurt. Eine thailändische Freundin hatte sie mitgenommen.

Ein Hexenkessel, als sie ankamen. Verschwitzte Männer mit vor Aufregung puterrot durchbluteten Gesichtern überboten sich in wildem Geschrei. Dicke Bündel Geldscheine wechselten von einer Hand in die nächste, Finger, die sich krallenartig um das Geld schlossen und zu Fäusten ballten, wettverrückte Thais, Türken und auch Deutsche, Gier und eine deutliche Spur von Wahnsinn in jedem Blick. Maria wurde schlecht vor Abscheu, aber sie beschloss durchzuhalten. In einer improvisierten Arena aus grob gezimmerten Holzbrettern kämpften die extra für diesen Zweck gezüchteten Hähne gegeneinander. Dickflüssige Spritzer färbten die Federn rot. Die Tiere sprangen sich gegenseitig auf den Rücken und rissen sich mit dolchartigen Metallsporen an den Füßen das Fleisch auf. Maylin, ihre Freundin, jubelte.

»Er sterben. Er verloren.«

Sie zeigte auf den weißbraun gefleckten Hahn, der unter den Schnabelhieben seines Gegners wankte und versuchte, in eine Ecke zu entkommen. Er hatte keine Chance.

Die brüllenden Zuschauer trieben das Tier mit wilden Handbewegungen und Getrommel weg vom Rand und zurück in die Mitte des Kampfplatzes, direkt auf seinen tobenden Feind zu. Schließlich sackte der Hahn zusammen, dunkles Blut tropfte auf die Sägespäne am Boden, die Meute schrie auf.

»Ich gewonnen!«, jubelte Maylin. »Gewonnen viel! Du warten hier.«

Sie stürmte los, zusammen mit den anderen Zuschauern, quetschte sich durch die Menge, um ihren Gewinn zu sichern.

Maria starrte auf den leblosen Hahn, der allein in der Arena zurückgeblieben war. Sein Besitzer kam und stopfte den Kadaver in einen blauen Müllsack. Die Verachtung für den schmählichen Verlierer war ihm deutlich anzusehen.

»Verlierer sterben.« Toms Stimme raunte überraschend warm in ihr Ohr. »Sie haben jedes Recht verloren. Jedes Recht zu leben.«

Er küsste ihren Hals. Frech war das, ihr, einer Unbekannten, eine so intime Stelle zu küssen, aber sie gab ihm keine Ohrfeige dafür, zuckte noch nicht einmal zurück.

»Und? Wie viel haben Sie verloren?«, fragte sie.

»Ich pflege meine Wetten zu gewinnen.«

»Alle?«

Er grinste. »Wollen wir wetten?«

Sie drehte sich wieder der Arena zu. Jemand streute eine neue Lage Sägespäne aus. Am gegenüberliegenden Rand machten sich zwei Männer an einem Bambuskäfig zu schaffen. Maria glaubte das gedämpfte Krähen eines Hahnes daraus zu hören.

»Da kommt das nächste Opfer«, sagte sie.

»Oder der nächste Gewinner. Alle haben die gleichen Chancen.«

»Das glauben Sie doch selbst nicht.«

Ruckartig stieß sie sich vom Rand der Arena ab. *Ich kann das nicht*, dachte Maria. *Nur weg. Ich will nur weg.*

»Schade, dass Sie das so sehen. Wo Sie ab jetzt zu den Gewinnern zählen.« Nichts schien das siegessichere Lächeln in Toms Gesicht wegwischen zu können.

»Immerhin haben Sie heute mich kennengelernt.«

Maria stellte sich so dicht vor ihn, dass er ihren Atem im Gesicht spüren musste.

»Wenn *ich* ab jetzt gewinne«, sagte sie, »wer verliert dann?«

In den folgenden Wochen schickte Tom rote Rosen in ihr Büro. Nicht eine oder drei, sondern stets einen ganzen Arm voll, mindestens einundzwanzig oder mehr.

»Er angebissen«, nickte Maylin, als sie sich zum abendlichen Cocktail trafen. »Mann hängt an Haken wie Fisch.« Maylin lachte auf ihre laute, leicht ordinäre Art. Die anderen Gäste drehten sich irritiert zu ihnen um.

»Ich habe Angst, Maylin«, gestand Maria.

»Ach, du nicht Angst. Alles gut! Da, ich dir gebe Öl für Nerven. Helfe gut.«

Maylin massierte ein paar goldbraun glänzenden Tröpfchen in die zarte, blau geäderte Haut an Marias Handgelenken und Schläfen.

Die Flüssigkeit roch nach Minze und anderen Kräutern. Maria atmete den Duft tief ein. Ihr wurde leicht schwindlig, aber auf angenehme Art.

»Lass uns gehen«, sagte sie zu Maylin. »Ich bin auf einmal müde.«

In ihrer Wohnung legte Maria sich angezogen auf das Bett.

Das angenehm schwebende Gefühl von vorhin war immer noch da, ihr wurde wohlig warm. Ein leichtes Kribbeln und Vibrieren breitete sich in ihrem ganzen Körper aus. *Das ist es*, dachte sie, ehe sie mit einem Lächeln auf den Lippen einschlief. *Genauso wird es gehen.*

Tom verkauft Träume. Träume von einem größeren Haus, einer schöneren Frau, einem besseren Leben. Träume von Geld.

Er ist Broker, er handelt mit Aktien, Anteilsscheinen aller Art, Derivaten. Kaum ein Mensch versteht wirklich, was das ist. Gut so.

In einer vollkommen technisierten Welt kann man nur noch mit Geheimnissen Geschäfte machen. Aber Maria hatte sofort verstanden. Und weil sie alles verstand, von Anfang an, und immer noch versteht, ist Maria nicht nur seine Geliebte, sondern auch sein Freund. *Wer hat in meinem Business schon Freunde*, denkt Tom. *Echte Freunde gibt es nicht, allenfalls temporäre Allianzen oder Achtungsgegner.* Mark fällt ihm ein, der ist so einer, ein Banker in der Londoner City. Mark teilt die gleiche Leidenschaft, die sie beide in ihrem Business so erfolgreich sein lässt: Die fürs Wetten. Wetten, dass ich die Rothaarige an der Bar heute Nacht rumkriege? Wetten, dass ich bei diesem Derivatverkauf die Drei-Millionen-Dollar-Provisions-Marke knacke, und zwar noch vor dem zweiten Frühstück? Wetten, dass der kleine Hund der Frau, die vor uns auf dem Gehweg spazieren geht, erst beim dritten Laternenpfahl sein Beinchen hebt?

»Wetten, dass diese Maria dich bald abserviert?«, sagte Mark, bald nachdem Tom sie kennengelernt hatte. »Eine Woche Presidential Suite in den Royal Towers auf den Bahamas, mein Freund, dass deine Maria dich noch vor Weihnachten in die Wüste schickt.«

Aber es kam ganz anders. Maria zog bei Tom ein.

Warum? Er begreift es ja selbst kaum. Spröde ist diese Frau. Und warm und weich. Hart, kalt ihr Blick. Und glühend heiß ihre Umarmung. Sie zieht ihn an. Um ihn zu verschlingen. Zum ersten Mal ist Tom hilflos. Und maßlos erregt.

Auf hohen Beinen klettert die große Zitterspinne in die Mitte ihres Netzes. Fast zärtlich fasst sie ihre Beute, die sich dort verfangen hat, umwickelt sie mit klebrigen Fäden und spinnt sie ein. Die kleine Szene hat etwas faszinierend Grausames für Maria. Ist das nicht ein gutes Bild für ihre Situation? Ihre Eltern duldeten keine Spinnennetze im Haus. Sie hatten sich das Häuschen zu schwer erkämpft, um es nicht mit der größten Achtung zu behandeln. Ihr Vater legte einen kleinen Steingarten an, mit südamerikanischen Kakteen. Und ihre Mutter zeigte ihr voller Stolz die selbst genähten Gardinen in der Küche.

»Die Nähte sind ein bisschen krumm und schief, wenn man genau hinsieht«, lachte sie. »Macht nichts. Uns stört es nicht.«

Nichts davon existiert mehr. Nur ein paar Fotos sind Maria geblieben. Halb vergilbt verstauben sie in Kartons und Schachteln, die in ihrem Keller lagern. Oft kommt sie nicht hierher, um sich die Bilder anzusehen, aber heute ist ihr danach. Heute will sie den Schmerz spüren, ihn körperlich machen, ihn in sich wachhalten. Maria schließt die Augen, hält die Luft an, zählt bis zehn. Dann stopft sie die Erinnerungen zurück in ihr Pappgefängnis, löscht das Licht und geht mit schweren Beinen die Kellertreppe hinauf.

Sonntagmorgen. Die Sonne malt mit ihren Strahlen weiße Streifen auf das Laken. Tom blinzelt. Rubinrot leuchtet es aus hohen, schlanken Weingläsern, die auf seinem Nachttisch stehen. Die Reste von gestern Abend. Er schließt die

Augen. Warm und wohl fühlt er sich. Dieses wunderbare Gefühl soll bleiben, für immer. Alles, von dem er annimmt, dass es in Liebesromanen steht, ist wahr: Die Wellen der Lust, die über den erhitzten Körpern zusammenschlagen. Die wunderbaren Schauder, die heißen Säfte ... *oha, pass auf, Tom, das wird jetzt schwülstig.* Er grinst und kratzt sich verlegen am Kinn.

So etwas hat Tom noch nie erlebt. Noch nie, und er ist wahrhaftig kein unbeschriebenes Blatt.

»Du bist verliebt, old chap«, hatte Mark ihn neulich über Skype ausgelacht. »Another lost lamb.« Und er konnte nicht mal was dagegenhalten. Verliebt. Ist er je verliebt gewesen?

Nicht essen und nicht schlafen können. Hm. Blutdruck auf zweihundert, flaues Gefühl im Bauch und rosarote Brille auf der Nase. Hm. Unvernünftig sein, risikoreich und ohne alle Rücksicht auf Verluste. Ah, doch, diesen Zustand kennt er. Genauso fühlt es sich an, wenn er ein gutes Geschäft abwickelt. Und wenn man dann die Aktienwette gewinnt, ist es wie ein Rausch, dann ist es – Wow! Wie jetzt. Wie frisch verliebt also. Prickelnd. Aufregend. Lebendig. Als hätte man ihn in einer Liebesdroge gebadet.

Es wird Zeit zu handeln. Jetzt. Bevor sie nicht mehr die Kraft dazu hat. Aber was soll sie tun? Maylin weiß Rat, wie immer. »Er wetten, er Spieler. Du wetten auch, jetzt. Er nehmen Getränk, sonst Feigling. Hier!« Mit einem Knall stellt Maylin eines ihrer berühmten, kleinen, braunen Fläschchen auf den Tisch. »Das starke Medizin.«

»Medizin?«

Maylin gluckst. »Jahaa«, sagt sie gedehnt. »Medizin für Heilung von – wie sagt man auf Deutsch? – Diebstahl.«

Maria nimmt das Fläschchen, dreht es im Kerzenlicht. Die Flüssigkeit darin glitzert violett, soweit sie überhaupt durch das Glas zu sehen ist. Diebstahl, ja das war es. Tom hat gestohlen. Zuerst die Ersparnisse ihrer Eltern, ihren Schlaf. Dann das Haus, ihre Seelen. Und am Ende nahm er ihnen die Würde. Es spielt keine Rolle, dass Tom nicht selbst mit dem Gerichtsvollzieher und den amtlich bestellten Möbelpackern vor der Tür stand, sondern ein Abgesandter der Bank. »Ihre Verbindlichkeiten wurden verkauft, an ein Investment-Konsortium. Und die haben den Kredit gekündigt, tut uns leid.«

Was für eine miese Farce. Ihre Mutter war wachsbleich vor Scham, als sie ins Taxi stiegen zu ihrer letzten Fahrt. »Städtisches Altersheim Sonnenhof«, sagte ihr Vater zum Fahrer. Flache Stimme, kaum hörbar. Sie lebten nicht lange dort. Kaum lang genug, um die Koffer auszupacken. Dann erlitt ihr Vater einen tödlichen Schlaganfall. Ihre Mutter starb kurze Zeit später.

Tom hatte ganze Arbeit geleistet. Eine ganze Siedlung gekauft, verkauft, abgerechnet. Seine Investoren waren zufrieden, die Dividende stimmte und er bekam einen Bonus für dieses ›Projekt‹, das erzählte er Maria irgendwann stolz.

Maria schließt ihre Faust um das Fläschchen.

»Wie viele Tropfen?«

Sein Gesicht hat die ungesunde Farbe von verschimmeltem Brot. Tom schlägt auf den Monitor und schüttelt ihn, aber der Flatscreen lässt sich davon nicht beeindrucken. Mark sieht immer noch aus wie frisch operiert und dann weggeworfen.

»Verdammter Mist«, knurrt Tom. »Das Ding ist noch keine zwei Jahre alt!«

»Lass uns anfangen«, sagt Mark, »solange der Ton noch funktioniert.«

Sie brauchen eine gute Stunde, um die neuen Projekte durchzugehen. Immerhin ist die Skype-Verbindung stabil.

Mark beendet seine Präsentation und streckt sich. Trocken-gymnastik eines grün-gelben Kraken. Der Flatscreen produziert bunte Zackenmuster quer über sein Hemd. Oder liegt es an der Webcam? Tom ist sich nicht sicher. Irgendwas ist hier ganz gewaltig kaputt. Tom hat Kopfschmerzen, schon seit gestern Abend. Er greift nach einer Aspirin, der dritten heute.

»Lass uns Morgen weitermachen, Mark«, sagt er genervt. »Wir sind fürs Erste auch klar.«

»Okay. Kein Problem. Übrigens: Du siehst beschissen aus.«

Marks Ohren flattern unruhig. Seine Nasenspitze wächst über das Kinn und das linke Auge quillt aus dem Kopf, fließt auf die blaue Hemdbrust und umrundet dann Fäden ziehend seine Schultern.

Tom kann nicht mehr hinsehen. Ihm ist schlecht.

»Okay, bis dann«, murmelt er und schaltet den Computer aus. Das Summen erstirbt. Zum ersten Mal seit Jahren ist es still in seinem Apartment. Vollkommen still. Maria. *Ich muss sie anrufen*, denkt Tom. Dann gehen für ihn die Lichter aus.

Als er aufwacht, schmerzt sein Kiefer. Die linke Seite seines Gesichtes brennt und kribbelt, wie Muskeln, die ›eingeschlafen‹ waren, und das Ohr ist heiß und rot. Tom versucht, sich aufzurichten, sackt aber wieder zurück auf das Bett. Das Bett. Er liegt in seinem Bett. Wie ist er dahin gekommen? Das Letzte, an das er sich erinnert, ist Marks breiter Mund, Schlauchboot-prall-aufgepumpte, nach vorn gewölbte Lippen, und das schmatzende Geräusch, mit der er auf seiner eigenen Nasenspitze herumkaute. Tom stöhnt. Was für ein Trip. Und dabei kann er sich nicht mal daran erinnern, irgendwas eingeworfen zu haben. Seit er Maria kennt, hat er nichts mehr im Haus, kein Gramm Kokain, kein Ecstasy, nichts. Er braucht nichts. Er hat sie. Sie gibt ihm den Kick, macht ihn schwindlig, macht, dass sein Herz rast und sein Kopf explodiert. Genau wie jetzt.

»Kaffee?« Ihre zuckersüße Stimme tropft sirupartig in sein Ohr. »Du siehst aus, als könntest du einen vertragen, Tom.«

Maria stellt eine dickbauchige Tasse mit dampfendem Inhalt auf den Nachttisch. Warum riecht er nichts? Der Kaffee müsste doch gut riechen, oder nicht?

»Was …«, er muss ein paar Mal schmatzen, um den Pelz von der Zunge zu bekommen, »was ist passiert?«

»Nichts, was du bereuen wirst«, lächelt Maria. »Im Gegenteil.«

Sie setzt sich rittlings auf ihn und küsst sein Gesicht.

»Es war fantastisch«, flüstert sie. Ihre Zunge gleitet in eines seiner Ohren hinein und zum anderen wieder hinaus.

»Waah«, stöhnt Tom.

»Oh ja«, antwortet Maria. Ihre Fingerspitzen streichen über seine Augenbrauen. »Wie gut für dich, dass du die Wette letzte Nacht gewonnen hast.« *Wette*, hallt es in Toms Kopf, aber es klingt wie ›Watte‹.

»Bring mich auf Stand«, schaltet sich sein Businesshirn ein.

»Gern«, lacht Maria und schiebt ihre Hand in seine Pyjamahose. Er wehrt sie ab, sein Verstand kämpft sich mit aller Macht zurück an die Oberfläche. *Wach werden, ich muss wach werden. Jetzt.*

»Welche Wette, Maria?« Seine Stimme ist überraschend fest.

»Die gleiche wie seit einer Woche. Ich gebe dir ein Glas und wette, dass du es nicht austrinkst, und du tust es doch. Jedes Mal. Und dann haben wir fantastischen …«

»Sex«, haucht Tom. Er erinnert sich. Unglaubliche, grandiose, im wahrsten Sinn des Wortes nervenaufreibende Nächte. Und Tage. Wann hat er das letzte Mal mehr als vier Stunden am Stück geschlafen? Er weiß es nicht. War er überhaupt im Büro in dieser Woche? Keine Ahnung. Hat er gestern Abend mit Mark geskypt? Oder war es vor einem Monat?

»Dein Kaffee wird kalt«, sagt Maria und reicht ihm die Tasse. »Ich mach dir Frühstück. Eier und Speck, wie immer?«

Sie hüpft die Stufen hinunter in die Küche.

Im Bett richtet Tom sich auf und trinkt in kleinen Schlucken. Heiß, aber kein Geschmack. *Warum nicht? Hey, da schimmern violette Schlieren auf dem Kaffee, interessant. Oder geht es schon wieder los?*

Tom schüttelt sich. *Bleib wach jetzt, Mann. Du musst die Kontrolle wiederbekommen. Noch ein Schluck Kaffee. Die Kontrolle. Denk nach.* Auf einmal fällt es ihm wieder ein. Vor ein paar Tagen, einer Woche? Spät abends. Er hatte Maria von der Arbeit abholen wollen, überraschend. Er kam sich komisch vor, wie ein verliebter Teenager. Maßanzug, Aktentasche in der einen und eine rote Rose in der anderen Hand. So stand er auf der gegenüberliegenden Straßenseite. Hoffentlich sah ihn jetzt keiner seiner Kollegen. Obwohl ... Maria war es wert.

Die Tür ging auf und Maria kam zusammen mit einer Asiatin heraus. Die beiden Frauen umarmten sich sehr innig. Dann steckte die andere Frau Maria ein kleines Päckchen zu. Die Verpackung mit den asiatischen Schriftzeichen kam Tom bekannt vor. Hatte Maria nicht neulich so etwas in ihrer Handtasche gehabt? Maria hatte ihm nie von einer Freundin erzählt. Warum nicht? Sein Misstrauen war geweckt.

Tom folgte der Asiatin quer durch die Innenstadt. Schließlich verschwand sie in einem kleinen Laden, ›Asiatische Lebensmittel und Kräuter‹ stand auf der Schaufensterscheibe. Als sie wenig später das Geschäft wieder verließ, ging Tom hinein.

Ich habs gewusst, aber ich konnte nicht widerstehen. Tom setzt sich auf. Sein Kopf ist auf einmal ganz klar. *Wir werden noch einmal wetten, Maria. Und dieses Mal gewinne ich. Endgültig.*

»Ich kann es nicht tun, Maylin. Ich bringe es einfach nicht fertig.« Maria flüstert in das Handy, das sie ganz dicht an ihren Mund gepresst hat. Neben ihr zischt und faucht die Kaffeemaschine. Laut genug? Sie hofft es.

»Wie viel Tropfen du geben ihm?«, fragt Maylin.

»Etwa die Hälfte von dem, was du gesagt hast.«

»Das zu wenig!«, schimpft Maylin. »Viel zu wenig! Dauert viele Tage zu lange. Und macht krank! Er gehen Doktor vielleicht und dann wir beide in Gefahr. Kommen Polizei zu mir auch!«

Ich kann es nicht, will Maria sagen, aber stattdessen hustet sie nur trocken.

»Okay. Was soll ich tun?«

Rot, weiß, gelb und blau leuchtet es auf der Terrasse des Penthouses. Tom hatte vor Kurzem seine Vorliebe für Gartenblumen und Sträucher entdeckt. Sogar einen Kasten mit Kräutern hatte er angelegt.

»Gartenarbeit beruhigt mich, wer hätte das gedacht«, grinste er, als er vor ein paar Tagen mit den ersten Töpfen ankam. Er zeigte ihr seine Schätze.

»Hier, du liebst doch Blumen und Kräuter, stimmts? Deine Eltern hatten einen Garten, hast du mir das nicht erzählt? Schau, das sind Tagetes, Begonien, weißer Bauernjasmin, Blauer Eisenhut, Gartenmohn und das hier heißt ›Tränendes Herz‹ – romantisch, findest du nicht?«

Was hatte das zu bedeuten? Sie fand keine Erklärung.

Sie hatten für das Abendessen die überdachte, windgeschützte Seite der Terrasse gewählt, weil am Nachmittag graue Wolken über die Stadt gefegt waren.

»Unser Jahrestag. Lass uns feiern«, hatte er gesagt.

Ihr Jahrestag, richtig. Vor einem Jahr waren sie sich zum ersten Mal begegnet, bei dem Hahnenkampf. Maria schluckt. *Tränen? Reiß dich zusammen. Du weißt genau, was du zu tun hast. Und du weißt genau, warum du es tust. Das hier geht schon viel zu lange. Und es geht dir viel zu nahe.*

Rache. Frauen sind fähig, ihre Wut über einen sehr langen Zeitraum zu bewahren. Aber Wut ist ein sehr starkes Gefühl. Und starke Gefühle binden, auch an einen Peiniger. Sie konzentriert sich auf die Bratensoße, die sie mit einem Schuss Wein abrundet.

»Wir können essen«, sagt sie und fährt erschrocken herum.

Tom steht direkt hinter ihr, mit einem Glas Rotwein in der Hand. Er hat ihr auf die Schulter getippt, ganz sacht, aber dafür hat sie keinen Nerv mehr jetzt.

»Was ...?«, stammelt Maria.

»Hier, nimm.« Er drückt ihr das Glas in die Hand. »Ich wette, du traust dich nicht, es auszutrinken.«

»Rotwein auf ex? Ist er so billig?«

»Du solltest mein Niveau inzwischen kennen, Maria.«

»Und du? Trinkst du nichts? Ich hab uns einen Aperitif gemacht.« Sie stellt das Rotweinglas auf die Küchenanrichte und holt eine Karaffe aus dem Kühlschrank. »Ein besonderes Rezept meiner Großmutter.«

»Ein Zaubertrank wie die anderen, die du mir in den vergangenen Wochen gegeben hast?« Wölfisches Lächeln.

Sie muss schlucken. Lächelt ebenfalls.

»Genau. Und die Wirkung hat dir immer sehr gefallen.«

»Ich soll also wirklich?«

»Ich wette, du trinkst es nicht.«

Tom lächelt. »Wette angenommen. Unter einer Bedingung: Du trinkst, was ich dir gebe.«

Sie nickt.

Tom reicht ihr das Rotweinglas.

»Auf uns.«

Zuerst hat es auf den Lippen geprickelt. Angenehm, irgendwie. Aufregend. Und bald sogar sehr schön.

Dann kam das Kratzen im Hals. Kaum auszuhalten. *Weitermachen? Noch einen Schluck?* Das Herz rast. *Liebe. Ist das Liebe? Oder Rache? Oder Wut? Betrug. Oh ja, Betrug!*

Aber wer ist hier der Betrogene? Noch einen Schluck, gieriger diesmal. Das Glas ist immer noch halb voll. Halb voll, nicht wie für die anderen halb leer. Hysterisches Lachen. Der Herzschlag lässt die Adern an den Schläfen pochen, immer schneller. *Was passiert jetzt?* Scharf wird der Geschmack im Mund, würgend. *Keine Luft, warum kriege ich keine Luft mehr? Noch einmal tief Luft holen, nur noch einmal ... tief ...*

Andreas M. Sturm

Abschied
Hortensie

Ungeduldig wartete ich, bis sich die letzten Trauergäste zerstreut hatten. Dann lief ich zum Auto, um die kleine Tasche zu holen, die alles enthielt, was ich für einen würdigen Abschied von Micha benötigte. Wieder am Grab schaute ich mich vorsichtig um, ob sich jemand in der Nähe aufhielt, der an meinem nun folgenden Tun Anstoß nehmen könnte. Doch meine Sorge war unbegründet. Micha hatte seine letzte Ruhestätte auf dem Striesener Friedhof gefunden und im Gegensatz zu dem stärker frequentierten Dresdner Johannisfriedhof herrschte hier relativ wenig Publikumsverkehr.

Allein stand ich nun vor dem Grab meines einzigen Freundes und kämpfte mit den Tränen. »Warum?«, flüsterte ich leise. »Warum nur hast du mich so früh verlassen?«

Um die Fassung zu wahren, versuchte ich mich mit den Vorbereitungen für meine private Abschiedszeremonie abzulenken. Ich bekam sogar so etwas wie ein Lächeln zustande, als ich an die nun folgende Handlung dachte, die zu einem festen Brauch bei all meinen zukünftigen Besuchen an Michas Grabstätte werden sollte.

Micha und ich hatten uns bereits vor Jahren einmal beim Grillen über den Tod unterhalten. Ich weiß nicht mehr, wie wir auf dieses Thema gekommen waren, aber es war beim zweiten Kasten Bier gewesen. Micha machte sich nicht viel aus Blumen und so fassten wir in unserer bierseligen Stimmung den Entschluss, dass der Überlebende von uns zweien statt Grünzeug Alkohol mitbringen würde. Und ich war fest entschlossen, diese Abmachung einzuhalten.

Anlässlich der Beerdigung meines besten Freundes hatte ich mich nicht lumpen lassen und einen sehr guten Stoff besorgt. Im Geschäft hatte ich zwar kurz zwischen ›Black‹ und ›Blue Label‹ geschwankt, denn der Preisunterschied war enorm, dann aber doch die 139 Euro über den Ladentisch geschoben. Ich bereute den Kauf auch im Nachhinein nicht, denn so einen Freund wie Micha findet man nur einmal im Leben, wenn überhaupt. Ich entnahm meiner Tasche zwei Gläser und die Flasche Whisky. Dann öffnete ich den Schraubverschluss und sog genießerisch den Duft von ›Johnnie Walker‹ ein. Das würzige Bukett, welches meine Nase umschmeichelte, verführte mich dazu, ein weiteres Mal tief zu inhalieren.

Mit dem Whisky-Atem in den Bronchien griff ich zu einem der beiden Gläser, doch bevor ich einschenkte, zögerte ich. Was zum Geier stelle ich eigentlich mit Michas Portion von dem guten Schnaps an? Ich goss das Glas zur Vorsicht erst einmal halb voll, nahm einen herzhaften Schluck und begann mir über dieses Problem den Kopf zu zerbrechen. Nachdem ich das Glas geleert hatte, überdachte ich die Varianten, welche mir beim Trinken in den Sinn gekommen waren. Möglichkeit eins wäre, Michas Anteil über dem Grab auszugießen. Doch sofort schüttelte ich mich. Das hätte eine durch nichts wieder gut zu machende Verschwendung bedeutet.

»Ich könnte«, überlegte ich laut, »ein volles Glas aufs Grab stellen und den Whisky anzünden.« Ich nickte entschlossen, das hätte Stil. Der Alkohol verfliegt und steigt zu Michas Seele empor. Um mich für dieses Vorhaben zu stärken, genehmigte ich mir einen weiteren Schluck, füllte dann die bernsteinfarbene Flüssigkeit in Michas Glas und stellte es neben den Blumen ab. Doch siedend heiß durchfuhr mich der Schreck. Ich führte weder Feuerzeug noch Streichhölzer bei mir. Ist ja auch völlig klar, musste ich grinsen. Ein Nicht-

raucher, wenn er nicht gerade das Hobby des Brandschatzens pflegt, hat selten etwas zum Feuermachen dabei. Schade, diese Alternative hätte durchaus etwas Großes an sich gehabt. Na ja, dann eben beim nächsten Besuch. In Ermanglung einer neuen Idee ließ ich das Glas vorerst stehen.

Mit meinem Glas in der Hand stellte ich mich vor das Grab und postwendend tauchte das nächste Problem auf: Wie steht man bei einer Abschiedsandacht korrekt da? Gute Frage! Da dies meine erste Trauerfeier war, wusste ich es natürlich nicht. Ist schon komisch, zehn Jahre Schule und die wirklich wichtigen Dinge, nämlich die, auf die es im Leben ankommt, bekommt man nicht beigebracht. Tausend Formeln, hundert Geschichtsmerkzahlen, endlos viele Vokabeln, aber eine einzige Regel, die da lautet: ›Wie stehe ich richtig vor einem Grab?‹, die spart man natürlich aus.

Aus lauter Frust leerte ich mein Glas und füllte es erneut. »Ich wette, dieser Geschmack lässt auch auf deiner Zunge eine Pfütze entstehen, lieber Micha«, schnalzte ich andächtig und verdrehte vor Genuss die Augen. Dabei ging mein Blick in Richtung Himmel und wanderte gleich darauf zum Erdhügel. Verflixt, an welchem dieser zwei Orte steckt Michas Seele? Ich zuckte die Schultern. Irgendwo um mich herum wird sein Geist schon schweben. Ich war mir sicher, diesen wertvollen Schnaps lässt er sich auf keinen Fall entgehen.

In diesem Augenblick raste eine Filmsequenz durch mein Hirn. Überdeutlich stand das Bild vor meinen Augen. Es muss so ein alter Kriegsfilm gewesen sein. Ein Soldat steht vor dem Grab seines gefallenen Gefährten. Er steht dabei leicht gebeugt und hält die Hände vor dem Bauch gefaltet. Glücklich über diese Erleuchtung ließ ich einen großen Schluck ›Blue Label‹ durch meine Kehle fließen.

Die Haltung des Filmkriegers nachahmend, positionierte ich mich. Hoppla, beinah wäre ich gestürzt. Der Scheißboden hier ist aber auch so was von uneben. Und dazu noch dieser blöde Anzug. Irgendwie drückte das Teil. Bei meiner Hochzeit vor sechs Jahren hat die Kombination doch noch prima gepasst. Ich zog das Jackett aus, mir wurde sowieso langsam viel zu warm. Und wo ich einmal dabei war, konnte ich gleich noch die Krawatte abmachen. Micha legt da auf keinen Fall Wert drauf. Er hat diese Dinger gehasst. Gesagt, getan. Ich knüllte den unnützen Gegenstand zusammen und stopfte ihn in meine Hosentasche. So war es doch gleich viel angenehmer.

Auf das neue Wohlgefühl anstoßend, begann ich an die Zeit zurückzudenken, die ich gemeinsam mit Micha verbracht hatte. Wie eine Welle schlug die Trauer über mir zusammen, sodass es mir nicht mehr gelang, die Tränen herunterzuschlucken. Heulend stand ich da und erinnerte mich an die Zeit, in der unsere Freundschaft begann. Michas und meine Eltern waren Nachbarn, sind es immer noch, so wuchsen wir praktisch Wand an Wand auf. Unsere erste Begegnung fand im Sandkasten statt. Micha besaß einen Bagger und ich einen Kipplaster. Da lag es auf der Hand, dass wir uns zusammentaten und ein Bauunternehmen gründeten. Doch es sollte nicht bei einer nüchternen Geschäftsbeziehung bleiben. Wir wurden Freunde, und zwar solche, die füreinander durch dick und dünn gingen. Die Schulzeit standen wir gemeinsam auf derselben Bank durch, es war einfach unmöglich, dass einer von uns allein auftrat. Wurde einer krank, folgte der andere aus Sympathie sofort seinem Beispiel. Es konnte natürlich auch daran gelegen haben, dass wir ständig zusammenhockten und so blieb es nicht aus, dass wir uns gegenseitig ansteckten. Als später der Bund rief, setzten wir Himmel und Hölle in Bewegung, nur um in der gleichen Einheit unseren Wehrdienst abzuleisten.

Wir teilten einfach alles. Unser Taschengeld, unser Wissen, unser Leben und unsere Freundinnen. Kleinliche Eifersüchteleien gab es zwischen uns nicht. Wenn Micha meine

Freundin gefiel, durfte er sie haben und umgedreht lief das genauso. Warum auch nicht? Micha war mir mehr als ein Freund, wir waren Seelenverwandte und so blieb es schließlich in der Familie.

Als nach der Militärzeit das Leben rief, fand es uns Seite an Seite. Wir absolvierten unsere Berufsausbildung zusammen und gründeten später ein kleines Unternehmen.

An dieser Stelle kam ich nicht mehr weiter. Der Schmerz übermannte mich. Ich setzte mich auf das Nachbargrab, heulte und wischte mir den Rotz mit dem Handrücken ab.

»Mensch, Micha, wie soll ich den Laden nur ohne dich weiterführen?« Wieder versuchte ich mich in den Griff zu kriegen und starrte traurig einem Eichhörnchen hinterher, welches eilig mit einer Eichel zwischen den Nagezähnen an einem Baum entlangflitzte. »Wenigstens bist du nicht ganz allein«, schniefte ich. »Die kleinen Kerlchen« werden dir Gesellschaft leisten.«

Neun Tage war Micha nun bereits tot. Neun lange Tage. Ich wusste beim besten Willen nicht, wie es ohne ihn weitergehen sollte.

Bereits einmal sah ich unsere traute Gemeinsamkeit in Gefahr. Wir lernten beide unsere späteren Frauen kennen und gründeten jeder für sich eine Familie. Nun werden wir getrennte Leben führen und uns mit der Zeit aus den Augen verlieren, dachte ich damals. Doch ich hatte mich geirrt. Unsere Freundschaft hielt wie Stahl. Die Frauen mochten sich, sangen beide gern und traten einem Chor bei. Das war ein Glücksfall, denn Sängerinnen müssen proben und zu Auftritten fahren. Diese Stunden genossen Micha und ich beim Billard und bei Rockkonzerten.

Eigentlich lief alles gut. Unsere Firma florierte und unsere Familien verstanden sich prima. Wenn da nur nicht meine Frau Manuela gewesen wäre. Manu war schon immer spitz wie eine Nymphomanin nach drei Wochen Zölibat. Vor unserer Hochzeit hatte sie mir aber feierlich versprochen, dass ich der Einzige bleiben sollte, ein Leben lang. Doch ein Blick in ihr E-Mail-Postfach verriet mir überdeutlich, dass ich zu Recht misstrauisch gewesen war. Der schlüpfrige Dialog, den sie mit einem ›Sunshine-Gigolo‹ führte, war eindeutig. Als ich den bescheuerten E-Mail-Absender las, mit dem sie sich hemmungslos für weitere Sexdates verabredete, nahm ich an, dass sie es mit dem Chorleiter trieb. Hörner aufsetzen lassen wollte ich mir keine, schon gar nicht von diesem blasierten Möchtegerncaruso.

Also sann ich nach. Dabei war es eine Premiere in meinem Leben, dass ich dies allein tat. Bisher hatte ich immer Micha um Rat gebeten. Aber ich schämte mich vor ihm.

Eine von Manus Allüren half mir, das Problem auch ohne Michas Hilfe zu regeln. Vor jedem Sexspiel bestand Manu immer auf einen Joint. »Das hebt die Libido«, hatte sie dabei stets geschnurrt. Von wegen! Mir hatte das nie etwas gegeben. Im günstigsten Fall bekam ich nur Halsschmerzen von dem Rauch, im ungünstigsten wurde mir speiübel. Aber Manu pflegte ihr Laster weiter und baute für ihre Stimulanzien extra geheimnisvolle Kräuter in einer stillen Ecke hinter dem Haus an.

Ich beschloss, dass diese Marotte meines triebgesteuerten Eheweibs zu ihrem Ende führen sollte. Drei Stunden Internetrecherche genügten. Ich fand heraus, dass bei Verbrennung von Pflanzenteilen der Hortensie Blausäure freigesetzt wird. Inhaliert man diesen Rauch in ausreichender Menge, klopft der Sensenmann an die Tür. Die Füllung im Drogenkästchen meiner immer geilen Ehefrau auszutauschen, war ein Kinderspiel. Ich organisierte eine Geschäftsreise für mich und wünschte meiner Frau beim Abschied eine schöne Zeit.

Ja, Manuela hatte mit ihrem unersättlichen Trieb alles zerstört. Tief seufzend versuchte ich mich von diesem unerfreulichen Gedanken zu lösen. Stattdessen blickte ich auf die vielen Blumen, die den frisch aufgeschütteten Hügel zierten und wieder überwältigte mich der Schmerz. Deprimiert malte ich Kringel in die Erde, welche Michas Grab bedeckte. »Wir wollten doch im August wieder zum Heavy-Metal-Festival nach Wacken«, schluchzte ich. »Mensch, Micha, du hättest doch mit mir reden können. Hast du wirklich gedacht, ich hätte etwas dagegen, wenn du Manu vögelst? Und niemand hat dich jemals Micky genannt. Warum bloß diese blöde Kuh in ihren Mails? Und warum zur Hölle muss dieser dämliche Chorfritze ebenfalls Michael heißen?«

Völlig frustriert sprang ich auf, ballte ergrimmt die Fäuste, und da nichts anderes greifbar war, an dem ich meine Wut auslassen konnte, trampelte ich auf meinem Jackett herum. Dann blieb ich erstarrt stehen und schlug mir an die Stirn. Scheiße, morgen muss ich doch zu Manuelas Beerdigung und nun hatte ich Idiot mein Jackett und meine Krawatte zerknittert.

DIE GIFTMISCHER

Andreas M. Sturm wurde in Dresden geboren. Die ersten Schreibversuche startete er mit 16 Jahren. Es entstanden Kurzgeschichten und Western.

Sein Faible für Kriminalromane brachte ihn dazu, ab 2009 wieder selbst zur Tastatur zu greifen.

Bei Streifzügen durch seine Heimatstadt entstehen die Kriminalromane um das Kommissarinnen-Duo Wolf & König. Neben seinen Dresden-Krimis schreibt er Kurzgeschichten und ist Herausgeber von Anthologien, dazu gehören die bei Krimilesern beliebten Serien-Highlights ›Giftmorde‹, ›Sachsenmorde‹ und ›Weihnachtsmorde‹.

~ *www.krimisturm.de*

Martina Arnold studierte Kommunikationswissenschaft, war Redakteurin beim Fernsehen und Drehbuchautorin für eine ZDF-Telenovela. Das prägte ihren schwarzen Humor. Sie lebt und arbeitet als freie Autorin und Dozentin für Journalismus und Film in Berlin.

Ihre Erfahrungen aus dem prallen Leben verarbeitet sie in Kriminalgeschichten, die sie gern auf Lesungen präsentiert. ›Ostermorde‹ ist ihre erste Anthologie-Reihe als Herausgeberin.

Sie ist Mitglied im Verband Deutscher Drehbuchautoren, VDD..

~ *www.martina-arnold.com*

Patricia Holland Moritz, geboren in Karl-Marx-Stadt/Chemnitz, war Buchhändlerin und Tourneeveranstalterin und arbeitet heute für ein Verlagshaus in Berlin.

Für ihren ersten Roman ›Zweisiedler‹ (BoD 2012) erhielt sie das Arbeitsstipendium vom Berliner Senat. Aktuell schreibt sie an einem weiteren Band ihrer Berliner Krimiserie um die Ermittlerin Rebekka Schomberg für den Gmeiner Verlag.

~ www.patriciahollandmoritz.com

Gisela Witte ist gelernte Buchhändlerin und Galeristin. Nach zahlreichen längeren Auslandsaufenthalten, Studium in Geschichte und Erziehungswissenschaft, Tätigkeit in der psychosozialen Arbeit mit Kindern und Familien, als Lerntherapeutin und als freie Autorin in Berlin.

Gisela Witte ist Mitglied bei den ›Mörderischen Schwestern e.V.‹.

~ www.giselawitte.de

Franjo Terhart, Jahrgang 1954, geboren in Essen, ist Schriftsteller und lebt in Neukirchen-Vluyn am Niederrhein. Im Jahr 1982 erhielt er den Essener Kulturpreis für Lyrik. Franjo Terhart veröffentlichte bereits mehr als 70 Romane, darunter sehr erfolgreiche ›Römerkrimis‹ für Kids. Sein jüngster Krimi ›Die Mithrasmorde von Moers‹ erschien im November 2013.

~ www.franjo-terhart.de

Frank Kreisler, geboren in Rostock, lebt seit geraumer Zeit in Leipzig. Sein Berufsleben zeichnet sich durch Vielseitigkeit aus. Er arbeitete als Hafenarbeiter, Buchbinder, Bibliothekar und Journalist.

Seit einem Studium am Literaturinstitut Leipzig arbeitet er als Autor. Zahlreiche Veröffentlichungen im Bereich Kinder- und Jugendbuch konnte Frank Kreisler verwirklichen.

Seine Krimis ›Wasserfest‹ und ›DrogenHanse‹ erschienen 2013 bzw. 2016. Außerdem beteiligte er sich an verschiedenen Krimianthologien.

~ www.frank-kreisler.de

Traude Engelmann ist gebürtige Leipzigerin, studierte Pädagogik und Journalistik, war Redakteurin der Leipziger Volkszeitung und mehrerer im Leipziger Fachbuchverlag beheimateter Fachzeitschriften, später auch Mitarbeiterin eines Sachverständigenbüros. Sie schreibt in verschiedenen Genres und legte bisher u.a. fünf Romane vor.

Ihre Kriminalroman-Reihe um die Protagonistin Gisela Schikaneder startete mit ›Die Geldwäscherin‹ und der Fortsetzung ›Die Falschmünzerin‹ (2017).

~ www.engelmann-lebenstexte.de

Mario Schubert stammt aus einer Stadt, die eher für Indianer bekannt ist, als für clevere Detektive und sinistre Schurken – Hohenstein-Ernstthal. Nach einem Lehramtsstudium sattelte er um auf Fremdsprachenkorrespondent.

Beruflich fühlt er sich seit mehr als einem Jahrzehnt der Holzbildhauerkunst verbunden. Er ist Einrichtungsleiter eines Ausstellungs- und Veranstaltungshauses in Lichtenstein.

~ www.autor-schubert.de

Mandy Kämpf ist seit ihrer Geburt und mit ganzem Herzen Leipzigerin. Ihre Zuneigung für Literatur entdeckte sie schon sehr früh. Im zarten Alter von sechs Jahren las Mandy die ersten Märchen selbst und schrieb später kleine Geschichten für Kinder.

Neben ihrer beruflichen Laufbahn im Vertrieb und Training schreibt sie Kriminalkurzgeschichten, die bereits in Anthologien veröffentlicht worden und führt erfolgreich einen Blog über ihren Hund und seine Abenteuer.

~ www.mandykaempf.com

Jan Flieger schreibt Krimis, Thriller und ist an zahlreichen Krimi-Anthologien beteiligt. Sein Selbstjustiz-Thriller ›Auf den Schwingen der Hölle‹ erregte viel Aufsehen. In Japan entstand ›Man stirbt nicht lautlos in Tokyo‹.

Sein Buch ›Der Sog‹ wurde 1988 verfilmt und als ›Alles umsonst‹ mehrfach im Fernsehen ausgestrahlt. Fliegers ›Tatort Teufelsauge‹ war 2006 nach der Übersetzung ins Englische als einer von drei ausgewählten deutschen Krimis Lehrstoff an der Universität Toronto/Kanada im Kurs ›Deutsche Kriminalliteratur‹. Jan Flieger lebt in Leipzig.

~ www.janflieger.de

Ingrid Schmitz, Jahrgang 1955, geboren in Düsseldorf, schreibt seit 2000 hauptberuflich Kriminalgeschichten. Bisher erschienen über 50 Kurzkrimis, drei Romane, 13 Kriminalanthologien, Hörbücher und eine eigene eBook-Reihe (Droemer Knaur) von ihr.

Sie betätigt sich außerdem als Herausgeberin und Agentin. Seit 2006 ist sie als Autorin auch in der virtuellen Welt des Second Life Zuhause und gibt regelmäßig Lesungen zu ihren Werken im realen und virtuellen Leben.

~ www. krimischmitz.de

Connie Roters arbeitete als Veranstalterin und im Theater, schrieb als freie Journalistin für Tageszeitungen und war als Frau für Spezialeffekte für diverse Fernseh- und Kinofilme tätig, bevor sie sich als Sozialarbeiterin der Arbeit mit traumatisierten Menschen in Krisensituationen widmete. Sie unterrichtete Kreatives Schreiben und ist Initiatorin diverser Leseveranstaltungen. Connie Roters lebt als freie Schriftstellerin in Berlin-Neukölln.

~ www.connie-roters.de

Francis Mohr wuchs in Leipzig auf, lebt heute in Dresden und schanzt für den sozialmedizinischen Kapitalkomplex. Shortstorys sind seine Begleiter. 2011 brachte er sein Romandebüt ›Flashback Ost‹ heraus. 2013 erschien sein Erzählband ›Kafka und Knödel / Die Invasion der Elstern‹.

Francis Mohr ist ein Verehrer der Familie, seiner Freunde und des Portweins. Sein Herz schlägt für den Süden, den Osten und das Meer.

~ www.francis-mohr.de

Angela Temming, in Mannheim geboren, lebt mit ihrer Familie in Berlin. Nach Kurzkrimis in Anthologien veröffentlichte sie 2016 ihren Kriminalroman ›Schlaf, mein Kind‹ bei Midnight by Ullstein. Sie bloggt und liebt Texte, in denen kein Wort zu viel ist.

~ www.angelatemming.de

Ob Intrigen im Kollegenkreis, skrupellose Betrüger, Familiendramen, eine obsessive Liebe oder ein unfähiger Joker beim Fernsehquiz – gegen all diese kleinen Gemeinheiten des alltäglichen Lebens ist ein Kraut gewachsen.

Wenn Sie nach Lektüre der Giftmorde eine unbändige Lust zum Gärtnern verspüren und zum Spaten greifen, bedenken Sie bitte, das Grab, welches Sie schaufeln, könnte leicht das eigene werden.

»» Band 3
272 Seiten | Paperback
ISBN 978-3-946734-08-6

»» Band 4
280 Seiten | Paperback
ISBN 978-3-946734-17-8
ab Oktober 2018